UM/WELT
NR.2

TIMO KÜNTZLE

LAND-
VERSTAND

WAS WIR ÜBER UNSER ESSEN
WIRKLICH WISSEN SOLLTEN

Für Flora & Bettina

Zu Ehren von Norman E. Borlaug –
The man who saved a billion lives

INHALT

VORWORT

Fast nichts von dem, was wir essen, ist natürlich. Nicht in seiner genetischen Zusammensetzung und schon gar nicht in der Art und Weise, wie es gewachsen ist. Vielmehr wurden nahezu alle unsere Nahrungsmittel auf die eine oder andere Weise von uns Menschen „manipuliert", und das schon vor vielen tausend Jahren. Seit einigen Jahrzehnten wird uns allerdings das Gegenteil eingebläut und das vermeintliche Ideal einer vergangenen „natürlichen Landwirtschaft" gezeichnet – die es aber nie gegeben hat. Die daraus erwachsene Anforderungsliste an die Landwirte führt diese jeden Tag in viele schier ausweglose Zwickmühlen. Sie ist *schlecht gemacht*. Wir verlangen zum Beispiel, dass unser tägliches Essen das ganze Jahr über in der buntesten Vielfalt und größtmöglichen Auswahl zu günstigen Preisen zu haben ist. Es muss gesund und nahrhaft sein, außerdem stets frisch und hübsch anzusehen.

Gleichzeitig erwarten wir, dass die Bauern bei der Erfüllung unseres Auftrags keine „Chemie", wenig Dünger und auf gar keinen Fall Gentechnik verwenden. Am besten soll alles „bio" sein. Tiere sollen auf einer großen, saftigen Weide leben und glücklich sein, bevor wir sie essen. Die Umwelt soll dabei möglichst unberührt bleiben.

In diesem Buch konfrontiere ich Sie mit einer Reihe von grundlegenden Zusammenhängen rund um das weite Themenfeld der Nahrungsmittelproduktion. Gemeinsam werfen wir einen unverblümten Blick auf die landwirtschaftliche Praxis und auf Forschungsergebnisse, von denen es manche nie in die Nachrichten schaffen. Etliche dieser nachprüfbaren Fakten widersprechen dem, was einige besonders häufig in den Medien vorkommende „Umweltschützer" wiederholt behaupten. Wohlgemerkt: etliche, nicht alle!

Ich bin überzeugt, dass Umweltschutzorganisationen bzw. Umwelt-NGOs lange eine wichtige gesellschaftliche Funktion ausgeübt haben. Sie haben uns wachgerüttelt und drängende Umweltprobleme ins kollektive Bewusstsein gerückt. Ihre vielen Millionen Spender gehören jedenfalls zu denen, die es *gut meinen.*

Allerdings ist das Meinungsklima der vergangenen Jahre durch einige wenige Umweltgruppen viel stärker geprägt, als es deren Fachkompetenz und Wissenschaftstreue rechtfertigen würde. Dies gilt ganz besonders für den mit großen Emotionen behafteten Bereich der Nahrungsmittelproduktion. Einige im Namen des Umwelt-, Klima- und Gesundheitsschutzes speziell über die Landwirtschaft getroffenen Aussagen widersprechen den Erkenntnissen der Wissenschaft fundamental.

Auch der in der Bevölkerung weit verbreitete Glaube, wonach alles Natürliche prinzipiell gesünder, irgendwie sanfter wirkend und umweltschonender sei als alles künstlich Hergestellte, ist in keiner Weise durch wissenschaftliche Erkenntnisse gedeckt. Eine der Ursachen für solche grundlegenden Missverständnisse ist, dass heute nur noch die Allerwenigsten eigene Erfahrungen mit der Nahrungsmittelproduktion machen.

Stichworte wie *Glyphosat* oder *Gentechnik* bringen die Kommentarbereiche bei Facebook & Co. zum Glühen. Grundtenor: Man müsse *mit der Natur arbeiten, statt gegen sie.* Diese „Erkenntnis" müsse den Bauern über eine verbesserte Ausbildung nähergebracht werden, um sie von ihrer „Chemiegläubigkeit" zu befreien.

Gerade unter Journalisten, Lehrern und anderen Meinungsmachern hat sich eine skurrile Gedankenwelt über das Wesen der Landwirtschaft zusammengebraut, befördert von der Lebensmittelwerbung. Mit der realen Landwirtschaft hat diese Welt immer weniger gemeinsam. Während sich auf Bauernhöfen satellitengesteuerte Traktoren, Drohnen, Melk- und Fütterungsroboter verbreiten, wird ein sprechendes Ferkel als bester Freund des sanftmütigen Biobauern zur Werbe-Ikone einer österreichischen Biomarke. Schein und Sein könnten kaum weiter auseinanderdriften.

Verzerrte und romantisierte Vorstellungen sind längst in Form von ideologischen Leitbildern in der Politik angekommen. Dort führen sie zu Entscheidungen, die Menschen und Umwelt mehr gefährden, als sie zu schützen, und eine Entwicklung zu mehr Nachhaltigkeit nicht befördern, sondern verhindern. Falsche Vorstellungen führen zu Gesetzen, die *gut gemeint*, aber *schlecht gemacht* sind.

In den kommenden Jahren brauchen wir allerdings Weichenstellungen, die *gut gemacht* sind. Ansonsten werden wir als globale Gesellschaft die enormen Herausforderungen kaum bewältigen, die eine wachsende Weltbevölkerung, der Klimawandel und der fortschreitende Verlust von Lebensräumen und Artenvielfalt mit sich bringen.

Ich selbst bin auf einem konventionell wirtschaftenden Bauernhof im schönen Badener Land, genauer gesagt in Weingarten bei Karlsruhe aufgewachsen. Schon als Kind begeisterte mich auch die Natur abseits von Acker und Viehstall. Von meinem Beobachtungszelt sah ich per Fernglas Gartenrotschwanz, Neuntöter oder Stieglitz nach. Seit meiner Jugend bin ich Mitglied der Umweltschutzorganisation WWF. Ich wollte mit meinem Beitritt dazu beitragen, den Sibirischen Tiger und die Gorillas zu retten.

Ein Herzensanliegen war mir vor allem „mein" Gemüsegarten. Mit vielleicht zehn Jahren übernahm ich von meiner Mutter in alleiniger Verantwortung seine Bewirtschaftung. Unter Anleitung eines Buchs über biologisches Gärtnern baute ich Tomaten, Paprika, Lauch, Zwiebeln, Salat, Erdbeeren und vieles mehr auf ökologische Weise an: in Mischkultur, ohne „Kunstdünger" und ohne synthetische Pflanzenschutzmittel. Es bereitete mir viel Freude und Zufriedenheit, und der Gedanke an ökologische Alternativen war mir immer nahe.

Was ich damit sagen will: Nichts läge mir ferner, als die dringende Notwendigkeit von Klima- und Umweltschutz infrage zu stellen. Als Vater einer Tochter ist mir kaum etwas wichtiger als eine Zukunft in einer lebenswerten Umwelt. Allerdings braucht es zur „Rettung des Planeten" mehr als Ideale und gute Absichten. Was das für den Ernährungsbereich bedeuten kann, davon handelt dieses Buch.

1

DAS URPRINZIP DER „LAND-WIRTSCHAFT" ODER: IM EINKLANG MIT DER NATUR VERHUNGERN WIR

Simpel betrachtet, umfasst die Landwirtschaft den Anbau von Kulturpflanzen und die Haltung von Nutztieren mit dem Ziel, landwirtschaftliche Rohstoffe wie Weizen, Kartoffeln oder Schweinefleisch zu „ernten". Aber was bedeutet Landwirtschaft im tieferen Sinne?

Jeder, der über ein noch so winziges Stück Land verfügt, kann die Frage mithilfe eines kleinen Experiments selbst beantworten. Angenommen, Sie haben einen Quadratmeter Boden, auf dem eine Wiese wächst. Ziel des Experiments ist es, dort Radieschen anzubauen, zu ernten und als frische Zutat eines selbst zubereiteten Frühlingssalats zu genießen. Wie kommen Sie diesem Ziel näher? Einfach Radieschen-Samen besorgen, auf die Wiese streuen und das Beste hoffen? Sie wissen intuitiv: Mit dieser Vorgehensweise wird das Experiment kläglich scheitern. Sie müssen das Stück Land mithilfe eines Spatens erst vorbereiten.

Was jetzt kommt, ist nichts Geringeres als die Fortführung einer viele tausend Jahre alten Tradition. Sie ist die Grundlage aller Zivilisationen, die jemals die Erde bevölkert haben. Sie sind jetzt im Begriff, Ackerbauer zu werden! Sie setzen also Ihren Spaten an und stemmen sich mit Ihrem ganzen Gewicht auf das Werkzeug, das nun hoffentlich einigermaßen senkrecht in den Boden gleitet. Anschließend heben Sie das Spatenblatt an, wenden es und lassen die Erdscholle mit dem Bewuchs nach unten dorthin zurückfallen, wo sie hergekommen ist. Herzlichen Glückwunsch! Sie haben gerade Landwirtschaft betrieben. Aber sind Sie sich bewusst, was Sie *wirklich* getan haben? Das Umgraben der Wiese bedeutet im Grunde nichts anderes, als der Natur die Herrschaft zu entreißen. *Sie* bestimmen, was wächst, und verwirklichen damit das Urprinzip der Landwirtschaft. Es bedeutet, das Land zu *bewirtschaften*. Und diese Bewirtschaftung vollzieht sich letztlich in einem andauernden Kampf gegen den

„Willen" der Natur. Das merken Sie auch im weiteren Verlauf Ihres Radieschen-Experiments. Rund eine Woche, nachdem Sie Ihr Stück Land umgegraben, die Erde eingeebnet und die Samenkörner in den Boden gelegt haben, strecken die Keimlinge allmählich ihre Köpfchen aus der Erde und beginnen sichtbar zu wachsen – vorausgesetzt, es ist nicht zu kalt, zu trocken oder Ähnliches.

Aber der Teufel schläft genauso wenig wie die Natur! Mit den Radieschen keimen auch neue Wildpflanzen. Die zahlreichen Vertreter dieser Kräuter, Gräser, Farne, Moose oder Gehölzarten werden traditionell als *Unkraut* bezeichnet, sobald sie *un*erwünscht auftauchen – obwohl diese Pflanzen nicht grundsätzlich schlecht sind und wichtige ökologische Funktionen als Futter, Behausung oder Brutstätte für Insekten und andere Tiere erfüllen. Die etwas differenzierter klingende Bezeichnung lautet daher *Beikraut*.

Schlussendlich ist die Bezeichnung egal. Für Radieschen sind andere Pflanzenarten ein Problem, weil sie ihnen Licht, Wasser, Nährstoffe und Platz rauben, zumal Wildpflanzen wesentlich durchsetzungsfähiger und robuster sind als Radieschen. Wildpflanzen sind von der Evolution auf eigenständiges Überleben und die Produktion von Nachkommen getrimmt. Radieschen wurden dagegen vom Menschen durch gezielte Züchtung so geformt, dass sie ihre Kraft in verdickte und wohlschmeckende Sprossknollen stecken. Ihre Robustheit haben sie dabei weitgehend eingebüßt, was sie gegenüber Wildpflanzen konkurrenzschwach macht. Ihr Überleben und ihre Gesundheit hängen von der Hilfe des Menschen ab.

Wenn Ihnen Ihre Salatzutat also am Herzen liegt, setzen Sie sich mit einer Hacke gegen die Natur zur Wehr oder zupfen das Unkraut direkt mit Ihren Händen. So helfen Sie Ihren Radieschen auf künstliche Weise zu gedeihen, wo sie von Natur aus chancenlos wären.

Allerdings ist das Problem mit den störenden Wildpflanzen ein längerfristiges. Samen können auf einem Quadratmeter zu Hunderttausenden und teils jahrzehntelang im Boden schlummern und werden ständig aus der Umgebung angeweht oder von Vögeln und anderen Tieren fallengelassen. Irgendetwas steht daher immer bereit zu wachsen.

Unkraut vergeht nicht, lautet ein altes Sprichwort. Schon immer mussten Ackerbauern mit der bitteren Erfahrung leben, dass die Unkrautbekämpfung stets nur kurzfristige Erfolge beschert. Daran hat auch die Erfindung von Glyphosat und anderen Unkrautvernichtern nichts geändert. Selbst wenn die Bodenoberfläche gerade vollständig befreit wurde, steht die nächste Unkraut-Generation schon in den Startlöchern. Wer sich nur zwei Wochen im Garten nicht blicken lässt, kann bei seiner Rückkehr eine böse Überraschung erleben: sprießendes Unkraut überall.

Es wird niemals dauerhaft verschwinden (wenn man von einzelnen, ganz bestimmten Arten einmal absieht). Seine Beseitigung verschafft *Kulturpflanzen,* in Ihrem Fall den Radieschen, für kurze Zeit gerade nur so viel Vorsprung gegenüber wild wuchernden Pflanzen, dass es Ihnen nach wenigen Wochen gelingen kann, eine Ernte einzufahren.

Mit der Anlage eines Radieschenbeets haben Sie also zwei Dinge getan, die regelmäßig heiß diskutiert werden: Sie haben *Pflanzenschutz* betrieben und damit einen aktiven Beitrag zur Verringerung der auf diesem Quadratmeter vorhandenen Artenvielfalt geleistet! Was den Pflanzenschutz angeht, muss man Sie loben: Das Mittel Ihrer Wahl war die ressourcenschonende Hand-Hacke. Im Fachjargon nennt sich der damit verbundene Vorgang *mechanische Unkrautbekämpfung.* Und die ist zumindest im Hausgarten, rein ökologisch betrachtet, der *chemischen Unkrautbekämpfung* vorzuziehen. Jedenfalls wenn sie muskelbetrieben funktioniert. Bezüglich der Ressource *Rückengesundheit* ist das Hacken von Hand bei größeren Feldern allerdings weniger schonend.

Beim Thema Artenvielfalt haben Sie schon mehr Schuld auf sich geladen. Falls Sie gewissenhaft gearbeitet haben, ist das Unkraut jetzt nämlich nicht weniger tot, als wenn Sie es mit einem Unkrautvernichtungsmittel *(Herbizid)* totgespritzt hätten. Sie haben all die kleinen Pflänzchen zerstückelt und vertrocknen lassen. Statt zu blühender Insektennahrung heranzuwachsen, zerfallen sie jetzt zu Humus. Sie mussten es tun, um Ihre Radieschenpflanzen vor Wildkräutern in Schutz zu nehmen. Sie haben *Pflanzen-Schutz* in Reinform betrieben, aber dadurch auch die Artenvielfalt auf Ihrem Quadratmeter drastisch schrumpfen lassen!

In dem zugrunde liegenden landwirtschaftlichen Urprinzip unterscheidet sich ein Urban Gardener in Wien nicht von einem Großfarmer in Argentinien, ein Biobauer nicht von einem konventionell wirtschaftenden Landwirt. Sie alle fördern Kulturpflanzen und drängen andere Arten zurück. Auch wenn es jeder mit unterschiedlichen Werkzeugen und ungleichen Wirkungsgraden verfolgt: Es bleibt dasselbe Prinzip.

DIE ERFINDUNG DER LANDWIRTSCHAFT

Die Idee des Ackerbaus und der Viehzucht hatten Menschen in mehreren Regionen der Erde unabhängig voneinander, zuerst im Nahen Osten vor rund 12.000 bis 14.000 Jahren.

Dabei muss ungefähr Folgendes passiert sein: Einige biologisch Interessierte begannen damit, von den dicksten Körnern wilder Gräser einige abzuzweigen. Sie verwerteten sie nicht direkt als Nahrung, wie bis dahin üblich, sondern um die Pflanzen kontrolliert zu vermehren.

Ließe sich herausfinden, wer genau diesen Schritt zu welchem Zeitpunkt erstmals vollzogen hat, man müsste diesem

Menschen posthum eine Handvoll Nobelpreise verleihen, derart fundamental änderte sich dadurch das Schicksal der gesamten Menschheit. Fest steht nur: Irgendwann legte jemand zum allerersten Mal in der Geschichte ein Samenkorn ganz bewusst in den Boden. Vielleicht hatte sie oder er zuvor beobachtet, wie versehentlich verschüttete Körner hinter Nachbars Hütte auskeimten? Wie ich uns Menschen kenne, war die Grassäerei lange Zeit als Hobby für Spinner verschrien. Wozu Samen in den Boden legen, wenn die Natur ohnehin genug wachsen lässt?

Aber die Idee wurde nach und nach von immer mehr Menschen kopiert. Es stellte sich nämlich heraus, dass eine eigene kleine Ernte nicht schlecht war, wenn in der Natur phasenweise weniger Nahrung zu finden war. Klimatische Schwankungen führten dazu, dass der Eigenanbau weiter intensiviert wurde. Zwar bescherte er mehr Arbeit, aber es konnten auch mehr Menschen von derselben Fläche ernährt werden. So begaben sich die Menschen nach und nach in eine immer größer werdende Abhängigkeit von der „Spinnerei" mit den Graskörnern. Die großen Körner wurden noch akribischer ausgewählt und ausgesät. Diese jungsteinzeitliche Form der „Genmanipulation" durch Auslese brachte mit der Zeit die Vorläufer unserer heutigen Getreidearten hervor: Einkorn und Emmer als erste Weizenformen, außerdem Gerste, Erbsen, Linsen und Lein.

Wohl aus alter Gewohnheit, besser gesagt, solange sie verfügbar waren, jagten die ersten Ackerbauern zunächst weiter wilde Tiere, vor allem Gazellen. Als deren Populationen im Umfeld der frühen Siedlungen aber allmählich zusammenbrachen, begann auch die Domestikation, oder salopp: die „Verhäuslichung" der ersten Tiere. Aus Bezoarziege, Wildschaf, Wildschwein und Auerochse wurden innerhalb langer Zeitspannen Haustiere. Die Idee von Sesshaftwerdung und Landwirtschaft erwies sich auf Dauer als unschlagbar.

Die aus dem Gebiet des sogenannten Fruchtbaren Halb-monds, der sich in einem Bogen ungefähr vom heutigen Israel bis in das Gebiet zwischen Euphrat und Tigris erstreckt, importierte bäuerliche Lebensweise samt ihrer Eigenheit, sich von bestimmten Pflanzen und Tieren zu ernähren, verbreitete sich über ganz Europa, wo sie die bis dato lebenden Jäger-und-Sammler-Gesellschaften nach und nach verdrängte. Dies führte langfristig zu einer wachsenden Bevölkerung mit einem stetig zunehmenden, wenn auch schwankenden, Bedarf an Nahrungsmitteln, Heiz- und Baumaterial, Platz für Äcker, Weiden, Gebäude, Straßen und vieles mehr. Im Laufe der Jahrtausende gestalteten die Menschen die Landschaften Europas so zu *Kultur*-Landschaften um und änderten deren Aussehen radikal.

Aber wie hatten diese Landschaften bis dahin ausgesehen? Waren sie völlig naturbelassen? Was ist eigentlich *Natur*? Mit der Beantwortung dieser Frage lassen sich wahrscheinlich ganze Bücherregale füllen. Dabei ergeben sich spannende Detailfragen, wie: Ist der Mensch Teil der Natur? Und falls ja, wäre dann nicht auch alles von Menschen Hervorgebrachte *natürlich*? Ich definiere Natur grob vereinfachend als einen Zustand, wie er ohne direkte Einwirkung des Menschen, „von Natur aus" entsteht.

Allerdings dürfte der Mensch seine Umwelt schon sehr viel länger einschneidend verändern, als man glauben möchte. Es gibt wissenschaftliche Hinweise[1] darauf, dass auch schon die Jäger und Sammler am Höhepunkt der jüngsten Kaltzeit vor rund 20.000 Jahren Teile der ohnehin spärlich wachsenden Wälder niedergebrannt haben, um die Jagd und das Sammeln zu erleichtern.

Ein Blick auf eine Karte mit der potenziellen natürlichen Vegetation Europas im dann wärmeren Klima nach der jüngsten Kaltzeit vor grob 10.000 Jahren zeigt: Ohne wesentliche Eingriffe des Menschen war der überwiegende Teil Europas mit Laubmischwald bedeckt. Dort, wo die zahlreicher werdenden Menschen neue Behausungen errichten, Getreide anbauen und Vieh halten wollten, musste dieser Wald erstmal weg. Die Rodung von Wäldern war ein zentrales Element der Entwicklung Mitteleuropas. Nicht nur um Platz zu schaffen, sondern auch weil Holz als Brenn- und Baumaterial, etwa bei der Salzgewinnung und im Bergbau, massenhaft gebraucht wurde. Das gilt ganz besonders für eine langanhaltende Ausbau- und Blütezeit im Hochmittelalter, also für das 12. und 13. Jahrhundert.

In anderen Phasen der Geschichte schrumpfte die Bevölkerung, etwa während der großen Pestepidemie zwischen 1346 und 1353. Zu jener Zeit starben innerhalb weniger Jahre geschätzte 25 Millionen Menschen und damit ein Drittel der europäischen Bevölkerung. Tausende in den Jahrhunderten zuvor gegründete Dörfer und Siedlungen verfielen wieder, sodass sich die ehemaligen Äcker und Weiden innerhalb weniger Jahre erneut in Wald verwandelten. Ähnlich wirkte sich auch der Dreißigjährige Krieg (1618 – 1648) aus, im Zuge dessen manche Landstriche mehr als die Hälfte ihrer Bewohner verloren.

Die Spuren solcher sogenannter Wüstungen sind heute an vielen Orten zu finden und Untersuchungsgegenstand eines eigenen, von der Öffentlichkeit unbeachteten Spezial-Forschungsfelds. Gleichzeitig sind Wüstungen faszinierende Belege für das niemals endende Ringen zwischen Menschen und der Natur.

Wir müssen aber nicht ins Mittelalter zurückreisen, um Zeuge dieser Naturkräfte zu werden. Auch ein Stadtspaziergang mit offenen Augen genügt. Es ist immer wieder erstaunlich, wie viele offensichtlich verlassene und verfallende Wohnhäuser oder Gewerbehallen unbeachtet herumstehen, und wie schnell alle möglichen Pflanzen ein aufgegebenes Grundstück überwuchern. Egal ob diese Gewächse einst zur Zierde gepflanzt oder später wild aufgekeimt sind, ohne das Wirken eines Gärtners macht sich innerhalb weniger Jahre dichter Wildwuchs breit.

Solche nur allmählich ablaufenden Prozesse erzählen von der Bändigung und Umgestaltung der Wildnis genauso wie von deren Wiederausbreitung. Wo sich der Mensch zurückzieht, übernimmt die Natur die Regie. So wie sie es zuvor, ohne Menschen, getan hat. Dann regieren die Naturgesetze. Sie bilden das einzige Regelwerk in einem chaotischen Kampf der Arten um begrenzte Ressourcen. Die Natur ist kein eigenes, übersinnliches oder göttliches Wesen und schon gar kein gütiges im Sinne einer *Mutter Natur*". Denn nur die stärksten, effizientesten, trickreichsten oder – im Falle des Menschen – kooperativsten Spezies können sich in diesem System der Anarchie behaupten. Alle anderen werden gnadenlos beseitigt.

Warum ist das alles so wichtig? Was hat es mit unserem kleinen Radieschen-Experiment zu tun?

UNSERE FALSCHEN VORSTELLUNGEN VON NATUR UND NATÜRLICHKEIT

Sätze wie: „Wer geldgetrieben die Schöpfung manipuliert, sollte in Demut verstehen: Niemand ist effizienter und zukunftsträchtiger als die Natur selbst"[2] oder: „Wir sind Teil der Natur und entsprechend natürlich sollten wir uns ernähren",[3] wie sie etwa die Fernsehköchin und Grünen-Abgeordnete Sarah Wiener regelmäßig äußert, zeugen von einer romantisch verklärten Vorstellung von Natur und Natürlichkeit, die fast nichts mit realer Landwirtschaft zu tun hat.

Prinzipiell ist es nachvollziehbar, mit der Natur und einem Natürlichkeitsbegriff zu werben. Etwa, wenn damit Lebensmittel gemeint sind, die ohne synthetisch hergestellte Zusatzstoffe auskommen. Was aber, wenn diese synthetischen Stoffe vor giftigen Mikroorganismen schützen, die überall in der natürlichen Umwelt vorkommen? Ist *natürlich* grundsätzlich gesünder?

Die inflationäre Verwendung eines unklar definierten Natürlichkeitsbegriffs erschwert uns die sachliche und objektive Beurteilung naturwissenschaftlich erklärbarer Zusammenhänge.

Wenn Natur vornehmlich als gut und sanft wirkend gesehen wird, aber alles „Unnatürliche" oder von Menschen Erschaffene in erster Linie als schlecht und schädlich gilt, bereitet dies den Boden für schlechte persönliche und politische Entscheidungen, die ihrerseits schädlich für die Gesundheit oder das Ökosystem sein können.

Ihre Radieschen lehren uns genauso wie der Blick in die Vergangenheit, dass Landwirtschaft immer schon eher das Gegenkonzept zur Natur war. Unsere Vorfahren haben mit der Landwirtschaft eine enorm wirkungsvolle Strategie entwickelt, um sich in einer erbarmungslosen Umwelt zu behaupten. Nur weil sie die Natur gebändigt, bezwungen und manipuliert haben, konnten Menschen dauerhaft sesshaft werden und beginnen, Arbeitsteilung zu betreiben.

Im Laufe dieser Entwicklung konnten die Bauern immer mehr Menschen ernähren, die sich so anderen Berufen widmen konnten, ohne selbst Nahrungsmittel zu produzieren. Alles, was unsere Kultur und unsere Zivilisation ausmachen, wird erst durch die Landwirtschaft möglich.

Dieser Zusammenhang spiegelt sich sogar in der Bedeutung des Wortes *Kultur*: Es stammt vom lateinischen *cultura* ab, was einerseits *Landbau*, andererseits *Pflege* des Körpers und des Geistes bedeutet. *Kultivieren* können wir also sowohl unsere Sitten als auch ein Stück Land, das wir dadurch urbar machen und bebauen. Begriffe wie „Boden*kultur*" oder „*Kultur*pflanze" gewinnen so eine tiefere Bedeutung.

Apropos Kulturpflanze. Diese zeichnet sich nicht nur dadurch aus, dass sie der Mensch auf dem Feld kultiviert. Sie ist auch in sich selbst ein Kulturprodukt und alles andere als natürlich. Nicht einmal auf dem idyllischsten Biobauernhof wachsen Pflanzen, deren genetische Eigenschaften nicht durch menschliche Manipulationen (Züchtung) an unsere Bedürfnisse angepasst wären. Das zeigt sich in deren Inhaltsstoffen genauso wie im Aussehen. Wer einen Blick auf die Wildformen von Mais, Karotten oder Radieschen wirft, wird darin heutige Sorten nicht wiedererkennen. So sehr hat der Mensch im Laufe von Jahrtausenden das Aussehen der von der Natur bereitgestellten Pflanzen verändert.

An all das erinnern Sie sich vielleicht, wenn Sie dem rund um Ihre Radieschen-*Kultur* sprießenden Wildkraut mit Ihrer Hacke den Garaus machen. Die Rettung der Radieschen stellt nichts Geringeres als einen Akt des Zivilisatorischen dar. Ohne Unkrautjäten keine Kultur! Sie müssen kein schlechtes Gewissen haben.

Die Natur fährt viele weitere Geschütze auf, die Ihre Radieschen nicht minder bedrohen. Zum Beispiel die *Erdflöhe*, die kleine Löcher in die jungen Blätter fressen und deren Larven die Wurzeln anknabbern. Ähnliches Verhalten zeigen die Maden der *Kohlfliege*, die Raupen des *Kohlweißlings* und einige andere. Tierische Schaderreger können einem den Spaß am Gärtnern ordentlich verderben. Meine Großmutter Maria pflegte sie deshalb unter dem schwäbischen Fachterminus *Lombegfräß* zusammenzufassen. Hinzu kommen Pilze, Bakterien und Viren, die alle möglichen Krankheiten verbreiten, Radieschen faulen lassen oder andere Methoden finden, um sie ungenießbar zu machen.

Diese sehr grundlegenden Überlegungen sollten uns immer bewusst sein, wenn wir über Landwirtschaft und Ernährung reden. Wir werden in den folgenden Kapiteln immer wieder darauf zurückkommen.

ZUSAMMENFASSUNG: WAS WIR ÜBER DAS URPRINZIP DER LANDWIRTSCHAFT WIRKLICH WISSEN SOLLTEN

1. Landwirtschaft bedeutet: die Bewirtschaftung des Landes. Der Mensch bestimmt, was wachsen darf.

2. Die Einschränkung der Artenvielfalt ist das Urprinzip der Landwirtschaft.

3. Ohne Menschen gäbe es in Mitteleuropa vor allem Laubmischwälder. Darin könnten nur so viele Menschen überleben, wie die Menge natürlich vorkommender Beeren, Wurzeln, Wildschweine usw. satt machen.

4. Ohne Landwirtschaft gäbe es keine Arbeitsteilung, keine Kultur, kein Handy, kein Studium der Philosophie.

2

WER ISST, VERURSACHT TREIBHAUSGASE – DAS SAGT DER WELTKLIMARAT

Dem Thema Klimawandel und Landwirtschaft muss ich eine wichtige Sache vorausschicken: Der aktuell messbare Klimawandel, also der Anstieg der globalen Durchschnittstemperatur um rund ein Grad seit Beginn der vorindustriellen Zeit (1850 – 1900), ist mit großer Wahrscheinlichkeit und zum überwiegenden Anteil menschengemacht. Grund ist die übermäßige Freisetzung von Treibhausgasen (THG) in die Atmosphäre. Dieser grundsätzliche Zusammenhang ist Konsens in der Wissenschaft und steht in diesem Buch nicht zur Debatte.

Nach menschlichem Ermessen müssen wir davon ausgehen, dass sich das Erdklima weiter erhitzt, wenn wir nicht deutlich gegensteuern. Der Klimawandel stellt zweifellos eine der größten aktuellen Herausforderungen für die Menschheit dar. Die diesbezüglichen Erkenntnisse zu ignorieren und zu hoffen, dass die Wissenschaft sich getäuscht hat, wäre nicht sehr klug.

DIE 17 ZIELE FÜR EINE NACHHALTIGE ENTWICKLUNG

Ist der Klimawandel die einzige globale Herausforderung, die in ihrer Wichtigkeit über allem steht? Nein. Und diese Feststellung ist weniger simpel, als es auf den ersten Blick scheinen mag.

Wir dürfen den Klimawandel nicht losgelöst von vielen anderen Dringlichkeiten betrachten. Das haben auch die Mitgliedstaaten der Vereinten Nationen erkannt und auf dem Weltgipfel für nachhaltige Entwicklung 2015 in New York einstimmig 17 Ziele (und nicht nur eines!) für eine nachhaltige Entwicklung beschlossen (englisch: *Sustainable Development Goals*, kurz SDGs). Im selben Jahr wurde auch das Pariser Klimaabkommen verabschiedet.

An allererster Stelle der SDG-Ziele steht die Bekämpfung von Armut, an zweiter die Beendigung von Hunger. Es folgen Ziele wie Gesundheit, Bildung, sauberes Wasser und Wirtschaftswachstum. Auch der Schutz der Ozeane und der Artenvielfalt in Land-Ökosystemen gehört dazu. Und natürlich die Bekämpfung des Klimawandels.

Die Tatsache, dass sich die Weltgemeinschaft 17 und nicht nur ein, zwei oder drei Ziele selbst ins Stammbuch geschrieben hat, ist ein deutlicher Hinweis darauf, dass das eine nicht ohne das andere funktionieren kann. Nur ein Beispiel (sehen Sie mir nach, dass ich jetzt stark vereinfache, es geht ums Prinzip!): Für das Klima wäre es gut, wenn möglichst große Flächen des Globus mit Wald statt Acker bedeckt wären. Man könnte daher auf die Idee kommen, immer mehr Äcker zu Wald zu machen. Der könnte dann große Mengen CO_2 aufnehmen und speichern. Gut fürs Klima!

Der Nachteil wäre, dass im Wald weder Mais oder Reis noch Tomaten oder Paprika wachsen. Von Radieschen ganz zu schweigen. Drehen wir also nur an der Wald-Schraube, indem wir etwa halb Europa wiederaufforsten, während alles andere so bleibt, wie es ist, dann wird irgendwer woanders auf der Welt Wald roden, um auf der Fläche Mais oder Paprika anzubauen und nach Europa zu verkaufen. Oder aber es wird dann global weniger geerntet, sodass Menschen irgendwo hungern. Beides wäre nicht sonderlich konstruktiv.

Klar ist: Wir müssen die Klimaproblematik immer in Zusammenhang mit den anderen Herausforderungen sehen, denen die Menschen auf dieser Welt nun einmal gegenüberstehen. Verlieren wir sie aus den Augen, entstehen andere Probleme, die unsere Klimaziele durch die Hintertür torpedieren.

Wenn man sich nur eine Stunde lang ernsthaft mit dem Themenkomplex aus Armut, Hunger, Landwirtschaft und Klimawandel auseinandersetzt, stellt man Folgendes fest: Simple Lösungen, die *allen* Zielen gerecht werden, gibt es nicht. Im Gegenteil: Die Angelegenheit ist komplex und voller *Zielkonflikte*.

Wie bei so vielem anderem gibt es auch bei der Frage des Einflusses der Landwirtschaft auf das Klima Menschen, die scheinbar plausible Lösungen parat haben. Diese Vereinfacher erklären den Zusammenhang in etwa so:

Menschengemachte Treibhausgase stammen zu einem großen Teil von der „industriellen", wahlweise der „intensiven" Landwirtschaft mit ihrer „Massentierhaltung" und ihrem verschwenderischen Umgang mit „Kunstdünger", Pestiziden und Gentechnik (die beiden Ersteren werden gerne unter dem Begriff „Agrochemikalien" zusammengefasst). *Gesteuert von geldgierigen Konzernen wie Monsanto* (heute Bayer), *unter Missachtung der Gesetze von „Mutter Erde" und ohne Wertschätzung dem Leben gegenüber fluten sie die Märkte mit viel zu großen Mengen an ungesundem Essen und zerstören so das Klima. Ein paar wenige afrikanische oder oberösterreichische Kleinbauern widersetzen sich dem Ganzen und betreiben Landwirtschaft noch immer so wie zu Großmutters Zeiten: demütig, genügsam und in Einklang mit der Natur.*

Wir müssen nur weniger Fleisch essen, weniger Lebensmittel verschwenden und weltweit alle Bauern zu Biobauern umschulen. So, und nur so, lässt sich der Planet Erde noch retten.

Die Geschichte wird nicht immer so zugespitzt wiedergegeben. Aber auch viele sachlicher klingende Wortmeldungen laufen letztlich auf dieselbe Botschaft hinaus. Sie basiert auf einer klaren, unverrückbaren und oftmals religiös anmutenden Trennung in Gut und Böse. Böse ist alles, was groß, intensiv und industriell erscheint. Gut ist alles, was klein, natürlich, idyllisch und bio ist.

Das Knifflige an dieser Erzählung: Sie hat einen wahren Kern. Das heißt: Auch das genaue Gegenteil ist falsch. Und das macht die Sache kompliziert. Das viel größere Problem ist aber: In seiner Einfachheit ist diese auch von Journalisten gerne verbreitete Geschichte viel mehr falsch als richtig. Sie verzerrt die Wahrheit so stark, dass sie uns die Sicht auf das große Ganze komplett vernebeln kann. Damit macht sie auch blind für mögliche Auswege und Lösungen.

TREIBHAUSGASE AUS DEM ERNÄHRUNGSSYSTEM – WAS SAGT DER WELTKLIMARAT WIRKLICH?

Für die Zusammenhänge zwischen der Produktion unseres Essens und dem Weltklima ist das wegweisende Gremium der sogenannte *Zwischenstaatliche Ausschuss für Klimaänderungen*, im Englischen abgekürzt mit *IPCC*[4], auch als *Weltklimarat* bezeichnet.

Der Weltklimarat, besser gesagt die für ihn arbeitenden Wissenschaftler aus der ganzen Welt, tragen seit seiner Gründung 1988 regelmäßig das neueste, aktualisierte Wissen zu Ursachen und Auswirkungen der Erderwärmung zusammen. Außerdem identifizieren sie mögliche Reaktionsstrategien.

Aber im Grunde sortieren die Wissenschaftler lediglich die Studien abertausender Forschender und geben sie in Berichten wieder. Die kann sich jeder aus dem Internet herunterladen. Zusammenfassungen[5] gibt es auch in deutscher Sprache.

Der Weltklimarat ist keinesfalls unfehlbar, aber seine Berichte stellen die wohl umfassendste Aufbereitung des ständig wachsenden Wissens über den Klimawandel dar. Und damit eine gemeinsame Faktenbasis, die zumindest als Diskussionsgrundlage von fast allen anerkannt ist. Gemeinsame Faktenbasis klingt großartig! Leider aber sind die IPCC-Berichte oft mehrere hundert Seiten dick, vielschichtig und äußerst facettenreich. Thematisch ist für nahezu jeden Geschmack etwas dabei. Das führt dazu, dass die grundsätzliche Anerkennung des Weltklimarats viele Leute nicht davon abhält, bestimmte Aussagen zu ignorieren, in einen irreführenden Kontext zu setzen oder gar ins Gegenteil zu verdrehen. Das beginnt schon bei der Frage, wie hoch der Anteil der Landwirtschaft an der Gesamtmenge der durch Menschen verursachten THG berechnet ist. Selbst etablierte Medien machen regelmäßig falsche Angaben und verwirren mit unpräzisen Bezeichnungen.

Besonders häufig werden die *Landwirtschaft*, die *Landnutzung* und das *Ernährungssystem* als Ganzes durcheinandergeworfen. Dabei macht es einen gewaltigen Unterschied, von welchem Begriff die Rede ist. Auch bleibt öfter unerwähnt, ob es gerade um die globale Bilanz oder um die Bilanz bestimmter Länder bzw. Weltregionen geht, ob wir vom Anteil der Tierhaltung an den Emissionen der Landwirtschaft oder an den gesamten menschengemachten Emissionen reden usw. Unpräzise Angaben erwecken oft den Eindruck, *die* Landwirtschaft trage die Hauptschuld am Klimawandel.

In Medienberichten werden regelmäßig die *direkt* durch landwirtschaftliche Tätigkeiten entstehenden Emissionen mit jenen in einen Topf geworfen, die sich aus der Umwandlung etwa von Wald zu Agrarland ergeben. Solche *Landnutzungsänderungen* passieren im großen Stil auch in besonders armen Regionen, wo die Kleinbauern oft überhaupt keinen Zugang zu Mineraldünger, Pestiziden oder anderen mit „industrieller" Landwirtschaft assoziierten Werkzeugen haben. Sie erwirtschaften daher viel zu geringe Erträge pro Fläche und roden deshalb immer mehr Wald. Je mehr die Bevölkerung wächst, desto größer wird der Flächenbedarf einer unproduktiven Landwirtschaft. Aber was sagt eigentlich der Weltklimarat zum Anteil der Landwirtschaft am Klimawandel?[6]

Die gesamten Emissionen des *Ernährungssystems* machen zwischen 21 und 37 Prozent aller menschengemachten Treibhausgasemissionen aus. Entscheidend ist dabei der Begriff Ernährungssystem. Die Landwirtschaft definiert der Weltklimarat als eine von insgesamt drei Kategorien des Ernährungssystems.

Auf ihr Konto gehen grob gesagt Emissionen, die im direkten Arbeitsbereich der Bauern, also auf den Bauernhöfen mit ihren Äckern, Weiden und Ställen entstehen – *within the farm gate* (innerhalb des Hoftores) also. Dieser Kategorie Landwirtschaft rechnet der IPCC einen Anteil von 9 bis 14 Prozent der menschengemachten Treibhausgase zu.

Die zweite Kategorie des Ernährungssystems verbirgt sich hinter dem Stichwort *Landnutzung*. Dabei geht es um jene Emissionen, die entstehen, wenn sich die Art der Landnutzung ändert. Dazu gehört vor allem die Neugewinnung von Agrarflächen durch die Rodung von Wäldern oder das Trockenlegen von Mooren und Feuchtwiesen. Auch der Umbruch von Grünland (Savannen, Wiesen und Weiden) und seine Umnutzung in Ackerland fallen darunter. Den Anteil der Landnutzung beziffert der IPCC mit 5 bis 14 Prozent.

Und schließlich zählt zum Ernährungssystem die dritte Kategorie namens *beyond farm gate*. Die deutsche Entsprechung nennt sich *vor- und nachgelagerter Bereich* der Landwirtschaft. Der *vorgelagerte Bereich* umfasst jene Dinge, die ein moderner Bauer heutzutage beschaffen muss, bevor er überhaupt mit bestimmten Arbeiten anfangen kann. Dazu gehören Maschinen und Geräte vom Spaten bis zum Mähdrescher und die Produktion von Kraftstoff (CO_2 entsteht ja nicht nur beim Verbrennen des Sprits im Traktortank!). Ebenso die Bereitstellung von Düngern und Pflanzenschutzmitteln. Allein die äußerst energieintensive industrielle Umwandlung von Luftstickstoff zu Mineraldünger verschlingt zwischen 1 und 3 Prozent des gesamten Energiebedarfs der Menschheit (mehr dazu in Kapitel 7).

Zum *nachgelagerten Bereich* zählen jene Stationen, die ein Lebensmittel auf dem Weg vom Bauernhof bis auf den Teller der Konsumenten durchläuft: Transport, Lagerung und Kühlung von Lebensmitteln; ihre Verarbeitung und Verpackung.

Geschätzte 25 bis 30 Prozent aller Lebensmittel gehen irgendwo auf dem Weg vom Feld auf den Teller verloren und werden somit völlig umsonst produziert. Auch die damit verbundenen Emissionen verrechnet der IPCC in der Kategorie *beyond farm gate*. Insgesamt fallen darunter 5 bis 10 Prozent der menschengemachten Treibhausgase. Rechnet man alle drei genannten Kategorien zusammen, also Landwirtschaft, Landnutzung und *beyond farm gate*, verursacht das Ernährungssystem als Ganzes die genannten 21 bis 37 Prozent der Emissionen. Zwei Dinge möchte ich an dieser IPCC-Bilanz des Ernährungssystem hervorheben. Erstens: Die Bandbreite dieser Größenschätzung von ganzen 16 Prozentpunkten (zwischen 21 und 37 Prozent) zeigt, dass der Weltklimarat nicht genau sagen kann, wie hoch der Anteil des Ernährungssystems oder einzelner Teilbereiche tatsächlich ist. Wir haben es mit, wenn auch wohlbegründeten, Annäherungen zu tun.

Andererseits sind einige der Kernaussagen des Weltklimarats gut genug abgesichert, um daraus Handlungsbedarf abzuleiten. Trotzdem muss uns klar sein, dass wir es in all diesen Diskussionen mit äußerst vielen Detailfragen zu tun haben, für die es *nicht immer* eine eindeutige Antwort oder ein unumstößliches Richtig oder Falsch gibt.

Das Zweite, was an dieser Stelle wichtig ist: Es sind sehr viele einzelne Quellen an THG, die sich zum Gesamtbeitrag des Ernährungssystems (21 bis 37 Prozent) addieren. Wenn wir manche einseitig betonen, nur weil es gerade populär ist, dann drohen viele andere wichtige Quellen unbeachtet zu bleiben.

Angenommen, ich entscheide nach Feierabend spontan, ins Restaurant zu gehen und das Gemüse in meinem Kühlschrank welken zu lassen, sodass es am nächsten Tag in die Mülltonne wandert. Ist diese Verschwendung die Schuld der Landwirtschaft mit ihrem „Kunstdünger"? Und was können Bauern dafür, dass noch immer niemand einen CO_2-neutralen Traktor erfunden hat? Sollen sie ihre Felder mit Pferden und Rindern beackern, so wie früher? (Wobei Pferde ohne Hafer-„Sprit" auch nicht laufen.) Hat die Landwirtschaft Einfluss darauf, dass Brotbacken Energie kostet? Hat sie es in der Hand, ob wir Konsumenten mehr oder weniger klimaschädliche Lebensmitteln kaufen? Die Antworten darauf sind offensichtlich.

ZUSAMMENFASSUNG: WAS WIR ÜBER DEN WELTKLIMARAT WIRKLICH WISSEN SOLLTEN

1. Klimaschutz ist eine der drängendsten Aufgaben der Menschheit, aber nicht die einzige. Ihn losgelöst von anderen Zielen wie Ernährungssicherheit oder Armutsbekämpfung zu betrachten, ist gefährlich.

2. Diese Quellen an Treibhausgasen muss man unterscheiden:
   • Landnutzung (Neugewinnung von Agrarflächen),
   • Bauernhof (direkt),
   • Vor- und nachgelagerter Bereich (Dünger- u. Dieselproduktion, Kühlkette, Verschwendung usw.).

3. Das globale Ernährungssystem als Ganzes verursacht laut Weltklimarat (2019) 21 bis 37 Prozent aller menschengemachten Treibhausgase.

3

ACKER, WALD UND MOOR – KLIMAKILLER LANDNUTZUNG

Obwohl die Freisetzung von Kohlenstoff und anderen Klimagasen aus Böden enorme Bedeutung hat, sollte nicht in Vergessenheit geraten, dass das Ganze erst dadurch richtig schlimm wird, dass die Menschheit Kohle, Öl und Gas verbrennt. Der darin enthaltene Kohlenstoff wurde vor Jahrmillionen als Langzeitspeicher angelegt. Seine energetische Nutzung für Industrie, Gebäude und Verkehr bringt den aktuellen Kohlenstoffkreislauf aus dem Gleichgewicht. Mehr als zwei Drittel der menschengemachten Treibhausgase stammen aus *diesem* und nicht aus dem Ernährungsbereich.

Wenn es generell um den menschengemachten Klimawandel geht, dann spielen vor allem drei Treibhausgase eine Rolle: Methan, Lachgas und natürlich unser altbekanntes Kohlenstoffdioxid (CO_2). Auch ohne Menschen würden sie auf der Erde eine wichtige Rolle spielen, weil sie Teil ganz natürlicher Prozesse sind. Das Problem ist, dass der Mensch einige dieser Prozesse verstärkt, andere abschwächt oder umkehrt. Das allein wäre auch noch zu verkraften, wenn sich von unserer Art, so wie um Christi Geburt herum, gerade mal 190 Millionen[7] Exemplare auf dem Erdball herumtreiben würden. Auch eine Weltbevölkerung von 990 Millionen wie im Jahr 1800: geschenkt!

Derzeit stehen wir aber bei einer Weltbevölkerung von 7,7 Milliarden, und so wie es ausschaut, dürften wir bis in 30 Jahren auf rund 10 Milliarden Menschen kommen. All diese Menschen brauchen Energie für die Fortbewegung, zum Heizen und Kochen und für die Produktion von Gütern. Und sie müssen ernährt werden, was zu einem großen Teil von einer 30 Zentimeter starken Schicht Erde abhängt. Mit 10 Milliarden Menschen haben wir dann doch ein Problem. Besser gesagt: mehrere.

Treibhausgase unterscheiden sich in ihrem Vermögen, die Atmosphäre aufzuheizen. Das liegt an ihren spezifischen Molekülstrukturen, die Wärmeenergie unterschiedlich stark absorbieren. Außerdem verweilen die Gase unterschiedlich lang in der

Atmosphäre, bevor sie umgewandelt oder vom Meer oder den Landmassen wieder aufgenommen werden. Um kein heilloses Durcheinander zu schaffen, rechnet die Klimawissenschaft mit einer Vergleichsgröße: den CO_2-Äquivalenten.

CO_2 hat dabei ein Treibhausgaspotenzial von 1, während Methan über eine Zeitspanne von 100 Jahren gerechnet ein Treibhausgaspotenzial von 28 hat. Also entspricht eine Tonne Methan 28 Tonnen CO_2-Äquvivalenten. Eine Tonne Lachgas wirkt dagegen wie 265 CO_2-Äquivalente. Verwirrung entsteht nicht selten dadurch, dass Menschen von CO_2 sprechen, wenn es eigentlich um CO_2-Äquivalente geht, oder umgekehrt.

KOHLENDIOXID (CO_2) – WER ACKERT, EMITTIERT

In den Medien kommt CO_2 fast ausschließlich in einem sehr negativen Kontext vor; als hauptverantwortlicher Stoff für den Klimawandel, als der Unheilsbringer schlechthin. Dabei gerät leicht in Vergessenheit, dass das Gas eigentlich Teil des natürlichen sogenannten Kohlenstoff-Kreislaufs ist. Wenn es um den Einfluss der Landwirtschaft auf den Klimawandel geht, müssen wir CO_2 daher ein kleines bisschen näher kennenlernen. Nur so bekommen wir ein tieferes Verständnis für die Zusammenhänge.

An CO_2 (ganz genau: Kohlenstoffdioxid) ist grundsätzlich nichts auszusetzen. Alles Leben besteht zu einem großen Teil aus Kohlenstoffatomen. Während Pflanzen und Tiere wachsen, nehmen sie kohlenstoffhaltige Verbindungen auf und geben sie auch wieder ab. Im Periodensystem der Elemente, das Sie vielleicht noch aus dem Chemie-Unterricht kennen, trägt der Kohlenstoff das Kürzel C. Ach, und wenn wir schon dabei sind ...

H = Wasserstoff
N = Stickstoff
O = Sauerstoff

Das sind die wichtigsten Atome (Elemente), mit denen man es im Zusammenhang mit dem Klimawandel zu tun bekommt. Wenn sie mit gleichen oder anderen Atomen eine chemische Bindung eingehen, dann werden sie Teil von *Molekülen*. Ein C- und zwei Sauerstoff-Atome machen als CO_2-Molekül gemeinsame Sache.

Sämtliche Zuckermoleküle enthalten Kohlenstoff und werden auch *Kohlenhydrate* genannt. Zu langen C-Atom-Ketten zusammengesetzt, ist Kohlenstoff ebenso Hauptbestandteil von Fetten und Ölen. Auch die Proteine (Eiweiße) sind aus Kohlenstoff gemacht. Kohlenstoff bildet den Wesenskern sämtlicher organischer Masse des Planeten, sei sie tot oder lebendig.

Egal ob wir also Rumkugeln oder Spinat essen, in erster Linie verspeisen wir dabei Kohlenstoff (von Wasser einmal abgesehen). In unserem Körper werden Kohlenstoff enthaltende Moleküle zu Einfachzucker in Form von *Glucose* abgebaut. Die Glucose ist der Treibstoff, der bei der Verbrennung bzw. Veratmung in unseren Zellen Energie freisetzt. Diese Energie hält unseren Körper am Laufen. Die verbrannten C-Atome entweichen in Form von CO_2 in die Atmosphäre.

Pflanzen machen es ein bisschen anders. Zwar verbrennen auch sie Kohlenstoff, um zu funktionieren. Um an ihn heranzukommen, müssen sie aber keine anderen Lebewesen fressen. Sie holen sich diesen Teil ihres Futters in Form von CO_2 aus der Luft. Aus diesem CO_2 und einer weiteren Zutat, nämlich Wasser, stellen Pflanzen mithilfe der Energie des Sonnenlichts Einfachzucker bzw. *Glucose* her. Als Nebenprodukt entsteht Sauerstoff. Diesen Prozess kennen wir unter dem Namen *Photosynthese* noch aus der Schule.

Glucose ist aber nicht nur das Produkt der Photosynthese, sondern auch Ausgangspunkt und Baustein für andere wichtige Moleküle. Mehrere Hundert oder gar Zehntausende Glucose-

Moleküle formen sich etwa zum Kohlenhydrat *Zellulose*. Sie ist der Hauptbestandteil von Pflanzen.

Wenn Pflanzen am Ende ihrer Zeit absterben oder teilweise geerntet werden, gelangen die Reste ihrer oberirdischen Masse dorthin, wo ihre Wurzeln schon die ganze Zeit waren: in den Boden. Dort dienen sie einer riesigen Menge von Bodenlebewesen als Nahrung.

Zum Bodenleben gehören alle Lebewesen, die nicht *auf*, sondern *im* Boden leben: winzig kleine Tierchen wie Milben oder Nematoden, etwas größere Tierchen wie Regenwürmer, aber auch Algen, Pilze und vor allem Bakterien. Das Bodenleben tut dasselbe wie wir Menschen: Es ernährt sich von Molekülen aus Kohlenstoff, aus denen alle organische Masse aufgebaut ist. Es zerkleinert, „verdaut" und verbrennt die Kohlenstoff-Moleküle, um daraus Energie zu gewinnen oder eigene Biomasse aufzubauen. Auch Bodenlebewesen entlassen beim Verbrennen einen Teil des Kohlenstoffs als CO_2 in die Atmosphäre.

Bei Regenwürmern und Bakterien stehen in erster Linie Getreidestroh, welke Kartoffelblätter, kollabierte Eichen oder tote Mäuse auf dem Speiseplan – zum Glück: Wir würden sonst in totem organischem Abfall ersticken. Allerdings: Das Bodenleben hat niemals restlos aufgegessen. Zu jedem Zeitpunkt ist ein Teil der zersetzten organischen Masse im Boden gespeichert. Tote Pflanzen lösen sich also nicht über Nacht in Luft (bzw. CO_2) auf. Vielmehr kann sich der Prozess der Verrottung (bei Tieren: Verwesung) über Monate oder gar Jahre hinziehen, auch abhängig vom Klima und davon, ob ein Strohhalm oder ein Eichenstamm verrottet.

Man könnte die Verrottung auch *Kompostierung* nennen. Was als Zwischenstufe dabei herauskommt, ist der *Humus*, ein wesentlicher Bestandteil von fertigem Kompost. Humus lässt bekanntlich jedes Gärtnerherz höherschlagen, weil er u. a. die

Wasser- und Nährstoffverfügbarkeit des Bodens verbessert, ihn fruchtbarer macht und das Bodenleben fördert.

Für das Weltklima von herausragender Bedeutung ist die Tatsache, dass es sich bei Humus vor allem um gespeicherten Kohlenstoff handelt. Das heißt: Solange Kohlenstoff als Humus oder als Bestandteil von Pflanzen oder Bodenlebewesen gebunden ist, kann er nicht in Form von CO_2-Gas die Atmosphäre erwärmen.

Grundsätzlich befindet sich Kohlenstoff in einem ständigen Kreislauf des Lebens: Pflanzen nehmen ihn aus der Luft auf und lagern ihn in ihrer Biomasse ein. Tiere nehmen ihn auf, indem sie Pflanzen oder andere Tiere fressen. Im Zuge der Zellatmung zur Energiegewinnung wird Kohlenstoff von den allermeisten Lebewesen als CO_2 auch wieder in die Atmosphäre entlassen. Sterben Pflanzen ab, gelangt der in ihnen eingelagerte Kohlenstoff in den Boden und wird zu Humus. Teilweise auch indirekt, indem Tiere (und Menschen) Pflanzen fressen und ihre unverdaulichen Reste später als Dung (oder Klärschlamm) dem Boden zuführen. Vom Bodenleben wird der Kohlenstoff in Form von vielzähligen organischen Verbindungen ständig auf- und abgebaut. Dahinter stecken allerlei biochemische Prozesse, deren Intensität von der Art des Bodens, seinem Wassergehalt, der Temperatur und etlichen weiteren Faktoren abhängt. Wichtig ist vor allem: Kohlenstoff wandert ständig zwischen Atmosphäre, Boden und Lebewesen hin und her.

Aber was hat die kleine Geschichte vom Leben und Sterben der Pflanzen mit dem Klima zu tun? Ganz einfach: Wenn ein Stück Land mit seinen darauf lebenden Organismen über lange Zeitspannen hinweg mehr Kohlenstoff aufnimmt als abgibt, ist das gut fürs Klima. Das Land bildet dann eine Kohlenstoff-*Senke*. Wenn es allerdings durch Verrottung oder Verlust von Biomasse netto Kohlenstoff verliert, übernimmt es aus Sicht der Atmosphäre die Rolle einer Kohlenstoff-*Quelle*. Und das ist schlecht fürs Klima.

Das Spannende ist dabei: Ackerböden können sowohl Senken als auch Quellen sein. Allerdings tendieren sie dazu, Kohlenstoff in Form von Humus eher zu verlieren als aufzubauen. Das liegt zum einen daran, dass mit jeder Ernte Kohlenstoff vom Feld abtransportiert wird. Zum anderen verliert ein Acker allein durch das Beackern an sich Kohlenstoff. Durch die Bearbeitung, zum Beispiel das Pflügen, gelangt nämlich vermehrt Sauerstoff in den Boden. Und der wirkt auf das Bodenleben fast wie Doping: Bodenbakterien werden aktiver und beschleunigen den Abbau von Pflanzenmaterial und Humus. Durch den Humusabbau landet vermehrt CO_2 in der Luft.

Besonders folgenreich ist es, wenn alte Wälder oder Grünland in Ackerland umgewandelt werden. Ein womöglich jahrhundertelang angehäufter Kohlenstoffvorrat beginnt sich dann über Jahrzehnte hinweg abzubauen, und das Land wird zur Kohlenstoff-Quelle.

Ohne Ackerbau ist alles genau umgekehrt. Ein junger Wald, dessen Bäume über Jahrzehnte wachsen und Biomasse anhäufen, nimmt ständig mehr Kohlenstoff auf, als er durch die Atmung der Lebewesen oder verrottende Pflanzen abgibt. Ähnlich ist es bei natürlichem oder nicht zu intensiv genutztem Grünland und erst recht bei einem intakten Moor. Solche Flächen sind Kohlenstoff-*Senken* und damit ein Glücksfall fürs Klima.

Ohne die Aktivitäten des Menschen bildeten Wälder, Graslandschaften und Moore unberührte, gigantische Kohlenstoffspeicher. Allerdings sind wir Menschen auf der Bildfläche erschienen und haben mit Ackerbau, Tierhaltung und Städtebau angefangen. Mit jedem dafür geopferten Wald- oder Savannenstück verschwand ein Stück Speicherkapazität für Kohlenstoff, und diese Entwicklung hält an.

Erinnern Sie sich an Ihren Quadratmeter Radieschen aus dem ersten Kapitel? Auch den haben Sie von einer Senke (Wiese) in eine Quelle (Radieschen-Acker) verwandelt. Wenn Sie weiter Gemüse darauf anbauen, bleibt er das womöglich für viele Jahre. Dass die Menschheit den Planeten großflächig mit Äckern überzogen hat, stellt also ein ganz grundsätzliches Problem in Sachen Klima dar. Zwar kann auch ein Ackerboden ($\approx 1 - 4$ Prozent Humus) mithilfe humusaufbauender Bewirtschaftung etwas Kohlenstoffgehalt zulegen (von der Quelle zu einer schwachen Senke werden). Aber den Humusgehalt von Wald ($2 - 30$ Prozent) oder Grünland ($4 - 15$ Prozent) wird ein Acker an derselben Stelle nie erreichen.

Aber: Rund zwei Drittel der globalen Agrarflächen bestehen laut FAO aus Grünland, ein Drittel aus Ackerland. Beide Kategorien werden häufig in einen Topf geworfen, obwohl dies bezüglich ihrer Klimawirkung nicht sinnvoll ist.

So oder so: Die bei der Umwandlung von Moor, Wald oder Grünland in Ackerland (bzw. von Moor/Wald in Grünland) ausgelöste unvermeidliche CO_2-Freisetzung aus dem Boden lastet der Weltklimarat folgerichtig nicht der Kategorie *Landwirtschaft*, sondern der erwähnten *Landnutzung* an. In der Bilanz machen sie rund die Hälfte der insgesamt durch Landwirtschaft, Forstwirtschaft und Landnutzung verursachten Treibhausgase aus (siehe Kapitel 2).

AUS MOOR WIRD ACKER –
GUT GEGEN HUNGER, SCHLECHT FÜRS KLIMA

Heute gehört es zum Allgemeinwissen, dass Wald ein bedeutender Kohlenstoffspeicher ist und viele andere wichtige Funktionen erfüllt. Auch um den Wert tropischer Regenwälder und deren Zerstörung weiß längst jedes Kind.

Kaum jemand spricht allerdings über Moore. Dabei leisten diese sumpfig-morastigen Flächen im Verhältnis sehr viel mehr fürs Klima als gewöhnlicher Wald. Das ist auch der Grund dafür, dass die Regierung Schottlands Bäume fällen lässt, um den Ursprungszustand bestimmter Moore wiederherzustellen.[8] Bäume fällen als Klimaschutzmaßnahme?

Um den Sinn dahinter zu verstehen, müssen wir etwas tiefer in die Moor-Thematik eintauchen. Die größten Moorgebiete liegen in den baumlosen Weiten Kanadas und Russlands. Es gibt sie aber auch als tropische Variante *mit* Baumbewuchs, zum Beispiel in Indonesien oder im afrikanischen Kongobecken. Innerhalb Europas sind und waren die Sumpflandschaften vor allem im Norden zu finden. Die Fans der Netflix-Serie *The Crown* seien an die bildgewaltigen Szenen erinnert, in denen die britische Königsfamilie auf ihren schottischen Ländereien auf Hirschjagd geht – oft über feuchten Morast stapfend. Aber auch in Österreich oder Deutschland gibt es Moore. Allerdings nehmen sie hier nur noch einen Bruchteil ihrer früheren Flächen ein.

Der Boden einer intakten Moorlandschaft (≈ 100 Prozent Humus) ist ständig durchnässt. Den Mikroorganismen, die in gewöhnlichen Böden ständig organisches Material zersetzen, fehlt deshalb hier der Sauerstoff, was dazu führt, dass die Pflanzen eines Moores nicht vollständig verrotten, nachdem sie ihren Lebenszyklus vollendet haben und abgestorben sind. Ihre kohlenstoffhaltigen Reste bleiben einfach an der Bodenoberfläche liegen. Jedes Jahr werden sie von einer neuen Pflanzengeneration überwuchert, die wieder abstirbt und eine weitere Lage totes organisches Material hinterlässt. Auf diese Weise wächst ein Moor um einen Millimeter pro Jahr in die Höhe.

Das Großartige an Mooren ist: Obwohl sie nur 3 Prozent der globalen Landfläche bedecken, speichern sie Schätzungen zufolge mehr als doppelt so viel Kohlenstoff wie alle Wälder der Erde zusammen – die rund 30 Prozent der Landflächen bedecken. Anders formuliert: Ein Hektar Moor speichert im globalen

Schnitt sechsmal so viel Kohlenstoff wie ein Hektar Wald, in den Tropen mit ihrer üppig wachsenden Vegetation ist es sogar das Zehnfache.[9] Torfmoore können außerdem jahrtausendelang weiterwachsen und dabei immer neuen Kohlenstoff aufnehmen. Ein Wald kann das laut Weltklimarat[10] eher nicht. Ab einem bestimmten Punkt seiner Entwicklung, wenn der Wald „ausgewachsen" ist, kann er nicht weiter *mehr* Kohlenstoff aufnehmen, als er durch verrottende Pflanzenreste wieder abgibt. Er bleibt dann weiterhin ein enorm wichtiger Speicher, aber eben ein *voller* Speicher. Im Gegensatz zu den weiterwachsenden Mooren.

Jetzt das weniger Großartige: Zieht man bei einem Moor den Stöpsel und lässt das Wasser ablaufen, kommt plötzlich wieder Sauerstoff in den Untergrund. Dieser Sauerstoff ermöglicht es Mikroorganismen nun wieder, Pflanzenreste zu zersetzen und abzubauen. Sie erinnern sich: Bei dieser Zersetzung wird CO_2 frei! Und so wird ein Moor von der klimafreundlichen Kohlenstoff-Senke zur klimaschädlichen Kohlenstoff-Quelle.

Leider geht die Zersetzung des Torfs auch wesentlich schneller vonstatten als der umgekehrte Prozess des Torfaufbaus. Kein Wunder: Wenn pro Jahr gerade mal ein Millimeter dazukommt, dann dauert es eben 1.000 Jahre, bis sich eine ein Meter hohe Torfschicht gebildet hat. Umgekehrt verschwindet eine Ein-Meter-Schicht Torf eines entwässerten Moors in den Tropen innerhalb weniger Jahrzehnte.

Einige Studien kommen zum Schluss, dass bis zu 5 Prozent[11] der menschengemachten Treibhausgasemissionen aus entwässerten Mooren stammen. 5 Prozent! Das ist enorm, verglichen etwa mit den 2 Prozent, die von der gesamten internationalen Luftfahrt verursacht werden, oder den 3 Prozent aus der Zementherstellung.[12] Da tröstet es auch wenig, dass 85 Prozent der globalen Moorflächen noch immer in einem intakten, natürlichen

Zustand sind. Eben weil sie so gigantisch viel Kohlenstoff speichern, trägt jedes zerstörte Moor überproportional viel zum Klimawandel bei.[13] Das Entwässern von Mooren ist nicht nur deshalb eine schlimme ökologische Sünde. Allerdings: In unseren Breiten wurde diese Sünde bereits von unseren Vorfahren im großen Stil begangen, als noch niemand Worte wie Ökologie oder Klimaschutz kannte.

Im faszinierend zu lesenden Buch *Geschichte der Kulturlandschaft* schreibt der Autor Peter Poschlod: „Obwohl in den Niederlanden schon gegen Ende des Mittelalters die ersten großen Moore entwässert wurden, begannen die planmäßigen Moorkultivierungen erst im 17. und 18. Jahrhundert im Zeitalter der Aufklärung."

Was wir heute als ökologisch besonders wertvolle Flächen betrachten, galt damals als mehr oder weniger nutzlose Wildnis. Sie zu landwirtschaftlicher Nutzfläche umzugestalten, war das Ziel der Herrschenden. Vor allem deshalb, weil es für die Staatsmänner dieser Zeit eine der größten Herausforderungen war, die seit Ende des Dreißigjährigen Krieges (1618–1648) ständig wachsende Bevölkerung satt zu bekommen. Da waren neue Äcker und Weiden Gold wert.

Zigtausende Kilometer Entwässerungsgräben wurden in Europa ausgehoben, um Moore und Sümpfe trockenzulegen. Die Veränderungen der Landschaften waren gewaltig. Für die Natur entstand dabei unermesslicher Schaden. Dennoch wurden die Maßnahmen zur Trockenlegung von Zeitgenossen als große Kulturleistung gefeiert.

Poschlod zitiert in seinem Buch beispielhaft den Botaniker Franz Paula, der die im Jahr 1790 begonnene Urbarmachung des Donaumooses bei Ingolstadt mit den Worten kommentierte: „Das Donaumoor ist kein Moor mehr, sondern ein ganz artiges Ländchen von vier Quadratmeilen [...] Der jetzt regierende Kurfürst hat das Verdienst, dieses Ländchen aus Sumpf und Schlamm, darinn es seit Jahrhunderten begraben lag, gezogen zu haben. Er hat es von der Natur erobert, ohne einen Tropfen Menschenblut zu verspruzen; und die Natur, froh, daß er diese Eroberung gemacht hat, krönt ihn dafür bereits, nicht mit Lorbeern, die er verschmähet, sondern mit einer goldenen Aehrenkrone."

So ändern sich die Zeiten: Was man heute Naturzerstörung nennen würde, konnte einem vor 200 Jahren zu Ruhm und Anerkennung verhelfen. Später, im Deutschen Reich, brachten die sogenannten Ödlandgesetze der 1920er Jahre einen weiteren Schub der Moorzerstörung. Sie erlaubten die Enteignung brachliegender potenziell nutzbarer Flächen. Viele davon wurden noch in der Mitte des 20. Jahrhunderts von riesigen Dampfpflügen bis zu zwei Meter tief umgegraben. Gigantische Zerstörungen von Naturlandschaften waren auch die Begradigungen der großen Flüsse wie Rhein und Donau im 19. Jahrhundert. Bei heutigen Umweltverträglichkeitsprüfungen hätten sie wohl nicht den Hauch einer Chance. Vielleicht haben aktuell lebende Mitteleuropäer einfach nur das Glück, dass ihre Vorfahren alle „Schuld" auf sich geladen und die großflächigen Urbarmachungen alias Umweltzerstörungen für uns erledigt haben. Von den damals gewonnenen Flächen profitieren wir alle jedenfalls noch heute.

Der Blick in die Vergangenheit zeigt: Klimaschädliche Naturzerstörung im Namen der Landwirtschaft beruht nicht immer auf „Profitgier" und bösen Machenschaften. Oftmals ist sie dem puren Überlebenswillen bzw. dem Bedarf an landwirtschaftlichen Flächen geschuldet.

Heute wissen wir dank der Wissenschaft viel mehr über den großen Nutzen von Mooren, nicht nur als Kohlenstoffspeicher. Trotzdem sind die Entwässerungsgräben von damals noch immer in Betrieb. Sei es, um die Flächen weiter als Acker oder Weide zu nutzen, oder, wenn auch in geringerem Ausmaß, um Torf als Grundlage von Pflanzerde abzubauen.

Länder wie Indonesien oder Kongo graben heute sogar gänzlich neue Entwässerungssysteme, um zusätzliche Agrarflächen zu gewinnen. Sie führen die Arbeit weiter, die in Europa im 18. Jahrhundert begonnen wurde. Das Motiv bleibt gleich: der Wunsch nach ausreichend Nahrung und mehr Wohlstand.

In welchen Dimensionen dies geschieht, ist schwer abzuschätzen. 15 bis 20 Prozent der globalen Moorflächen sind dem Weltklimarat zufolge nicht mehr im natürlichen Zustand. Nimmt man alle Feuchtgebiete zusammen (Moore stellen nur einen Teil davon dar) dürfte bereits mehr als die Hälfte der Fläche entwässert worden sein. Experten schätzen die Höhe der Verluste allein seit dem Jahr 1970 auf mehr als 30 Prozent.[14]

Jede Trockenlegung setzt CO_2 frei. Der Weltklimarat sieht daher im Schutz von Mooren (und Feuchtgebieten generell) eine relativ schnell wirksame Handlungsoption zum Klimaschutz. Das ist auch einer der Gründe dafür, dass in manchen schottischen Mooren Bäume gefällt werden: Sie haben dort von Natur aus nichts verloren. Außerdem sind Bäume durstig und entziehen dem Boden genug Wasser, um seine Funktion als Moorboden zu gefährden. Bäume können, am falschen Ort gepflanzt, also tatsächlich schlecht fürs Klima sein. Auch das gehört zu den Einsichten ernstgemeinten Umweltschutzes.

Die wichtigste Maßnahme zur Wiederherstellung des ursprünglichen Zustands eines Moores ist allerdings das Wiederverstopfen der Entwässerungsgräben. Bis zum Jahr 2030 will Schottland auf diese Weise 250.000 Hektar Moorflächen wiederherstellen,[15] eine Fläche sechsmal so groß wie Wien.

Auch Deutschlands Umweltministerium plant die Wiedervernässung heutiger Agrarflächen in einstigen Moorlandschaften. Bauern könnten dort „nur" noch Schilfgräser und ähnliche

Pflanzen als sogenannte *Paludikultur* anbauen, die als nachwachsende Rohstoffe genutzt werden könnten. Für die Produktion von Nahrung stünden die Flächen dann nicht weiter zur Verfügung. Bis ein Moor nach der Renaturierung wieder seinen Ursprungszustand erreicht, kann es viele Jahrzehnte und länger dauern. Der Schutz bislang unangetasteter Moore ist daher die noch viel wichtigere Klimaschutzmaßnahme.

Unter der Prämisse, dass der Bedarf an Nahrungsmitteln aufgrund der wachsenden Weltbevölkerung kräftig steigt und deshalb deutlich größere Mengen geerntet werden müssen, gibt es nur zwei Möglichkeiten. Erstens: auf den vorhandenen Agrarflächen die Erträge zu steigern. Zweitens: weitere Naturflächen wie Wald oder Moor in Agrarflächen umwandeln. Letzteres ist sowohl in puncto Klimaschutz als auch in Sachen Artenschutz keine Option.

Diese Zusammenhänge sind der Grund dafür, dass der Weltklimarat die *nachhaltige Intensivierung* der globalen Landwirtschaft als eine der wichtigsten Maßnahmen zur Bekämpfung der Klimakrise nennt.[16] Intensivierung heißt nämlich: auf derselben Fläche höhere Erträge zu ernten oder sogar die Anbauflächen verringern zu können und trotzdem die gleichen Erträge zu erwirtschaften. Letzteres würde Möglichkeiten eröffnen, heute noch beackerte Flächen der Natur zurückzugeben.

In den Abendnachrichten hört man allerdings meist weder von Mooren noch von der elementaren Bedeutung, die der Weltklimarat den Landnutzungsänderungen beimisst.

MEHR ODER WENIGER WALD?

Während ich diese Zeilen schreibe, höre ich auf meinen Kopfhörern *Far Away Forest* von *Mother Earth Sounds*: Es trällert eine Amsel, eine Fliege summt, und irgendwo in der Ferne höre ich das Rauschen und Donnern eines Wasserfalls, der ziemlich gewaltig sein muss. Solche Geräusche beruhigen mich selbst dann, wenn sie aus dem Kopfhörer kommen. Noch besser wäre es, jetzt dort in diesem Wald auf einem Baumstumpf zu sitzen und neben dem Originalklang auch den Geruch und die Farben des Waldes mit allen Sinnen wahrzunehmen. Wir alle lieben den Wald, stimmt's?

Obwohl ein Moor mit seinem vergleichsweise wenig imposanten Moosbewuchs einen fantastischen Kohlenstoffspeicher darstellt, ist und bleibt der unangefochtene Medienstar in Sachen Klima-, Natur- und Artenschutz der Wald.

Wie geht es *dem* Wald? Was für eine Frage, werden sich manche vielleicht denken. Natürlich schlecht! Man muss ja nur an die Bilder der brennenden Amazonas-Wälder denken. Oder an die Trockenschäden, Borkenkäfer und die Waldbrände, die vielen Bäumen auch hier bei uns gerade in jüngster Vergangenheit zugesetzt haben.

Wälder sind in der Tat vielfach bedroht. Auch wegen des Klimawandels, der sich jedenfalls in Mitteleuropa schon heute mit höheren Temperaturen und häufigeren Trockenperioden bemerkbar macht. Eine der Folgen für Deutschland ist, dass die Ergebnisse des offiziellen Waldberichts 2021 zu den schlechtesten seit Beginn der Erhebungen 1984 gehören: Vor allem Fichten sterben großflächig an trockenen Standorten.

Eine klassische Gefahr für Wälder ist die Rodung mithilfe von (Motor-)Sägen oder Feuer. Übrigens: Mit *Rodung* ist die *dauerhafte* Entfernung von Wald und die Überführung der Flächen in eine nicht-forstwirtschaftliche Nutzung gemeint. Wenn nach einem Kahlschlag zur Holzernte neue Bäume auf der Fläche wachsen, handelt es sich demnach *nicht* um eine Rodung. Die Fläche bleibt Teil des Waldes.

Jedenfalls dürfte es viele Menschen überraschen, dass es beim Thema Wald auch ein paar gute Nachrichten gibt. Über sie Bescheid zu wissen, ist wichtig, wenn man unser heutiges Ernährungssystem besser verstehen möchte. Auch wenn es absurd klingen mag: Die Tatsache, dass wir heute im Supermarkt einkaufen und unser Essen nicht mehr alle selbst anbauen, hat dem Wald eine große Entlastung gebracht. Sie werden gleich verstehen, warum.

Eine zentrale Frage rund um den Wald lautet: Wie viel Wald gibt es eigentlich? Dem Weltklimarat zufolge sind von den rund 130 Millionen Quadratkilometern eisfreier Fläche auf der Erde 31 Prozent mit Wald bedeckt, also fast ein Drittel, wobei verschiedene Studien mit unterschiedlichen Definitionen arbeiten und daher zu unterschiedlichen Ergebnissen kommen.

Es verwundert daher nicht, dass die Frage nach der Entwicklung der globalen Waldflächen gar nicht so leicht beantwortet werden kann. Laut IPCC[17] ist die globale Waldfläche seit 1990 jedenfalls um 3 Prozent beziehungsweise seit 1960 um ungefähr 5 Prozent geschrumpft. Gleichzeitig verweist der Bericht aber auf die große Unsicherheit dieser Aussage. Er nennt auch gleich mehrere Studien, deren Berechnungen zufolge die globale Bedeckung mit Wald in den vergangenen Jahrzehnten sogar zugenommen hat. Was davon stimmt, lässt sich nicht eindeutig beantworten. Eine aufschlussreiche Botschaft steht aber dennoch im Bericht: In den Tropen überwiegt eindeutig der Netto-*Verlust* an Waldflächen, während die gemäßigte und die boreale (nördliche) Klimazone von einem flächenmäßigen Wachstum des Waldes geprägt ist.

Es ist also mitnichten so, dass der Wald überall auf der Welt gleichermaßen in seinem Bestand gefährdet ist. Ganz im Gegenteil: Das Schicksal des Regenwalds in Südamerika oder Afrika steht in krassem Gegensatz zur Entwicklung der Waldflächen in Mitteleuropa. Wenn wir die richtigen Schlüsse ziehen wollen, müssen wir beides betrachten.

Mitteleuropa liegt in der gemäßigten Klimazone, wo sich der Wald laut Klimarat ausdehnt. Wie ist das zu erklären? Schließlich ist doch für jeden sichtbar, dass um uns herum immer mehr Straßen, Fabriken und Wohngebiete entstehen.

Ein relevanter Aspekt dürfte sein, dass Motorsägen und Holzerntemaschinen dankbare Motive für TV-Kameras abgeben. Kahl gerodete Flächen lassen sich leicht als dramatische Naturzerstörung inszenieren, selbst wenn sie klein sind. Demonstranten in ihren Baumhäusern und Polizisten, die sie vertreiben sollen, bringen Action und Erregung in die Abendnachrichten. Umgekehrt kann man sich als TV-Gestalter kaum etwas Müderes vorstellen, als einem Baum beim Wachsen zuzuschauen. Außerdem gilt im Nachrichtengeschäft noch immer: *Only bad news is good news* – gute Nachrichten haben einfach einen begrenzten Verkaufswert.

Tatsache ist aber, dass sich Wälder um uns herum ausbreiten. Wir müssen nur einen Schritt zurücktreten und auf größere Gebiete sowie längere Zeiträume blicken, um dies zu erkennen. Die Wälder Deutschlands zum Beispiel sind seit 1990 um 200.000 Hektar gewachsen, durchschnittlich mehr als 6.000 Hektar pro Jahr.[18] Das entspricht ungefähr der Fläche des Starnberger Sees bei München, der 5.636 Hektar groß ist. Gemessen an ganz Deutschland eine überschaubare Größe. Aber so viel kommt eben jedes Jahr netto dazu. Alles in allem sind heute wieder rund 11,4 Millionen Hektar, also knapp ein Drittel der Fläche Deutschlands (32 Prozent) bewaldet.

Das ist nichts gegen das Waldland Österreich. Dort sind nach neuesten Zahlen fast 48 Prozent des Staatsgebiets mit Wald bedeckt. In den vergangenen zehn Jahren sind durchschnittlich 3.400 Hektar pro Jahr dazugekommen – in Relation gesehen sogar deutlich mehr als in Deutschland.

Beim Blick auf ganz Europa wird es beeindruckend. Hier hat sich die Waldfläche zwischen 1990 und 2014 um satte 9 Prozent bzw. 13 Millionen Hektar ausgedehnt, was ungefähr der Fläche Griechenlands entspricht.[19] Äußerst negativ schlägt allerdings zu

Buche, dass etwa in Rumänien die letzten, besonders kohlenstoffreichen Urwälder Europas gefällt werden.

BRANDRODUNG MITTEN IN EUROPA – DER WALDRAUBBAU DER GUTEN, ALTEN ZEIT

Dass unser Wald gegenwärtig wächst, bedeutet umgekehrt, dass er früher eine geringere Fläche eingenommen hat. Der Wald erholt sich heutzutage von einem über Jahrtausende hinweg begangenen Raubbau, den frühere Generationen in mehreren Wellen an ihm verübt haben und der zuletzt vor rund 150 bis 200 Jahren einen Höhepunkt erreicht hatte. Wenn wir heute mit Entsetzen auf die Bilder von brennendem Regenwald schauen, müssen wir wissen: Auch unsere eigenen Vorfahren haben regelmäßig Wald niedergebrannt, hier bei uns.

Bestimmte Formen von in Zyklen wiederholter Brandrodung gehörten im Alpenraum, im Schwarzwald und anderen Mittelgebirgen zu den traditionellen Bewirtschaftungsformen. Vor allem weniger fruchtbare Hanglagen nutzten die Bauern zunächst für mehrere Jahre als Waldweide: Während Bäume wuchsen, ließ man phasenweise das Vieh auf die Flächen, um sich Futter zu suchen. Nach einigen Jahren wurde das Holz des inzwischen aufgewachsenen Niederwalds geerntet und die Fläche mitsamt dem verbliebenen Reisig niedergebrannt. Die zurückbleibende Asche düngte den Boden und machte ihn vorübergehend fruchtbar genug, um spärliches Getreide oder Kartoffeln anzubauen. Nachdem der Boden erneut ausgelaugt war, kehrten der Wald und das Weidevieh zurück. Der Zyklus begann von neuem. Auch in Österreich waren diese und ähnliche Formen der Feld-Wald-Wechselwirtschaft oder *Reutbergwirtschaft*[20, 21] verbreitet.

Überhaupt dürfte Brandrodung schon von den Jägern und Sammlern genutzt worden und daher über 20.000 Jahre alt sein, viel älter als die Landwirtschaft selbst.[22] Fest steht, dass die Nutzung des Feuers für Menschen stets ein gebräuchliches Werkzeug zur Umgestaltung der Landschaft war. Wissenschaftler gehen davon aus, dass jungsteinzeitliche Hirten schon vor mehr als 7.000 Jahren alpenländische Bergwälder in Brand steckten, um neue Weideflächen zu gewinnen.[23] Untersuchungen zufolge waren im Jahr 1.000 vor Christus in einigen Gegenden Europas, auch innerhalb Österreichs, bereits 70 Prozent der für Landwirtschaft geeigneten Fläche entwaldet.

Großflächige Rodungen für neue Dörfer, Äcker und Weiden prägten in ganz Mitteleuropa auch die Zeiten zwischen dem 11. Jahrhundert und dem Auftreten der Pest Mitte des 14. Jahrhunderts. Nach einer folgenden rund 100-jährigen Pause wurden die Wälder zwischen 1500 und 1850 erneut stark dezimiert.[24]

Die Ausweitung des Siedlungsraums spiegelte das Wachstum der Bevölkerung wider. Der steigende Platzbedarf der Menschheit resultierte aber weniger aus der Notwendigkeit, Gebäude und Straßen zu bauen. Vielmehr war die wenig produktive Landwirtschaft die wesentliche Triebkraft hinter der Entwaldung. Die Bedeutung des Ertrags pro Hektar kann dabei kaum überschätzt werden. Um die gleiche Menge an Getreide zu ernten, benötigten die Bauern im Mittelalter grob gesagt bis zu zehn- oder fünfzehnmal[25] so viel Ackerland wie heute. Auch die damaligen Nutztierrassen waren sehr viel weniger effizient als heutige. Für die gleiche Menge Fleisch oder Milch mussten sie viel mehr Futter fressen als moderne Rassen, was den Flächenbedarf zusätzlich vergrößerte.

Obwohl viel weniger Menschen auf der Erde lebten, war der lokale Bedarf an Acker- und Weideland sehr viel größer. Die geringen Flächenerträge ließen keine andere Wahl, als die bewirtschafteten Flächen auszudehnen, wenn die Bevölkerung wuchs und mehr Menschen satt werden sollten. Wurden die lokal produzierten Nahrungsmittelvorräte nach einer schlechten Ernte knapp, drohte umgehend der Hunger.

Zwar tauschten die Menschen immer schon bestimmte Waren über mehr oder weniger große Distanzen miteinander aus, und der Handel – sogar über Kontinente hinweg – erlebte etwa zur Römerzeit eine Blüte. Aber die längste Zeit in der Geschichte war das gemeine Volk von üppigen Einkaufsmöglichkeiten meilenweit entfernt. Selbst noch vor 50 Jahren hätte die meisten wohl vor Staunen der Schlag getroffen, wenn sie einen Supermarkt aus dem Jahr 2022 betreten und sein Warenangebot aus aller Welt zu Gesicht bekommen hätten.

Geht man weiter zurück, dann konnten gewöhnliche Bürger meist nur von lokal stark begrenztem Handel mit wenigen Waren profitieren. Fiel die Ernte aus klimatischen Gründen oder wegen der Ausbreitung von Schädlingen schlecht aus, betraf dies ganze Landstriche. Meist wurde dann auch in allen halbwegs erreichbaren Nachbarregionen wenig geerntet.

Es war zudem sehr aufwendig und teuer, Lebensmittel von A nach B zu bringen, solange Pferde- oder Ochsengespanne das leistungsstärkste und günstigste Transportmittel auf dem Landweg waren. Lediglich in den wenigen größeren, an Flüssen gelegenen Städten konnten immer schon Waren von weiter weg bezogen werden.

Aber für große Teile der Landbevölkerung war der weitreichende Eigenanbau von Lebensmitteln und Rohstoffen aller Art teils bis ins 20. Jahrhundert hinein alternativlos.

Die Bauernhöfe waren bezüglich ihrer Produktpalette deshalb anders als heute nicht spezialisiert. Das heißt, sie betrieben nicht schwerpunktmäßig Milchviehwirtschaft *oder* Schweinehaltung *oder* Getreideanbau. Vielmehr produzierten sie ein bisschen von allem, was unbedingt zum Leben notwendig und nicht in der unmittelbaren Nachbarschaft zu beschaffen war. Viele Menschen lebten daher in einer weitgehenden Subsistenz- beziehungsweise Selbstversorgerwirtschaft.

Sie waren gezwungen, selbst in höheren Lagen der Mittelgebirge oder der Alpen noch Getreide anzubauen – also dort, wo das heute niemand mehr tut, weil die klimatischen Bedingungen dagegensprechen: Lange Winter und hohe Niederschlagsmengen sorgten für Pilzbefall auf den Getreideähren, und die kargen Böden brachten noch geringere Erträge hervor als in den günstigeren Tallagen.

Aber auch dort, wo der Wald nicht direkt einem Acker oder einer Wiese weichen musste, wurde er durch die mittelalterliche wenig effiziente Landwirtschaft in Mitleidenschaft gezogen und zumindest phasenweise übernutzt, zum Beispiel indem man das Vieh zur Futtersuche hineintrieb. Mit Schweinen tat man dies in Form der *Eichelmast* zum Teil noch bis ins 20. Jahrhundert. Immer im Herbst durchwühlten die Tiere den Waldboden auf der Suche nach den energiereichen Eicheln. Auch das Einsammeln von Laub- und Nadelstreu als Viehfutter und Einstreu für den Stall war jahrhundertelang gängige Praxis.

In der Gegenwart erscheint die Idee einer möglichst vollständigen Autarkie durch Eigenversorgung mit Lebensmitteln einigen Menschen wieder erstrebenswert. Die Selbstversorger-Wirtschaft der Vergangenheit war jedoch einer der Gründe für die großflächige Zerstörung des Waldes. Wie schlimm es vor der Industriellen Revolution um die Umwelt bestellt war, zeigen historische Quellen. Sie berichten von wüstenähnlichen Landschaften und Holzmangel. Und sie zeigen, dass der Wald von mehreren Seiten, also nicht nur durch die Landwirtschaft, unter Druck stand.

Wir müssen uns auch vor Augen halten, dass Holz jahrtausendelang der mit Abstand wichtigste Rohstoff war. Holz war Baumaterial, Werkstoff und Energielieferant. Bäume lieferten, wenn man es so sagen möchte, zugleich den Beton, das Plastik und den Strom unserer Vorfahren.

Holz wärmte nicht nur Hütten und Häuser, es erhitzte auch

die Salzsole in den Sudpfannen der Siedereien, wo das lebenswichtige Speisesalz gewonnen wurde. Und dort, wo Bergleute das Steinsalz aus dem Felsen schlugen oder andere Rohstoffe wie eisen- oder bleihaltige Erze abbauten, wurden Unmengen an Grubenholz gebraucht. Es bewahrte die in den Berg getriebenen Schächte vor dem Einsturz (wenn auch nicht immer erfolgreich). Auch für die Metall-, Glas- und Lederherstellung brauchte es enorme Energiemengen, sprich: Holz. Aus Holz waren zudem viele Dinge des täglichen Bedarfs, von der Heugabel bis zum Kriegsschiff. Holz war *der* Universalwerkstoff.

Um die Sache auf den Punkt zu bringen: Das Zusammenspiel der beschriebenen Kräfte, also der Platzbedarf einer ineffizienten Landwirtschaft sowie der enorme Holzhunger der wachsenden Bevölkerung setzten den Wäldern enorm zu. So sehr, dass der europäische Siedlungsraum, also die potenziell für Siedlungen oder Landwirtschaft infrage kommenden Flächen, bis vor Beginn der Industrialisierung „hochgradig entwaldet" war.[26] Für die Schweiz etwa kommt eine Studie zum Ergebnis, dass sich 43 Prozent der heutigen Waldfläche erst nach dem Jahr 1880 etabliert hat.[27] Auch für Deutschland und Österreich ist klar, dass der Wald heute so ausgedehnt ist wie seit mehreren hundert Jahren nicht mehr.

Diese gewaltigen Zerstörungen brachten manche Zeitgenossen zum Nachdenken. Bereits im Jahr 1713 schrieb der sächsische Oberberghauptmann Hans Carl von Carlowitz: „Obwohl Teutschland [...] vor dessen mit Wäldern meistentheils überzogen gewesen, so ist es doch dabey in folgenden Zeiten nicht verblieben, sondern es sind nun diese grausame Wälder und Einöden, in die schönsten Felder, Wiesen, Gärten, Weinberge, Hutweiden und Teiche, ja in viel tausend derer vollkommensten Städte, Schlösser und Dörffer verwandelt, so gar, daß daher, und der grossen Consumption halber, sich nunmehr fast durchgehends der Holzmangel ereignen will."

Das Zitat stammt aus dem über 400 Seiten langen Buch *Sylvi-cultura oeconomica*, das als erstes bedeutendes Werk über die Forstwirtschaft gilt und mit dem Carlowitz den Nachhaltigkeits-Gedanken erstmals zu Papier brachte. Die Forderung, die er darin aufstellte, gilt uns heute als selbstverständlich: dem Wald nicht *mehr* Holz zu entnehmen, als zur gleichen Zeit durch neu wachsende Bäume nachkommt. Nur dadurch könne eine „continuierliche beständige und nachhaltige Nutzung" des Waldes gewährleistet werden.[28]

Die Entwicklung des Nachhaltigkeitsgedankens in der Forstwirtschaft war ein erster entscheidender Schritt in die richtige Richtung. Aber es brauchte weit mehr, als Bäume zu pflanzen. Es brauchte nicht weniger als eine allumfassende gesellschaftliche Revolution.

Diese Revolution kam tatsächlich. Sie führte dazu, dass die Bevölkerung nun plötzlich sehr viel rasanter wuchs als je zuvor. Und trotzdem nahm sie für Landwirtschaft, Energie- und Rohstoffgewinnung allmählich weniger Flächen in Anspruch, sodass der Raubbau an den Wäldern nachließ. Die Erholung der Wälder machte sich in Europa, ganz pauschal gesprochen, irgendwann im 19. Jahrhundert allmählich bemerkbar. Die Waldflächen begannen sich wieder auszudehnen. Was hatte diesen Glücksfall möglich gemacht?

Auch wenn wir den Begriff *Industrie* heute gerne als etwas Negatives sehen, die endgültige Trendwende zum Besseren für den Wald kam erst mit und durch die Industrielle Revolution, ihre wissenschaftlichen Entdeckungen und den technischen Fortschritt. Kohle und später Öl lösten Holz als primären Energieträger ab. Die Erfindung der Dampfschifffahrt und vor allem der Eisenbahn senkten die Kosten für den Warentransport erheblich, sodass Kohle über das ganze Land verteilt werden und nach und nach das Holz der Wälder als Heizmaterial[29] ersetzen konnte. Geringere Transportkosten machten es nun auch in viel größerem Umfang möglich, mit Lebensmittelüberschüssen Handel zu betreiben. Getreide wurde aus Gebieten mit besonders fruchtbaren Böden dorthin gebracht, wo es eine größere Nachfrage gab: von ländlichen Regionen in die wachsenden Städte oder von Nordamerika und Russland nach West- und Mitteleuropa.

Das Zeitalter der Industriellen Revolution, vor allem das 19. Jahrhundert, brachte gleichzeitig Produktionssteigerungen in der Landwirtschaft. Ohne sie wäre die gesamte Entwicklung unmöglich gewesen. Eine der aus heutiger Sicht simplen Innovationen wurde bereits ab Ende des 18. Jahrhunderts eingeführt: der Anbau von Klee als Viehfutter. Er wurde nun auf jenen Flächen ausgesät, die man zuvor, in der klassischen Dreifelderwirtschaft, einfach hatte brachliegen lassen. Die zusätzlichen Futtermengen ermöglichten es den Bauern, ihr Vieh nicht nur über den Winter, sondern auch im Sommer in Ställen zu halten. Auf diese Weise konnten sie zusätzlichen Mist (Dung) sammeln und gezielt als Dünger auf ihren Feldern verteilen.[30]

Ab dem 19. Jahrhundert importierte Europa Guano-Dünger aus Südamerika, also die Exkremente von Seevögeln. Auch das brachte Ertragssteigerungen, die später im 20. Jahrhundert, durch großindustrielle Gewinnung von Stickstoff aus der Luft, noch deutlich übertroffen wurden. Nach dem Zweiten Weltkrieg kam es zudem zum weitverbreiteten Einsatz von Traktoren und anderen Maschinen, von verbesserten Pflanzensorten und Tierrassen sowie von Pflanzenschutzmitteln. Insgesamt führte die Entwicklung dazu, dass pro Hektar ein Vielfaches der Menge geerntet werden konnte.

Umgekehrt wurde der Getreideanbau dort viel weniger attraktiv, wo er ohnehin schon immer mühevoll und wenig ertragreich war. Solche sogenannten Grenzertragsgebiete wurden nach und nach wieder aufgegeben, sodass der Wald die Flächen wiederbesiedeln konnte.

Dennoch brauchte die Entwicklung Zeit. Die Beanspruchung des Waldes durch die Landwirtschaft sollte stellenweise noch lange andauern. Sollten Sie beim Urlaub im Gebirge einmal mit Einheimischen aus der Großeltern-Generation ins Gespräch kommen, fragen Sie doch mal, wie es rund um das Dorf in den 1950er oder 60er Jahren ausgesehen hat! Dort, wo heute Wiesen wachsen, lag damals noch manches Weizen- oder Roggenfeld. Und an vielen heute baumbewachsenen Hängen grasten damals noch Kühe, Schafe oder Ziegen. Im Schwarzwald ist die Brandrodung erst im 20. Jahrhundert allmählich verschwunden.

Was uns die Wissenschaft über die Vergangenheit der Wälder und der Landwirtschaft Europas berichtet, ist also nicht weniger als die Geschichte großflächiger Umweltzerstörung; von Hunger, Tod und Elend, die über Jahrtausende hinweg den Alltag prägten, einmal ganz abgesehen. In unser kollektives Bewusstsein haben es die beschriebenen Zusammenhänge allerdings nie geschafft. Dieser Umstand macht heute erst die tiefgreifende Verklärung der Vergangenheit möglich und insbesondere der Landwirtschaft zu „Großmutters Zeiten". Wer sich aber eine „nichtindustrielle" Lebensmittelproduktion wie vor hundert Jahren wünscht, muss wissen, dass eine flächenineffiziente Landwirtschaft der schlimmste Feind des Waldes ist.

WALD HEUTE – NUR EIN ACKER MIT BÄUMEN?

Heute schaffen wir es sehr viel besser, den Wald als Rohstofflieferanten oder Erholungsraum zu nutzen und ihn gleichzeitig als Naturraum und Kohlenstoffspeicher zu bewahren.

Dabei ist Naturraum eigentlich der falsche Begriff. Nur sehr geringe Teile des deutschen oder österreichischen Waldes sind wirklich der Natur überlassen. Beim großen Rest handelt es sich um Wirtschaftswälder. Statt Weizen wie auf einem Acker wird im Wirtschaftswald eben Holz „angebaut". Nur dass es bis zur Ernte statt acht Monate eben 80, 100 oder noch mehr Jahre dauert. An der Art und Weise dieses „Holzanbaus" gibt es immer wieder Kritik. Einer der meistgenannten Punkte ist dabei, dass es im Wirtschaftswald zu viele Monokulturen (meist aus Fichten) gäbe, die ganz besonders anfällig für Trockenschäden und Borkenkäferbefall und zudem wenig förderlich für die Artenvielfalt sind. Grundsätzlich ist die Bewirtschaftung des Waldes aber selbst aus Sicht des Umweltschutzes nichts Schlechtes. Gerade dem Klima kann eine *nachhaltige* Nutzung sogar explizit helfen. Wird ein Baum nämlich gefällt, dann kann er ab diesem Moment zwar keinen weiteren Kohlenstoff aus der Luft aufnehmen. Aber er kann den in ihm gespeicherten Kohlenstoff viele Jahre lang festhalten – vorausgesetzt er wird nicht umgehend verbrannt. So gesehen ist ein Holzhaus, ein Möbelstück oder ein hölzernes Spielzeug nichts anderes als ein *externer CO_2-Speicher*. Im Falle traditioneller Tiroler Bauernhäuser wurden diese Speicher teils schon vor Jahrhunderten angelegt.

Dort, wo der geerntete Baum im Wald seinen Platz geräumt hat, kann ein neuer Baum wachsen und der Atmosphäre zusätzliches CO_2 entziehen. Natürlich darf das nicht als Argument dafür dienen, den Wald ganzer Landstriche ohne Maß und Ziel in Küchentische und Fußböden zu verwandeln. Vor allem nicht, wenn es sich um besonders wertvolle, alte und naturnahe Wälder handelt. So wie jene rumänischen Urwälder, die Recherchen zufolge illegal auch als österreichische Parkettdielen geendet sein dürften. Auch das Heizen mit Holz erscheint höchstens dann vertretbar, wenn es sich um lokal ohnehin anfallendes Abfallholz handelt.

Generell gesagt erhöht sich die positive Klimawirkung der Holznutzung dann, wenn Holz dadurch andere, sehr viel energieintensivere Baumaterialien wie Beton oder Aluminium ersetzt. Einen Ausblick in die mögliche Zukunft des Bauens mit Holz gewährt die Seestadt Aspern in Wien. Dort ragt seit 2020 mit dem HoHo ein Holzhochhaus stolze 84 Meter in die Luft. Den Erbauern zufolge soll das gesamte darin verbaute Holz (Holzanteil: 75 Prozent) in nur 17 Minuten in Österreichs Wäldern nachgewachsen sein.[31] Auch andere Städte wie Hamburg, London oder Tokio planen Prestige-Bauprojekte aus Holz – zum Teil mehr als 300 Meter hoch.

Global betrachtet sind wir allerdings noch weit von einer nachhaltigen Nutzung der Wälder entfernt. Und das liegt auch, ähnlich wie früher in Europa, an der Landwirtschaft. Wir müssen den Blick nur nach Brasilien, in den Kongo oder in andere Länder des Südens richten, um zu sehen, welche Ausmaße der Raubbau annimmt.

DIE ZERSTÖRUNG DER REGENWÄLDER DURCH GROSSFARMER UND KLEINBAUERN

Die globalen Verluste an Waldflächen sind zwar nicht auf den globalen Süden beschränkt. Sie betreffen auch Gegenden wie etwa den Südwesten der USA, wo Bäume durch alljährliche Feuer oder Insektenplagen dezimiert werden. Aber ein großer Teil des Geschehens spielt sich in tropischen Regenwäldern ab. Vielleicht erinnern Sie sich an den Sommer 2019, als Brände im Amazonas-Gebiet ausführlich in deutschsprachigen Medien thematisiert wurden. Waldzerstörung in den Tropen ist besonders tragisch, denn dort kann die Vegetation klimatisch bedingt ganzjährig und damit besonders üppig wachsen. Regenwälder bauen daher gigantische Mengen organischer Masse auf und gehören, neben den Ozeanen und den Mooren, zu den wichtigsten Kohlenstoffspeichern der Erde.

Übrigens: Regenwälder produzieren auch viel Sauerstoff, weshalb sie gerade keine „grünen Lungen" sind. Lungen *produzieren* keinen Sauerstoff, sondern nehmen ihn auf.

Aktuelle Zahlen zum Zustand der globalen Waldflächen liefert alle fünf Jahre ein Bericht der FAO[32], also der Ernährungs- und Landwirtschafts-Organisation der Vereinten Nationen. Der aktuellen Ausgabe aus dem Jahr 2020 ist unter anderem zu entnehmen, dass in Brasilien (nach Russland und vor Kanada) die zweitgrößten Waldflächen der Erde beheimatet sind. Wald wächst dort auf sage und schreibe 497 Millionen Hektar. Das entspricht rund 14-mal der Gesamtfläche Deutschlands!

Nebenbei erwähnt: Unter den zehn Ländern der Erde mit den größten Waldgebieten ist die EU nicht einmal als Ganzes vertreten, sie fällt unter die Kategorie „Rest der Welt". Einer von vielen Hinweisen darauf, wie wenig sinnvoll eine rein europäische Sichtweise auf die Welt eigentlich ist.

Obwohl der brasilianische Wald nach wie vor schier unvorstellbare Ausmaße annimmt, war er schon einmal sehr viel größer. Laut FAO-Daten[33] maß er 1990 noch 589 Millionen Hektar, also 92 Millionen mehr als heute. Anders ausgedrückt: In den vergangenen 30 Jahren ging in Brasilien netto zweieinhalbmal die Fläche Deutschlands an Wald verloren. Das ist eine Menge Holz!

Allerdings lässt die FAO-Statistik auch Positives erkennen. Ein Blick auf Südamerika als Ganzes zeigt, dass die Waldverluste in den vergangenen zehn Jahren (2010–2020) nur noch halb so groß waren wie in den Jahren zwischen 2000 und 2010. Bemühungen zum Schutz des Waldes zeigten offenbar Wirkung und haben die Entwaldungsraten deutlich reduziert. Ähnliche Folgen zeigt steigender Wohlstand, der das Aufkommen eines allgemeinen Umweltbewusstseins überhaupt erst ermöglicht. War die mediale Aufmerksamkeit um die Regenwälder Brasiliens im Sommer 2019 womöglich übertrieben?

Antworten darauf finden sich in den Satellitenbildern, die von der brasilianischen Weltraumforschungsbehörde INPE seit 1988 gesammelt und ausgewertet werden. Sie zeigen: Allein im Jahr 1995 ging im brasilianischen Amazonasgebiet dreimal so viel Regenwald verloren wie im Jahr 2019. Und zwischen 1988 und 2008 gab es kein einziges Jahr, in dem die Höhe der Waldverluste jene aus 2019 nicht übertrafen. Der brasilianische Wald wurde also schon viel rasanter zerstört, als dies aktuell geschieht. Trotzdem gibt es Grund zur Sorge, denn die INPE-Daten[34] zeigen auch: Nach einem knappen Jahrzehnt der langsamer werdenden Entwaldung steigt die Rate seit 2012 wieder deutlich an, das gilt vor allem für 2019 und 2021 (vorläufige Statistik).

Was das Problem verschärft, ist die simple Feststellung, dass auch eine langsamere Entwaldung zu einer immer kleineren Gesamtwaldfläche führt. Ein langsameres Verschwinden ist zwar viel besser als ein schnelles, aber eben keine dauerhafte Lösung des Problems.

Das Ziel eines weitgehenden Stopps der Amazonas-Zerstörung ist aktuell wieder in weiter Ferne. Dennoch ist es wichtig zu wissen, dass Brasilien schon einmal auf einem viel besseren Weg war und ein Ende der Rodungen nichts Unerreichbares bleiben muss. Gleichzeitig hilft es wenig, allein Südamerika ins Visier zu nehmen, denn das Gros der Waldzerstörung passiert inzwischen dort, wo wir *nicht* hinschauen – auf dem afrikanischen Kontinent. Südamerika als Ganzes wurde inzwischen von Afrika als der Erdteil mit der schnellsten Waldzerstörung abgelöst. Auch das zeigt ein Blick in die FAO-Zahlen.

Demnach verlor Südamerika in der gerade abgelaufenen Dekade (2010 – 2020) „nur" noch 2,6 Millionen Hektar jährlich (im Vergleich zu 5,2 Millionen pro Jahr in der Dekade davor). Auf dem afrikanischen Kontinent, vor allem in Westafrika und im Kongobecken, wurden in der vergangenen Dekade dagegen durchschnittlich 3,9 Millionen Hektar jährlich zerstört,[35] Tendenz steigend. Warum lesen und sehen wir so wenig darüber? Vielleicht liegt es an der unterschiedlich zusammengesetzten „Anklagebank", was die Verursacher der Abholzung betrifft. Während in Südamerika Großfarmer und die sogenannte „Agrarindustrie" für einen großen Teil der Abholzung verantwortlich gemacht werden, sind es in Afrika fast ausschließlich die Ärmsten der Armen.[36] Als Kleinbauern bleibt ihnen oft kaum etwas anderes übrig, als ihr Überleben durch die Rodung eines weiteren kleinen Stückchens Regenwald zu sichern. Ihre Situation erinnert an jene, mit der sich auch die europäischen Kleinbauern des Mittelalters konfrontiert sahen.

Keine europäische Umwelt-NGO möchte diese täglich ums Überleben kämpfenden Menschen und ihre „Verantwortlichkeit" für die Regenwaldzerstörung ins Zentrum einer öffentlichen Kampagne stellen. Das ist einerseits verständlich, andererseits ist das Wegschauen feige und mitverantwortlich dafür, dass so viele Menschen ein falsches und gefährliches Trugbild von den Zusammenhängen zwischen Landwirtschaft und Welternährung in sich tragen.

Natürlich heißt das nicht, dass Konzerne *keine* Rolle spielen. In Südamerika befeuern sie die Regenwaldzerstörung, indem sie bzw. die sie beliefernden Großfarmer auf riesigen Flächen etwa Soja anbauen. Die Erweiterung der Sojaflächen erfolgt häufig auf ehemaligem Weideland, wodurch dieses weiter in Richtung Regenwald verschoben wird, was in weiterer Folge zu immer neuen Rodungen führt. Die Sojaernte landet dann unter anderem in den Futtertrögen europäischer Viehhalter, direkt auf unserem Teller oder als Komponente in Farben, Lacken, Kosmetik und vielen anderen Produkten.

Auch Palmöl wird von großen, im industriellen Maßstab arbeitenden Unternehmen auf ehemaligen Regenwaldflächen durch den Anbau von Ölpalmen gewonnen. Aber auch da versteifen sich Medien und Politik auf Konzerne und übersehen die Rolle der Kleinbauern. Was, wenn diese durch vorschnell ausgesprochene Boykottaufrufe viel schlimmer getroffen würden als die eigentlich ins Visier genommenen großen Konzerne? Was, wenn Menschen in den Industrienationen irrtümlich glauben, durch einen pauschalen Verzicht auf Palmöl in Toastbrot, Schokolade, Kosmetik, Putzmitteln oder Biodiesel das Klima zu schützen, aber stattdessen ohnehin schon armen Kleinbauernfamilien die Existenzgrundlage entziehen? Eine Übersichtsstudie[37] der Uni Göttingen erwähnt jedenfalls, dass weltweit rund die Hälfte aller Ölpalmenflächen von Kleinbauern bewirtschaftet wird. Sie kommt zum Schluss, dass die Ausweitung des Anbaus von Ölpalmen in Asien einerseits Regenwald und Biodiversität dezimiert und hohe CO_2-Emissionen verursacht, aber andererseits auch deutlich zur Armutsbekämpfung beigetragen hat. Allein in Indonesien hat der Ölpalmenboom demnach innerhalb von 20 Jahren die Armut halbiert.

Das ist die positive Kehrseite der Medaille. Für das Weltklima allerdings spielt es keinerlei Rolle, ob ein Baum im Regenwald durch einen Konzern oder durch einen Kleinbauern zu Fall kommt.

Apropos Palmöl. 70 Prozent der Weltproduktion von Palmöl werden im Nahrungsmittelbereich verwendet. Palmöl ist auch deshalb so beliebt, weil seine chemische Zusammensetzung eine sehr vielfältige Nutzung erlaubt, vor allem aber, weil sich mit keiner anderen Pflanze derart effizient Öl gewinnen lässt. Die Früchte der Ölpalme enthalten nämlich nicht nur 20 Prozent Öl wie die Sojabohne, sondern rund 50 Prozent. Der hohe Ölgehalt ist die Grundlage für die unübertreffbare Flächeneffizienz des Ölpalmenanbaus. Während ein Hektar Sojabohnen, Raps oder Sonnenblumen weniger als eine Tonne Pflanzenöl bereitstellt, beträgt der Öl-Ertrag eines Hektars Ölpalmen mit mehr als drei Tonnen ein Vielfaches. Zudem benötigen Ölpalmen weniger Dünger und Pflanzenschutzmittel. Daraus ergibt sich, dass pauschale Aufrufe zum Palmöl-Boykott dem Klima sogar schaden könnten. Solange es nämlich eine gleichbleibende oder gar steigende Nachfrage nach Pflanzenöl gibt, bewirkt der Verzicht auf Palmöl lediglich die Mehrproduktion von *anderen*, weniger flächeneffizienten Ölpflanzen. Dadurch steigt der globale Bedarf an landwirtschaftlichen Flächen weiter. Der generelle Verzicht auf palmölhaltige Produkte könnte am Ende dafür sorgen, dass auf der Welt nicht weniger, sondern noch *mehr* Regenwald abgeholzt wird.

Umgekehrt hält die oben erwähnte Göttinger Studie wörtlich fest: „Die Ölpalme könnte sogar dabei helfen, die Landnutzungsänderungen zu reduzieren, die mit der Erfüllung des wachsenden weltweiten Bedarfs an Pflanzenöl in Verbindung stehen." Hilfreich wäre demnach nicht der Verzicht, sondern der kontrollierte und nachhaltige Anbau von Ölpalmen. Dies ist auch der Grund dafür, dass Aufrufe zu einem generellen Palmöl-Boykott wenig sinnvoll sind und sogar von manchen Umweltverbänden wie dem WWF abgelehnt werden.[38]

Geschichte und Gegenwart lehren uns, bei der Diskussion um Landwirtschaft und Klimawandel die enorm wichtigen Effekte der veränderten Landnutzung zu beachten. Denn ein beträchtlicher Teil des Problems entsteht nicht durch eine wie auch immer geartete *falsche* Landwirtschaft, sondern allein durch die Tatsache, dass auf einer Fläche überhaupt Landwirtschaft betrieben wird. Die wenig produktive Landwirtschaft unserer Vorfahren nahm viel mehr Fläche in Anspruch als die heutige.

ZUSAMMENFASSUNG: WAS WIR ÜBER LANDNUTZUNG WIRKLICH WISSEN SOLLTEN

1. Alles Leben besteht aus Kohlenstoff. Bei der Zersetzung von Pflanzen entweicht er als CO_2 in die Atmosphäre.

2. Ein Hektar Moor speichert sechsmal mehr Kohlenstoff als ein Hektar Wald, und Wald speichert samt Bewuchs meist mehr Kohlenstoff als Grünland.

3. Durch die Umwandlung von Wald, Grünland oder gar Moor zu Ackerland werden große Mengen CO_2 freigesetzt.

4. Landwirtschaft mit hohen Erträgen pro Hektar hilft, Naturflächen (Wald, Moor, Savanne) bzw. Kohlenstoffspeicher zu schonen.

4

KLIMAGASE DIREKT VOM BAUERNHOF

Wenn ich zu Hause auf unserem Hof im Badischen bin, helfe ich meinem Schwager Jörg gerne, anfallende Arbeiten auf den Feldern zu erledigen. Oft mache ich dann *Bodenbearbeitung*. Darunter versteht man in der Landwirtschaft alle Tätigkeiten, die den Boden auf die eine oder andere Weise aufbrechen, zerkleinern, vermischen, unter Umständen komplett wenden und anschließend wieder einebnen und rückverfestigen.

Ohne das Ganze überhöhen zu wollen, aber ich liebe diese Arbeit sehr. Zum einen, weil frisch aufgebrochener Boden einen für mich beruhigenden Duft verströmt. Zum anderen, weil sich die Farbe der bearbeiteten Ackerfläche schlagartig ändert. Zum Beispiel vom Gelb eines frisch abgeernteten Getreidefelds in ein sattes Braun. Bei uns im Hügelland des Kraichgaus lässt sich die Veränderung schon von Weitem erkennen. Man verpasst der Landschaft einen frischen Anstrich, wenn man so will. Für mich hat das schon fast etwas Künstlerisches an sich.

Wenn im Fernsehen ein Traktor zu sehen ist, der irgendein Anbaugerät zur Bodenbearbeitung übers Feld zieht, dann ist dabei meist vom *Pflügen* die Rede. Der Begriff hat sich in der allgemeinen Umgangssprache als Synonym für *Bodenbearbeitung* etabliert. Innerhalb der Landwirtschaft wird hingegen streng unterschieden zwischen dem Pflügen auf der einen Seite und mehreren anderen Bodenbearbeitungs-Techniken wie *Grubbern*, *Eggen* oder *Fräsen* auf der anderen Seite.

Was die meisten nicht ahnen: In der Fachwelt gibt es eine seit Jahrzehnten geführte Dauer-Diskussion darüber, wie sinnvoll das Pflügen im Vergleich zu anderen Techniken oder sogar dem Verzicht auf jegliche Bodenbearbeitung ist. Im Mittelpunkt steht dabei die Frage, wie sich eine unterschiedlich intensive Bodenbearbeitung – von gar keiner Bearbeitung bis zum tiefen Pflügen – auf den Boden, den Humus, das Bodenleben oder die Verbreitung von Unkraut auswirkt.

Unbestritten ist, dass Pflügen die mit Abstand energieaufwendigste Variante der Bodenbearbeitung ist. Das ist kein Wunder, wenn man bedenkt, dass der Traktor die Pflugschare in 20 oder 30 Zentimeter Tiefe durch den Boden zieht. Es kostet enorm viel Kraft, die Erdschollen in akzeptabler Geschwindigkeit anzuheben und herumzudrehen, bevor sie „kopfüber" wieder nach unten fallen. Die benötigte Energie stammt aus dem Diesel, der im Motor des Traktors verbrannt wird. Dass dabei CO_2 frei wird, muss man wahrscheinlich nicht mehr extra erwähnen. Um welche Dimensionen es dabei geht, vielleicht schon. Das Pflügen eines Hektars (ca. 1,4 Fußballfelder) schwer zu bearbeitenden Bodens verschlingt um die 45 Liter Diesel, so viel wie ein sparsames Familienauto auf der 800 Kilometer langen Fahrt von Wien nach Hannover.[39]

Traditionell bearbeiten die Landwirte ihren Boden mehrmals im Jahr, je nach Klima, angebauter Kulturpflanze und Bewirtschaftungskonzept. Dazu kommen weitere Feldüberfahrten etwa für die Düngung oder die Ernte. Auch wenn die meisten anderen Arbeiten im Vergleich zum Pflügen deutlich weniger Sprit kosten, ist klar: Von der Aussaat bis zur Ernte kommt in der motorisierten Landwirtschaft einiges zusammen.

Über den dicksten Brocken der direkt auf dem Feld entstehenden klimarelevanten Gase haben wir allerdings noch nicht gesprochen.

PROBLEM LACHGAS

Überall, wo Menschen Ackerbau betreiben, entsteht das zu den Stickoxiden gehörende Lachgas (N_2O). Prinzipiell ist Lachgas (oder *Distickstoffmonoxid*) ein natürlich vorkommendes Gas, das aus Stickstoff und Sauerstoff besteht. Den Narkoseärzten unter Ihnen muss ich nicht erzählen, dass Lachgas im Operationssaal als Betäubungsmittel verwendet wird.

Im Boden entsteht Lachgas ganz von Natur aus. Wenn tote Pflanzen verrotten und abgebaut werden, gelangt nämlich nicht nur CO_2 in die Luft. Organisches Material enthält auch verschiedene Stickstoff-Verbindungen. Bestimmte sauerstoffliebende Bakterien und Pilze lösen den Stickstoff aus der organischen Materie heraus, während sie diese zersetzen und abbauen. Das dabei entstehende Zwischenprodukt Ammoniak (NH_3) nutzen wiederum bestimmte andere Bakterien, um daraus Nitrat (NO_3) herzustellen *(Nitrifikation)*.

Von Nitrat haben Sie wahrscheinlich schon mal gehört. Das Molekül ist für Pflanzen ein unverzichtbarer Nährstoff und die wichtigste Verbindung, mit deren Hilfe sie Stickstoff (Dünger) aufnehmen. Es findet sich deshalb auch in jedem Gemüse. Nitrat kann aber auch mit dem Regen aus dem Boden ausgewaschen werden und bis ins Trinkwasser, in Seen und Meere gelangen. Dort führen Nitrat und andere Stoffe im ungünstigen Fall zu einem schädlich hohen Nährstoffeintrag und Phänomenen wie der massenhaften Vermehrung von Algen.

Wird das gelöste Nitrat von Pflanzen aufgenommen, dann hat der Dünger seinen Zweck erfüllt. Wenn im Boden aber sauerstofffreie Bedingungen eintreten, etwa nach starken Regenfällen oder durch Bodenverdichtung, dann „atmen" manche Bakterien statt Sauerstoff Nitrat. Dabei entstehen molekularer Stickstoff (N_2) sowie das klimaschädliche Lachgas (N_2O), die beide in die Atmosphäre entweichen. Dieser Prozess nennt sich *Denitrifikation* und ist ebenso Teil des natürlichen, immer schon ablaufenden Stickstoffkreislaufs. Das Problem ist: Besonders intensive Düngung in Kombination mit ungünstigen Bedingungen treibt die Lachgasemissionen in die Höhe und ist deshalb ein Problem in Sachen Klima.

Besonders hohe Lachgasemissionen gibt's übrigens bei wechselnder Sauerstoffversorgung bzw. wechselnden Wasserständen.[40]

Genau deshalb schadet das Absenken der Wasserstände von Mooren dem Klima ganz besonders: Nicht nur, dass dadurch Sauerstoff in den Boden kommt und den Abbau meterdicker Humusschichten vorantreibt (siehe Kapitel 3), aus dem entstehenden Nitrat wird zu Zeiten höherer Wasserstände (O_2-Entzug) oder bei Dauerregen obendrein auch noch Lachgas.

Merken Sie sich nur, dass Boden-Mikroorganismen Stickstoffverbindungen in klimaschädliches Lachgas umwandeln. Je mehr Stickstoff vorhanden ist, desto größer ist das Potenzial für die Entstehung von Lachgas. Dabei ist es zunächst egal, woher der Stickstoff kommt. Neben den verrottenden Pflanzen gibt es mehrere weitere Quellen. So tragen zum Beispiel bestimmte Pflanzen mehr als andere zur Entstehung von Lachgas bei. Genauer gesagt die *Hülsenfrüchtler*, auch bekannt als *Leguminosen*. Dazu gehören Bohnen, Erbsen oder Klee, die es mithilfe der *Knöllchenbakterien* schaffen, Stickstoff aus der Luft aufzunehmen. Ökologisch sinnvoll ist ihr Anbau trotzdem, da jede Form der Landwirtschaft dem Boden Stickstoff zuführen muss. Und wenn dies – wie vor allem in der Biolandwirtschaft – mithilfe der Leguminosen geschieht, lässt sich energieaufwendig hergestellter mineralischer Stickstoffdünger einsparen. Ein Gewinn fürs Klima.

Stickstoff gelangt auch bei Verbrennungsprozessen in Industrie und Verkehr in die Luft und von dort in den Boden. Auch jeder Betreiber eines Holzofens und jeder Waldbrandstifter fördert Lachgas-Emissionen. Es entsteht bei jeder Verbrennung von Biomasse. Und schließlich gehören auch Mülldeponien oder Kläranlagen (ja, auch Menschen scheiden Stickstoff aus!) zu den Lachgas-Quellen.

Zu deutlich höheren als den natürlichen Lachgas-Emissionen eines Bodens kommt es aber durch die Zufuhr von stickstoffhaltigen Düngemitteln, wie Mineraldünger („Kunstdünger") oder organischen Düngern wie Mist und Gülle. Auch der Beitrag jedes auf einer Weide fallengelassenen Kuhfladens ist zu nennen. All diese Formen von Dünger enthalten mehr oder weniger viel von den erwähnten Stickstoff-Verbindungen wie Ammoniak oder Nitrat.

Die Landwirtschaft ist daher laut Weltklimarat die Quelle für rund zwei Drittel aller globalen[41] Lachgas-Emissionen bzw. drei Viertel aller menschengemachten.[42] Rund die Hälfte davon steigt jeweils von Weideland, die andere Hälfte von Äckern auf.

Jedes Mal, wenn wir in einen Müsliriegel, eine Karotte oder einen Hamburger beißen, haben wir Lachgasemissionen verursacht. Das Problem ist, dass Lachgas als Treibhausgas 265-mal stärker wirkt als CO_2. Das liegt unter anderem daran, dass es durchschnittlich mehr als 110 Jahre in der Atmosphäre verbleibt, sobald es einmal dort gelandet ist. Dabei gibt es durch menschliche Einflüsse dort schon jetzt viel mehr Lachgas, als es von Natur aus der Fall wäre.

Zwischenfazit: Lachgas-Emissionen sind in der Landwirtschaft nicht zu vermeiden, weil sie überall entstehen, wo Stickstoff im Spiel ist. Und ohne Stickstoff kann keine Pflanze wachsen. Die große Herausforderung ist deshalb, *vermeidbare* Stickstoffverluste, etwa in Form von Überdüngung, so weit wie möglich zu reduzieren. Das hilft nicht nur dem Klima, sondern mindert auch andere negative Auswirkungen, die die (übermäßige) Ausbringung von Stickstoff in die Umwelt mit sich bringt. Wir greifen das Thema in Kapitel 7 (Düngung) wieder auf.

METHAN – EIN GAS AUS VIELEN QUELLEN

Methan (CH_4) ist nach Kohlendioxid und noch vor dem eben besprochenen Lachgas das zweitwichtigste von Menschen verursachte Treibhausgas. Genau wie CO_2 und Lachgas ist auch Methan ein in der Natur vorkommendes Gas, von dem die Menschheit zu viel auf einmal Richtung Atmosphäre schickt.

Wenn Medien und Politiker über Methan sprechen, geht es sehr häufig um den Anteil, der von wiederkäuenden Tieren wie Rindern oder Schafen verursacht wird (dazu gleich mehr). Das Gas spielt aber in sehr viel mehr Prozessen eine Rolle, als vielen Menschen bewusst sein dürfte. Dazu kommt: Der globale Methanhaushalt mit seinen vielen Quellen und Senken wird von der Wissenschaft bislang weit weniger präzise vermessen und verstanden, als manchmal der Eindruck entsteht. Trotzdem haben sich Medien und Politiker nahezu ausschließlich auf die Tierhaltung als Quelle für Methanemissionen eingeschossen.

Womöglich hat es auch damit zu tun, dass Methan dann frei wird, wenn Rinder rülpsen oder, zu einem viel geringeren Anteil, wenn es auf der anderen Seite ihres Verdauungstrakts entweicht. Diesem Fakt scheinen einige Medienmacher einen gewissen Unterhaltungswert beizumessen. Und natürlich lassen sich Kühe gut im Fernsehen darstellen – im Gegensatz zu vielen anderen Methanquellen, die wir gleich besprechen.

Wer sich die Mühe macht, einmal längere Passagen in den Berichten des Weltklimarats zu lesen, erkennt schnell, wie viel Forschungsbedarf in Detailfragen des Klimawandels noch immer besteht. Methan ist ein sehr gutes Beispiel dafür.

Klar ist, dass Methan die Erde, auf 100 Jahre gerechnet, 28-mal so stark erwärmt wie Kohlendioxid. Obwohl es in der Atmosphäre im Schnitt nach etwas mehr als zehn Jahren schon wieder abgebaut wird, hat es dennoch eine bedeutsame Wirkung auf das Klima. Klar ist ebenso, dass Wissenschaftler den Methangehalt der Atmosphäre seit den 1980er Jahren mit ihren Messgeräten direkt bestimmen können. Solche Messgeräte sind unbestechlich und verlässlich wie ein Fieberthermometer. Wir wissen daher, dass seit Jahrzehnten immer mehr Methan in die Atmosphäre gelangt.

Die Messreihen zeigen allerdings auch sehr große Schwankungen zwischen einzelnen Perioden. So ist die Methankonzentration zwischen 1999 und 2006 überhaupt nicht angestiegen, nur um danach wieder kräftig zuzulegen. Warum? Wir wissen es nicht, und der Weltklimarat tut auch gar nicht so, als wüsste er es. Er vermerkt dazu in seinem Sonderbericht zur Landnutzung 2019: „Die den zeitlichen Schwankungen in der atmosphärischen CH_4-Konzentration zugrunde liegenden Ursachen zu verstehen, ist Gegenstand aktueller Forschung.“[43] Widersprüchliche Studien und somit weiterer Forschungsbedarf gibt es insbesondere zum Beitrag von Feuchtgebieten zu den globalen Methanemissionen. Wie bitte? Feuchtgebiete stoßen Methan aus?

Wie schon bei CO_2 und Lachgas spielen auch bei der Entstehung von Methan Mikroorganismen eine Rolle. Und zwar solche Arten, die sich überall dort wohlfühlen, wo organisches Material unter Luftabschluss zersetzt wird. Akademisch ausgedrückt: dort, wo *anaerobe* Bedingungen herrschen. Methan ist das Ergebnis von biologischen Fäulnis- und Fermentationsprozessen. Und die laufen an allen möglichen Orten ab.

Methan ist zum Beispiel Bestandteil des *Sumpfgases*, das, wie es der Name verrät, in Sümpfen oder auf dem Grund von Gewässern entsteht. Dort, wo schon vor Jahrmillionen Algen und andere Kleinstlebewesen des Meeres abgestorben und in sauerstoffarme Zonen des Meeresbodens abgesunken sind, finden wir heute das aus ihnen entstandene Erdöl und nicht selten direkt darüber: Erdgas. Auch Erdgas besteht zum überwiegenden Teil aus Methan. Sollten Sie am heimischen Herd mit Gas kochen, verdanken Sie Ihre heiße Bratpfanne jenen Algen, die zu Urzeiten durch die Meere schwammen und später durch geologische Prozesse in Methan umgewandelt wurden.

Ebenfalls zu Urzeiten wuchsen auf dem Land, in ausgedehnten Sümpfen, baumartige Schachtelhalme, Urfarne und Schuppenbäume. Auch sie wurden nach dem Absterben unter anaeroben Bedingungen vor dem vollständigen Verrotten bewahrt. Zunächst bildete sich daraus Torf und im weiteren Verlauf der Erdgeschichte Braun- oder Steinkohle und Methan. Wer heute Steinkohle aus ihren tief gelegenen Lagerstätten herausholen will, dem kommt an vielen Stellen Methan als explosives *Grubengas* entgegen. Und das ist nicht nur eine ernsthafte Gefahr für Bergarbeiter, sondern auch fürs Klima.

Jüngste Forschungsergebnisse weisen sogar darauf hin, dass durch das Anbohren der Erdkruste, sprich die Förderung von Erdöl, Erdgas und Kohle, weit mehr Methan in die Atmosphäre gelangen könnte als bislang angenommen.[44]

Sollten sich die Ergebnisse bestätigen, dann würde dies bedeuten, dass aus fossilen Lagerstätten nicht „nur" rund ein Drittel, wie bislang geschätzt, sondern die Hälfte aller durch Menschen verursachten Methanemissionen stammen.

Die Studie ist auch deshalb interessant, weil ihre Verfasser in der Reduktion der Methanemissionen aus fossilen Lagerstätten großes Potenzial sehen. Sie argumentieren, es sei technisch einfacher und erfolgversprechender, Emissionen aus dem Fossile-Energien-Sektor zu reduzieren, als jene aus der Tierhaltung. Ist es womöglich leichter, Erdgasleitungen abzudichten, als Menschen auf den Verzicht von Rindfleisch und Käse einzuschwören?

Allerdings: Einer weiteren aktuellen Studie aus dem Jahr 2020 zufolge sind für die Periode von 2008 bis 2017 eben doch „nur" rund 35 Prozent aller menschengemachten Methan-Emissionen auf fossile Energien zurückzuführen. 33 Prozent stammen demnach aus der Tierhaltung.[45] Manchmal liefert die Wissenschaft keine eindeutigen Ergebnisse. Das ist sehr unbefriedigend, unterstreicht aber den Bedarf an zusätzlicher Forschung.

Übrigens: Methan entsteht, ähnlich wie Lachgas, auch beim Verbrennen von Biomasse, also etwa bei Waldbränden, im Biomasseheizkraftwerk oder im Kachelofen einer gemütlichen Wohnstube. Methan ist zudem der wichtigste Bestandteil von *Biogas*. Biogas trägt seine Bezeichnung übrigens nicht etwa deshalb, weil es ein spezielles Produkt der biologischen Landwirtschaft wäre, sondern in Abgrenzung zu Erdgas: Während Erdgas zu erdgeschichtlichen Urzeiten entstanden, also ein *fossiler* Energieträger ist, entsteht Biogas in großen Tanks, in denen landwirtschaftliche Betriebe *Biomasse* (organisches Material) vergären lassen. Das dabei entstehende Biogas wird durch Verbrennen zur Strom- oder Wärmeerzeugung genutzt, beziehungsweise am besten für beides zugleich.

In einer Biogasanlage kann theoretisch alles landen, was einmal gelebt hat: entweder eigens dafür angebaute nachwachsende Rohstoffe (Mais, Gras, Roggen) oder Abfälle wie Hühnermist und Schweinegülle.

Die Verbrennung von Biogas zur Wärme- und Stromerzeugung ist – für sich genommen – klimaneutral, weil die freiwerdenden THG erst kurz zuvor der Atmosphäre entzogen wurden. Stellt man allerdings den Energie-, Dünger- und Flächenaufwand in Rechnung, den der Anbau von nachwachsenden Rohstoffen mit sich bringt, verliert Biogas seinen Wert als Klimaschutzwerkzeug. Es sei denn, die Anlage wird mit ohnehin anfallenden Abfällen befüttert. Trotzdem kann es auch dann zu klimaschädlichen Auswirkungen kommen, wenn Methangas ungenutzt in Richtung Atmosphäre entweicht, etwa durch Leckagen in den Anlagen. Das generelle Für und Wider um die Frage, ob die Verwendung von Feldfrüchten für die Energiegewinnung sinnvoll oder ethisch vertretbar ist, wird auch als „Teller-oder-Tank-Diskussion" bezeichnet.

Eine Sonderform vom Biogas ist, wenn man so will, das sogenannte *Deponiegas*. Es entsteht dort, wo pflanzliche Abfälle statt in der Biogasanlage oder auf dem Kompost auf der Müllhalde landen und durch Übereinanderschichten und Verdichten der Abfälle unter Luftabschluss geraten. Auch dort lassen sich Mikroorganismen nicht davon abhalten, organisches Material zu zersetzen und dabei Methan in die Atmosphäre zu entlassen.

Ich kann mich noch dunkel erinnern, wie Möwen- und Krähenschwärme die Mülldeponie in Bruchsal, nahe meiner Heimat, bevölkerten. Die Vögel fanden dort offenbar reichlich Fressbares. Das Methangas, das unter ihren Krallen emporstieg, störte sie dabei nicht (es ist ja auch geruchlos und beim Einatmen ungiftig). Was die Tiere aber sehr wohl störte, war die Tatsache, dass auf der gesamten Deponie ab Mitte der 1990er Jahre Abdeckbahnen installiert wurden, um das aufsteigende Methan aufzufangen und daraus Strom zu produzieren.

Seit Mitte der 2000er Jahre ist die Ablagerung von organischem Müll (sogenannten *Siedlungsabfällen*) in Deutschland und Österreich nicht mehr zulässig. Und seit dem Jahr 2009 müssen in der gesamten EU solche Müllberge, wenn sie Siedlungsabfälle enthalten, abgedichtet sein.

In Bruchsal fällt aber noch immer so viel Methan an, dass sich der Betrieb eines Blockkraftwerks noch für ein paar weitere Jahre lohnt, auch wenn nach und nach immer weniger Methan entsteht. Wer weiß, vielleicht entsteht gerade in diesem Moment Strom aus einer Bananenschale, deren Inhalt ich als Jugendlicher gegessen habe?

Jedenfalls trägt Deponiegas auch heute noch einen erheblichen Teil zu den menschengemachten Methanemissionen bei. In Deutschland oder Österreich wird der Beitrag der Abfallwirtschaft an den THG-Emissionen kontinuierlich kleiner. Global betrachtet haben immer weiter ausufernde Mülldeponien und schlechtes Abfall-Management allerdings enorme Emissionen zur Folge.

Mit der Kurzbeschreibung der verschiedenen Methanquellen möchte ich darauf aufmerksam machen, dass es angesichts der vielfältigen Zusammenhänge und der großen Ungewissheiten bezüglich des globalen Methan-Budgets nicht angebracht erscheint, das Klimagas *ausschließlich* im Zusammenhang mit der Tierhaltung zu betrachten. Aber wie genau trägt nun die Produktion unserer Nahrungsmittel zum Methan-Problem bei? Kaum diskutiert wird dabei der Anbau von Reis. Hätten Sie geahnt, dass der globale Reisanbau laut oben erwähnter Studie[46] immerhin 8 Prozent der von Menschen gemachten Methan-Ausstöße verursacht? Andere Studien nennen sogar noch weit höhere Anteile. Klar ist jedenfalls, dass der überwiegende Anteil des Reises auf wassergefluteten Feldern heranwächst. Bilder von Reis pflanzenden Feldarbeitern, die in knöchelhohem Wasser waten, dürfen in keinem Asien-Reiseführer fehlen. Auch wenn solche Szenen unsere Vorstellungen von Exotik erfüllen oder unsere Reiselust wecken, für das Weltklima ist dieser *Nassreisanbau* ein Problem.

Zwar gehört das vor allem in Asien angebaute Getreide (auch Reis ist Getreide) nicht zu den Wasserpflanzen und wächst, wie etwa in Italien und sogar Österreich, auch auf nichtgefluteten Feldern. Aber es kann Überflutung bis zu einem gewissen Ausmaß tolerieren. Die Kleinbauern tropischer Regionen Indiens, Chinas, Indonesiens oder Vietnams machen sich das zunutze: Bei nassen Bedingungen stirbt nämlich das Unkraut ab, während der Reis weiter gut gedeiht. Gleichzeitig provoziert der Sauerstoffentzug im Boden aber auch die Methanproduktion durch Mikroorganismen, wobei das Ausmaß der Methanbildung mit den konkreten Umständen beziehungsweise Anbaupraktiken variiert.

Wenn die Bauern ihre Felder zeitweise trockenlegen, gelangt Sauerstoff in den Boden, und die Methanbildung geht zurück. Einfluss haben aber auch Bodenbearbeitung, Art und Menge des Düngers und die spezifische Reissorte, die angebaut wird.

Der Großteil der Weltreisernte stammt von phasenweise überfluteten Feldern. Und Reis ist einer der allerwichtigsten Kalorienlieferanten der Menschheit. Dies zusammen erklärt den hohen Anteil, den Reis zum Klimawandel beiträgt. Ich persönlich liebe Reis. Aber aus Sicht des Klimaschutzes sind Hartweizen-Nudeln oder Erdäpfel als Sättigungsbeilage eindeutig zu bevorzugen. Anderseits ist ein Schälchen Reis immer noch deutlich besser als ein Rindersteak, oder?

VON FLUCH UND SEGEN DER TIERHALTUNG

Um eines vorwegzunehmen: Die Aussagen des Weltklimarats lassen keinen Zweifel daran, dass Fleischkonsum und Tierhaltung zu den wesentlichen Antriebskräften des Klimawandels gehören.

Rechnet man alle auf tierische Produkte zurückzuführenden Emissionen der drei weiter oben beschriebenen IPCC-Kategorien Landwirtschaft, Landnutzung und *Jenseits des Hoftores* zusammen, ergibt sich daraus ein Anteil von rund 10 Prozent an allen menschengemachten Treibhausgasen.[47] 14,5 Prozent nennt stattdessen eine ältere Quelle der FAO, die häufig zitiert wird. Sagen wir einfach: Der Anteil ist beträchtlich!

Ein reduzierter Konsum von Fleisch, Käse, Milch und Co. wäre von großem Vorteil. Bei dieser grundsätzlichen Feststellung decken sich die Aussagen der in diesem Buch immer wieder kritisierten Umwelt-NGOs mit der überwiegenden Zahl der Wissenschaftler. Endlich sind wir uns alle mal einig!

Das Problem ist nur, dass die globale Entwicklung bei näherem Hinsehen in die entgegengesetzte Richtung geht: Konsum und Bedarf an tierischem Eiweiß werden in den kommenden Jahrzehnten zunehmen, weil die Weltbevölkerung wächst und die Menschen vor allem in Asien und Afrika wohlhabender werden. Steigender Wohlstand geht stets mit dem steigenden Konsum tierischer Lebensmittel einher. An dieser globalen Aussicht wird sich grundlegend auch dann nichts ändern, wenn der Anteil an vegan oder vegetarisch lebenden Europäern oder Nordamerikanern noch etwas steigen sollte. Konkret rechnet die FAO bis 2030 mit einem im Vergleich zum Jahr 2012 um 30 Prozent größeren Bedarf. Bis 2050 wird sogar ein Wachstum um 50 Prozent vorausgesagt.[48] Aber warum genau ist das nun das große Problem, von dem alle reden?

Ein Teil der Antwort ist simpel: Unsere Nutztiere fressen Getreide oder andere Ackerfrüchte, die wir Menschen genauso gut gleich selbst essen könnten. Diese werden mit beträchtlichem Energie- und Flächenaufwand hergestellt. Rein energetisch betrachtet ist der Umweg über den Tiermagen unsinnig, weil wir mehr Kalorien und Proteine in Form von Futter in die Tiere hineinstecken müssen, als wir später in Form von Fleisch, Milch oder Eiern wieder herausbekommen.

Das ist logisch, denn die im Futter enthaltene Energie fließt ja längst nicht vollständig in das Endprodukt, sondern auch in den Aufbau und Erhalt von Knochen, Blut, Organen oder Fell. Außerdem braucht das Tier Energie, um sich zu bewegen und seine Körpertemperatur aufrechtzuerhalten. Je länger es lebt, desto mehr Energie geht auf diesen Wegen „verloren". Das bedeutet konkret: Ein Rind, das bis zum Erreichen seines Schlachtgewichts 18 bis 24 Monate lang gefüttert werden muss, frisst pro Kilogramm gewonnenem Fleisch deutlich mehr als ein Huhn, das bereits nach rund 30 bis 40 Tagen sein finales Gewicht erreicht.

Wie viel Futter ein Tier tatsächlich benötigt, hängt aber nicht nur von der Tierart und -rasse, sondern auch stark davon ab, mit was genau es gefüttert wird und wie effizient das gesamte Haltungssystem ist. Dies hat somit auch wesentlichen Einfluss auf die individuelle Klimabilanz eines Tiers. Dabei gibt es riesige Unterschiede, vor allem zwischen Industriestaaten und Entwicklungsländern. Es kursieren viele unterschiedliche Zahlen zur Futterverwertung, die stets mit Vorsicht zu genießen sind und ein näheres Hinschauen erfordern. In einer sehr groben und pauschalen Annäherung lässt sich aber sagen, dass ein Rind pro Kilogramm erzeugtem Fleisch – neben jeder Menge Gras – rund zehn Kilogramm Kraftfutter (Getreide, Soja, Raps etc.) frisst, ein Huhn dagegen nur drei. Schweine, die nach rund einem halben Jahr schlachtreif sind, liegen in Sachen Futtereffizienz irgendwo dazwischen.

Günstiger ist das Verhältnis Futter/Essen bei Milch oder Eiern. Das liegt daran, dass Milchkühe und Legehennen eine viel größere Produktmenge bereitstellen als ihre Artgenossen, die „nur" der Fleischproduktion dienen – sprich: Sie liefern ein Vielfaches ihres Körpergewichts in Form von Milch und Eiern, statt weniger als das Körpergewicht in Form von Fleisch. Trotzdem sind alle tierischen Produkte mit einer grundsätzlichen, als *Veredelungsverlust* bezeichneten, Ineffizienz behaftet. Diese ist das entscheidende Problem.

Allerdings ergibt sich aus den beschriebenen Zusammenhängen eine weitere Konsequenz, über die Umwelt-NGOs sehr viel weniger gern sprechen.

Moderne Produktionssysteme, in denen auf Effizienz gezüchtete Tierrassen computergesteuert und exakt nach Bedarf mit der optimal ausgewogenen Futtermischung versorgt werden (die sich aber erst ab gewissen Betriebsgrößen rentieren), weisen viel geringere Veredelungsverluste auf als traditionellere Systeme mit langsam wachsenden Rassen und unpräziser Fütterung nach Augenmaß. Anders ausgedrückt: Massenproduktion ist besser fürs Klima.

Ein Beispiel: Um ein Kilogramm Hühnerfleisch bereitzustellen, muss ein globales Durchschnittshuhn ungefähr drei Kilo Futter fressen. Sein Artgenosse aus einem deutschen Hähnchenmastbetrieb benötigt dafür nur wenig mehr als 1,5 Kilo Futter. Ein deutsches Bio-Hähnchen dagegen, das rund doppelt so lang lebt, verputzt fast 2,5 Kilogramm Futter für ein Kilo Fleisch.[49] Das deutsche Bio-Hendl verwertet Futter also besser als im weltweiten Schnitt, aber deutlich schlechter als ein deutsches konventionelles.

Vielleicht hat es das Bio-Huhn besser, weil es länger leben darf und mehr Platz hat? Besser fürs Klima ist es aber keinesfalls, dafür frisst es einfach zu viel. So oder so ist festzuhalten, dass es grundsätzlich ohnehin ressourcenschonender ist, wenn Menschen Getreide, Bohnen oder Kartoffeln auf direktem Weg selbst verspeisen und auf tierische Produkte verzichten.

Wir kommen gleich darauf zu sprechen, warum das trotzdem nur die halbe Wahrheit ist. Vorher müssen wir noch klären, warum Rinder nicht nur wegen ihrer langen Mastdauer im Mittelpunkt der Klimadiskussion stehen. Und damit sind wir zurück beim Thema *Methan*.

Das Hauptproblem der Rinder ist zugleich einer ihrer großen Vorteile: ihr phänomenaler Verdauungsapparat, der sie als *Wiederkäuer* auszeichnet. Zu den Wiederkäuern zählen neben Rindern auch Schafe, Ziegen, Antilopen, Elche, Rothirsche, Rehe, Wasserbüffel oder Bisons.

Der vierteilige Wiederkäuermagen eignet sich hervorragend zur Verdauung pflanzlicher Nahrung. Pflanzliche Nahrung verdauen? Moment, das können wir Menschen doch auch! Stimmt. Aber nicht ganz. Wenn Sie sich kurz einmal bildlich vorstellen, Sie müssten in ein Stück Wiese beißen *und* es auch noch runterschlucken, dann wird der Unterschied schnell deutlich: Wiederkäuer fressen unterschiedlichste Gräser und Kräuter als *ganze Pflanze* (abgesehen von der Wurzel) und eben nicht nur die gemahlenen und weiterverarbeiteten *Körner* ganz bestimmter, auserlesener und mittels Züchtung stark veränderter Gräser.

Wiederkäuer grasen fast die ganze Weide ab, weil sie das Kohlehydrat Zellulose verdauen können. Zellulose ist der Hauptbestandteil pflanzlicher Zellwände und besteht im Prinzip aus nichts anderem als aneinandergehängten Traubenzuckermolekülen.

Aus denselben Zuckermolekülen besteht auch das Kohlenhydrat *Stärke*, das wir Menschen in Form von Brot, Reis, Kartoffeln oder Nudeln auf dem Speiseplan haben. Die Zuckermoleküle sind hier aber anders miteinander verknüpft, und zwar so, dass die Bindungen von den Verdauungsenzymen des Menschen geknackt werden können. Stärke können wir daher gut verdauen und als exzellenten Energielieferanten nutzen. Den Pflanzen dient Stärke als Reservestoff, der etwa bei Gräsern der Ernährung der Nachkommen, sprich des Keimlings im Samenkorn dient.

Zellulose hingegen bildet in der Pflanze reißfeste Fasern aus, die einen Grashalm in der Senkrechten halten oder die feste Samenschale der Körner bilden. Von uns Menschen kann sie nur in sehr begrenztem Umfang verdaut werden. Da sie aber zu den Ballaststoffen gehört, sind geringe Anteile davon in unserer Ernährung mit positiven Gesundheitswirkungen verbunden. Bei der Wahl meiner täglichen Zellulose-Ration würde ich allerdings ein Vollkornbrot stets einer Portion Wiesenheu vorziehen!

Genaugenommen können die Wiederkäuer selbst auch keine Zellulose verdauen. Sie haben aber das Glück, dass sich in ihrem Pansen und den anderen Vormägen Mikroorganismen wie Bakterien und Hefepilze heimisch fühlen. Sie sind es, die die Zellulose zu solchen Stoffen abbauen, die anschließend vom Stoffwechsel des Rinds oder Schafs aufgenommen und energetisch verwertet werden können.

Das Dumme ist nur: Auch im Wiederkäuer-Magen herrschen genau jene sauerstoffarmen Bedingungen, unter denen Mikroorganismen Methan (und Kohlendioxid) produzieren. Im Zuge des mikrobiellen Abbaus (bzw. der *Fermentation*) sammeln sich die Gase im Pansen und werden mit jedem Rülpser an die Umwelt abgegeben. Ein Rind ist gewissermaßen eine Art lebende Biogasanlage. Die Methanausscheidungen der Wiederkäuer gehören zu den drei großen Treibhausgasquellen des Welternährungssystems. Zusammen mit der Rodung von Wäldern (also Kohlenstoff-Senken) und der Ausbringung von Düngern (Lachgas-Quelle und teilweise energieintensive Herstellung) verursachen allein diese drei ein geschätztes Viertel aller menschengemachten Treibhausgase.[50]

Die Fähigkeit der Wiederkäuer, Zellulose zu verdauen, ist gleichzeitig ein nicht zu unterschätzender Pluspunkt. Vor allem im Vergleich mit Schweinen und Hühnern. Die können das nur eingeschränkt und würden ohne Zufütterung von stärkehaltigem Kraftfutter auf der saftigsten Weide bald verhungern. Auch Wildschweine begnügen sich nicht mit Gräsern. Vielmehr durchwühlen sie den Boden auf der Suche nach Eicheln, Bucheckern, Wurzeln, Mäusen, Insekten oder anderem nährstoffreichem Futter. Oder sie bringen Landwirte zur Weißglut, indem sie sich an ihren Maisfeldern vergreifen.

Wiederkäuer schaffen es dagegen, selbst den mickrigsten Pflanzenbewuchs karger Landschaften in verwertbare Nahrungsenergie für den Menschen (Fleisch und Milch) umzuwandeln. Darum sind Schafe und Ziegen gerade auch in Nordafrika oder dem Nahen Osten weit verbreitet. Die Tiere knabbern selbst an halbvertrockneten Dornensträuchern herum und finden auch dort noch Nahrung, wo der Anbau von Gemüse oder Getreide völlig aussichtslos wäre. Wiederkäuer ernähren Menschen dort, wo das Klima zu nass, zu trocken, zu heiß oder zu kalt oder der Boden zu karg ist, um ausreichend Getreide anbauen zu können. Deshalb werden Rinder, Schafe oder Ziegen traditionell in Steppenlandschaften, auf Hochebenen und im Gebirge gehalten.

Niemand käme auf die Idee, in 2.000 Meter Höhe Weizen auszusäen, er würde dort nicht gedeihen. Wichtig ist deshalb auch die häufig unterschlagene Tatsache, dass zwei Drittel der globalen Agrarflächen aus Weiden und Wiesen (Grünland) und nur ein Drittel aus Äckern bestehen. Landwirtschaftliche Grasflächen, auf denen der Ackerbau keine Option darstellt, nennt man auch *absolutes Grünland*. Menschen können von diesem Land im Wesentlichen nur dann leben, wenn sie Wiederkäuer halten. Die Tiere wandeln das Gras in einem Upcycling-Prozess in verwertbare Energie und Proteine um. Sie machen scheinbar Unverwertbares verwertbar.

Eine Kuh oder ein paar Schafe sind für die Ärmsten der Armen in agrarisch geprägten Ländern oft der wertvollste Besitz. Ihre Tiere versorgen sie bei Weitem nicht nur mit Kalorien, sondern auch mit Proteinen von hoher biologischer Wertigkeit, mit wichtigen Mikronährstoffen wie Vitaminen (z. B. A und B12) und Spurenelementen (z. B. Eisen) sowie mit anderen Inhaltsstoffen. Tiere halten Menschen selbst in den ödesten Weltregionen am Leben. Ohne Yak-Rinder wäre etwa die Besiedelung des tibetischen Hochlands kaum denkbar gewesen. Noch heute leben dort 85 Prozent der Bevölkerung als Hirten.

Auch die Geschichte Europas inklusive Sesshaftwerdung und Einführung der Landwirtschaft ist eng mit der Haltung von Rindern verknüpft. Fleisch und Milch sicherten schon vor vielen tausend Jahren das Überleben steinzeitlicher Bauern. Wiederkäuer und ihre Upcycling-Fähigkeiten sind der lebende Beweis dafür, dass die Tierproduktion am Ende vielleicht doch nicht so grundsätzlich ineffizient sein kann, wie es viele behaupten.

Wahr ist allerdings auch, dass Wiederkäuer heutzutage längst nicht überall nur Dornenbüsche oder das Gras von Almwiesen fressen. In der Regel werden sie zusätzlich mit sogenanntem Kraftfutter gefüttert. Im Kraftfutter sind Stärke oder Eiweiß höher konzentriert als in Gras. Meist handelt es sich um geschrotete Getreidekörner, Soja- oder Raps-Extraktionsschrot, Ackerbohnen oder Ähnliches. Alles entscheidend ist *dieser* Anteil des Futters, der nicht auf der klimafreundlicheren Wiese, sondern auf weniger klimafreundlicheren Äckern wächst. Zwar ist Kraftfutter für eine artgerechte Fütterung von Wiederkäuern nicht notwendig. Aber ganz ohne diese Extraportion Energie lassen sich Rinder kaum wirtschaftlich halten. Sie wachsen dann zu langsam oder geben zu wenig Milch.

Der Anbau des Kraftfutters, nicht nur für Rinder, sondern vor allem auch für Schweine und Hühner, ist, neben dem Methanausstoß der Wiederkäuer, einer der großen Einflussfaktoren der Tierhaltung auf das Weltklima. Er benötigt Dünger (siehe Lachgas) und Flächen (siehe Landnutzung). Bedenkt man, dass allein rund 40 Prozent der Weltgetreideernte[51] an Tiere verfüttert werden (in Deutschland 70 Prozent), dann wird die Dimension dieses Einflusses deutlich.

Um das Ganze noch etwas komplizierter zu machen: Die Getreideverfütterung speziell an Rinder hat gleichzeitig eine positive Wirkung auf das Klima. Mit steigendem Kraftfutteranteil geht nämlich die Methan-Freisetzung aus dem Rindermagen zurück. Das liegt daran, dass Methan vor allem bei der Verdauung von Gras und Kräutern frei wird, deren Anteil kleiner wird, wenn die Tiere mehr Getreide fressen.

Eine mit Kraftfutter gefütterte „industrielle Hochleistungskuh", die rund 10.000 Liter Milch pro Jahr gibt, verursacht daher im Vergleich zu einer 4.000-Liter-Kuh einen um die Hälfte reduzierten Methanausstoß pro Liter Milch.[52]

Hühner und Schweine haben, wie wir Menschen, nur einen Magen. Sie fressen fast ausschließlich Kraftfutter, und Methan spielt keine direkte Rolle. Außerdem können sie, wie bereits erwähnt, das Futter effizienter in Lebensmittel umwandeln, wie wir weiter oben bereits besprochen haben.

Insgesamt betrachtet, bleiben an diesem Punkt einige Fragen offen: Ist nun die Rinderhaltung das kleinere Übel, weil die Tiere als Wiederkäuer das ansonsten unverwertbare Grünland upcyceln? Oder soll man doch eher Hühnerfleisch und Eier als das kleinere Übel bevorzugen, weil diese Tiere Getreide effizienter verwerten als Rinder?

Mit Lösungsansätzen möchte ich Sie gerne auf das nächste Kapitel vertrösten. Für den Moment sollten Sie erstmal zwei wichtige Aspekte im Hinterkopf behalten. Erstens: Futter ist nicht gleich Futter, und es macht immer einen gewaltigen Unterschied, woraus *genau* das Futter besteht. Zweitens: Das, was die Vereinfacher als „Turbo-Mast" oder „Turbo-Kuh" pauschal verunglimpfen, verursacht pro Produkteinheit deutlich weniger Treibhausgasemissionen als eine traditionellere bzw. weniger intensive Produktion.

Es gibt außerdem einen weiteren Aspekt, der ein tierisches Lebensmittel deutlich nachhaltiger machen kann, als es das Problem der Veredelungsverluste nahelegt: die Verwertung von Abfällen.

Ich kann mich noch sehr gut an die sechs Schweine erinnern, die wir in meiner Jugend zu Hause auf unserem Hof hielten. Mit nur sechs Tieren konnte man zwar auch vor 35 Jahren schon kein Geschäft mehr machen. Aber so wie wahrscheinlich bei vielen Bauernfamilien lebten die Schweine als lebende Mülltonnen bei uns. Sie fraßen Küchenabfälle und mit Vorliebe Essensreste. „Nur nichts verkommen lassen!" ist ein Motto, das auf vielen Höfen noch immer Bestand hat und wohl auf Jahrhunderte der Not und Knappheit zurückzuführen ist.

Vor allem mein Vater Fritz hatte stets große Freude daran, den erwartungsvoll grunzenden Tieren etwas in die Tröge zu füllen. Ich erinnere mich, wie ein Schwein einmal eine halbe Pizza, quer im Maul steckend, gegen seine Stallgenossen verteidigte.

Das Einzige, was die Schweine jemals verschmähten, waren US-amerikanische Gummibärchen, die ein Reisemitbringsel waren. Auch bei Schweinen gibt es eben eine Grenze des guten Geschmacks! Jedenfalls war Schweinehaltung im kleinen Stil immer schon eine elegante Möglichkeit, Abfälle und Reste sinnvoll zu verwerten, statt sie zu vergeuden.

Es ist erstaunlich, an wie vielen Stellen bei der Herstellung alltäglicher Lebens- und Genussmittel Reste anfallen, die sich als sogenannte *Koppelprodukte* zur Fütterung von Tieren eignen. Da wäre etwa die *Weizenschlempe*, die beispielsweise bei der Herstellung von Industriealkohol übrig bleibt. Beim Bierbrauen fallen die unlöslichen Reste des Gersten- oder Weizenmalzes als eiweißreicher *Treber* an, für den eine Brauerei keine Verwendung hat.

Und auch beim Mahlen von Getreide bleiben wertvolle Reste, die wir Menschen überwiegend verschmähen. Man muss sich dazu bewusst machen: Nur im Vollkornmehl verbleiben alle Bestandteile des Getreidekorns. Alle anderen Mehle sind nur deshalb heller oder gar weiß, weil die dunkleren Schalenbestandteile des Korns, inklusive des Embryos, also der Anlage für eine neue Pflanze, ausgesiebt werden. Verwertbare Reststoffe fallen außerdem bei der Verarbeitung von Zuckerrüben, Kartoffeln und etlichen anderen Pflanzen an.

Offensichtlich sind auch die Unmengen von Lebensmitteln, die tagein, tagaus in Restaurants weggeworfen werden. Seit der BSE-Krise Anfang der 2000er Jahre durften tierische Proteine inklusive Restaurantabfälle nicht mehr verfüttert werden. Zu groß war die Angst, dass sich dadurch Krankheiten übertragen könnten – was bei sachgemäßer Erhitzung unwahrscheinlich ist. Erst kürzlich wurde das Verbot teilweise aufgehoben.

Einige Wissenschaftler verfolgen die Idee, dass nur noch so viele Schweine und Hühner gehalten werden sollten, wie sich durch ohnehin anfallendes Futter ernähren lassen. Auf diese

Weise könnte das Konkurrenzverhältnis *food vs. feed* deutlich entschärft werden.

Als ob das Maß an bedenklichen Klima-Effekten tierischer Lebensmittel noch nicht genügen würde, gibt es noch eine weitere wichtige Quelle an THG: Mist und Gülle, sprich Fäkalien. Dort, wo Tiere in Ställen gehalten werden, fällt Mist oder Gülle an. Dabei meint Mist ein festes Gemisch aus Kot, Urinresten und Einstreu (in der Regel Stroh), während Gülle ein flüssiges Gemisch aus Kot, Urin und Wasser ist.

In beiden Fällen handelt es sich zugleich um Abfallstoffe und wertvolle organische Dünger, für die landwirtschaftliche Betriebe Lagerkapazitäten in Form von Misthaufen oder Güllebehältern brauchen, einfach deshalb, weil der Dünger nicht zu jedem Zeitpunkt im Jahr auf Wiesen und Felder verteilt werden kann.

Dummerweise kommt es auch in solchen Lagern zu den bereits bekannten anaeroben Zersetzungsprozessen. Aus Güllebehältern entweicht vor allem Methan, wobei das Ausmaß stark von der Behandlung und der Art der Lagerung abhängt. Mit verschiedenen Methoden lassen sich Emissionen reduzieren. Sie reichen von Absauganlagen über Beton- und Zeltabdeckungen bis zu synthetischen und biologischen Zusatzstoffen. Es kann sogar helfen, die Gülle im Lager mit gehäckseltem Stroh abzudecken. Auch der Mist ist in Sachen Klima alles andere als unproblematisch. Er entlässt vor allem Lachgas in die Atmosphäre.

Generell gilt, dass THG nicht nur im Stall und in Güllelagern entstehen, sondern ebenso auf der Weide, wo die Tiere ihren Dung fallenlassen. Zwar entspricht die Weidehaltung prinzipiell am ehesten natürlichen Bedingungen, aber eine aktuelle *Nature*-Studie[53] aus dem Jahr 2021 zeigt, dass Weiden wegen des Ausstoßes von Methan und Lachgas durchaus Netto-THG-Quellen sein können. Vor allem dann, wenn sehr viele Tiere auf ihnen grasen oder die Weiden schlecht gemanagt werden. So kann es etwa einen großen Unterschied machen, wie lange eine Herde auf einem bestimmten Weide-Abteil grast, bevor sie zum nächsten übersiedelt. Übrigens: Gülle ist nicht nur eine Quelle für Methan. Es entweicht ihr auch das gasförmige Ammoniak (NH_3). Ammoniak sorgt nicht nur für Geruchsbelästigung in der Nachbarschaft, sondern ist auch für einen großen Teil der Entstehung von Feinstaub und damit für Luftverschmutzung mitverantwortlich. Ganz davon zu schweigen, dass es sich schließlich um Verluste an dem so wichtigen Pflanzennährstoff Stickstoff (N) handelt. Er entweicht in die Umwelt, trägt zur Bildung von zusätzlichem Lachgas bei und ist Teil des unerwünschten und ökologisch problematischen Nährstoffeintrags in Ökosysteme.

REGENWALD-SOJA – WIE KÜNSTLER UND KATZENHALTER PROFITIEREN

Wenn es um den Anbau von Ackerfrüchten als Tierfutter geht, dann kommen in der Regel Sojabohnen zur Sprache. Sie werden im großen Stil in Nordamerika, Brasilien und Argentinien angebaut und schiffsladungsweise auch nach Deutschland oder Österreich exportiert. Einige Umwelt-NGOs sprechen von *Regenwald-Soja* und kritisieren, dass der Ausweitung der Anbauflächen in Südamerika auch tropischer Regenwald zum Opfer fällt. Zu Recht. Die Feuer im Amazonas lassen grüßen.

Was den meisten Menschen allerdings nicht bewusst sein dürfte: Auch Zeitungsleser, Katzenbesitzer oder sich schminkende Menschen profitieren vom Sojaanbau. Wenn auch eher indirekt und weniger stark als die Liebhaber von Kotelett und Salami. Aber der Reihe nach.

Was Schweine, Rinder oder Hühner zu fressen bekommen, ist nicht die komplette Sojabohne. Bevor es Richtung Futtertrog geht, wird den Bohnen nämlich erst einmal das wertvolle Sojaöl entzogen, das immerhin rund 20 Prozent ihrer Masse ausmacht. Dieses Öl findet sich in sehr vielen Produkten, die wir alle brauchen: in Farben und Lacken, in Pharmazeutika, Kosmetikartikeln, Waschmitteln und als Biosprit-Beimischung im Autotank. Und nicht zuletzt versteckt sich Sojaöl in sehr vielen Lebensmitteln. Wahrscheinlich sind wir uns dessen selten bewusst. Hand aufs Herz, haben Sie schon mal darüber nachgedacht, woraus Margarine gemacht wird? In meiner Kindheit war diese hochverarbeitete und industriell hergestellte Kunstbutter auch in meiner Familie beliebt. Soja- oder andere Pflanzenöle sind ihre Basis. Auch in Backmischungen, Fertigmenüs oder Keksen erfüllt Sojaöl wichtige Funktionen. Zudem dient es als Speisefett oder Salatöl und ist nicht zuletzt eine unersetzliche Komponente der asiatischen Küche.

Prinzipiell kann Sojaöl überall enthalten sein, wo auch Rapsöl, Sonnenblumenöl oder das viel diskutierte Palmöl enthalten sein können. Sojabohnen haben allerdings den unschlagbaren Vorteil, dass sie *zusätzlich* zum wertvollen Öl auch rund 40 Prozent sehr wertvolles Eiweiß enthalten. Und *dieses* fließt fast ausschließlich in die Tiermast. Die Tiere bekommen das, was nach dem Auspressen des Öls übrig bleibt: eiweißreichen Sojakuchen beziehungsweise Soja-Extraktionsschrot.

Dennoch wäre es falsch zu glauben, das Tierfutter sei nur der „Abfall", der bei der Ölproduktion ohnehin anfällt. Gäbe es nämlich keine Nachfrage nach dem eiweißreichen Tierfutter und würde die Welt ausschließlich Pflanzenöl nachfragen, ließe sich das wesentlich effizienter und gewinnbringender über den Anbau von Ölpalmen bewerkstelligen. Wie bereits erwähnt, liefern sie pro Hektar ein Vielfaches der Ölmenge.

Umweltschützer und andere setzen sich in jüngster Vergangenheit dafür ein, die europäische Abhängigkeit von Sojaimporten zu verkleinern. Zu Recht, denn die Ausweitung der Sojaflächen in Südamerika geschieht häufig zu Lasten von Regenwäldern und Savannen. Die europäische Nachfrage nach eiweißreichem Tierfutter ist Teil des Problems. Allerdings gilt es dabei ähnliche Mechanismen zu beachten wie bei einem potenziellen Verzicht auf Palmöl. Solange sich an der steigenden Fleischnachfrage nichts ändert, müsste der Futterbedarf der Masttiere über den Anbau anderer Pflanzen oder über den Anbau von Soja an anderen Orten gedeckt werden. In der Tat gibt es Bestrebungen, Soja einfach hier bei uns in Europa anzubauen. Aber wo soll dann das Getreide wachsen, das durch den Sojaanbau verdrängt wird?

In den vergangenen rund zehn Jahren kann man entlang des Rheins oder der Donau auch tatsächlich beobachten, dass so mancher Landwirt sein Glück mit dem Anbau von Soja versucht. Speziell Österreich ist mittlerweile sogar zum viertgrößten Sojaproduzenten der EU aufgestiegen. Das Problem ist allerdings: Die Sojapflanze hat ihr Temperatur-Optimum bei 30 bis 33 Grad und wächst daher in tropischen Breiten oder den USA besser als etwa im Norden Europas. Gerade deshalb haben sich amerikanische Farmer ja stark auf Soja spezialisiert und nicht etwa nur auf Getreide, das bei Temperaturen zwischen 20 und 25 Grad, wie in Europa, optimal wächst. Das hat zur Folge, dass ein norddeutscher Landwirt mehr Land als ein brasilianischer beanspruchen würde, um dieselbe Menge Soja zu produzieren.

Wenn Deutschland brasilianisches Soja komplett boykottieren und selbst großflächig in den Anbau einsteigen würde, könnte Brasilien in Versuchung geraten, den Deutschen stattdessen Getreide zu verkaufen, das aber umgekehrt beim Anbau in Brasilien schlechtere Erträge liefert als in Deutschland.

Beide Seiten würden dann also genau jene Pflanzen vermehrt kultivieren, die eigentlich beim jeweils anderen besser wachsen und weniger Fläche in Anspruch nehmen. Global und in Bezug auf Weltklima und Biodiversität betrachtet, würde so eine echte Loose-loose-Situation entstehen, indem der Gesamt-Flächenanspruch wächst und der Druck auf Regenwaldflächen steigt. In manchen Ländern Europas erzielen Sojapflanzen allerdings durchaus gute Erträge. Zu diesen Ländern gehört auch Österreich, wo die Sojaerträge mit rund drei Tonnen pro Hektar fast so hoch wie in Brasilien liegen. Sogenanntes *Donau-Soja* wächst zunehmend auch in Ländern Südosteuropas. Der Ausbau der Flächen ist politisch gewollt und wird gefördert.

KLIMAKILLER HUND & KATZ

Übrigens ist es nicht so, dass fleischlos lebende Menschen das alles überhaupt nicht beträfe. Schließlich gibt es unzählige andere Produkte, die aus tierischen Rohstoffen gemacht werden: von der Gelatine, die in Gummibärchen, Schokoküssen oder den Weichkapseln von Vitaminpräparaten steckt, über medizinische Produkte aus Schweineblut bis zu Gartendünger aus Knochenmehl.

Für das Fleisch selbst gibt es noch eine wichtige Verwendung, die nicht der menschlichen Ernährung, aber sehr wohl dem Wohlbefinden vieler Menschen dient: das Futter für Hunde, Katzen und andere Haustiere. Das Spannende an diesem Punkt ist, dass er stark unterschätzt wird. Unsere (meist) vierbeinigen Freunde dürften mit ihrem Hunger auf Fleisch und anderes Futter eine weit größere Auswirkung auf das Klima haben, als man glauben möchte.

Forscher der Technischen Universität Berlin haben im Jahr 2020 eine Studie veröffentlicht, in der sie für einen 13 Jahre lang lebenden mittelgroßen Hund von 15 Kilogramm Gewicht einen Gesamtausstoß von mehr als acht Tonnen CO_2-Äquivalent errechneten. Für Doggen ist es mehr, für Dackel weniger. Rund

90 Prozent der Hunde-Emissionen sind auf das Hundefutter zurückzuführen. Laut Studie ist der Durschnitts-Hund damit für ganze 7 Prozent der jährlichen THG-Emissionen eines durchschnittlichen Deutschen verantwortlich.[54] Bedenkt man zusätzlich, dass sich allein in Deutschland die Zahl der gehaltenen Hunde in den vergangenen rund 20 Jahren von fünf auf zehn Millionen verdoppelt hat und derzeit jährlich 650.000 dazukommen, erscheint das Ganze jedenfalls mehr als beachtenswert.

Tierische Produkte spielen in unserem Alltag also eine bedeutende Rolle, auch abseits des Fleischkonsums. Trotz allem bleibt der steigende Verzehr von tierischen Lebensmitteln der wachsenden und wohlhabender werdenden Weltbevölkerung der entscheidende Faktor bei den THG-Emissionen der globalen Landwirtschaft.

ZUSAMMENFASSUNG: WAS WIR ÜBER DIE KLIMAGASE VOM BAUERNHOF WIRKLICH WISSEN SOLLTEN

1. Pflügen (das Wenden des Bodens) ist die energieaufwendigste Form der Bodenbearbeitung.

2. Das klimaschädliche Lachgas entsteht von Natur aus durch die bakterielle Umwandlung von Stickstoff, besonders in stark gedüngten Böden.

3. Das Klimagas Methan kommt aus vielen Quellen. Beträchtliche Mengen steigen von Reisfeldern auf und entweichen vor allem aus dem Verdauungstrakt der Wiederkäuer.

4. Auf die Upcycling-Fähigkeiten der Wiederkäuer können wir schwer verzichten. Sie verwerten das Grünland, das zwei Drittel der globalen Agrarflächen ausmacht.

5. Schnell wachsende Masttiere bzw. Milchkühe mit höherer Milchleistung stoßen pro Produkteinheit weniger Treibhausgase aus.

6. Grob gesagt 10–15 Prozent aller menschengemachten Treibhausgas-Emissionen gehen auf das Konto der Tierproduktion, inklusive des Anbaus von Futter.

5

LÖSUNGEN FÜRS KLIMA

In den vorangegangenen Kapiteln habe ich versucht, Ihnen den Wesenskern der Landwirtschaft näherzubringen. Ich hoffe, Sie konnten einen groben Eindruck davon gewinnen, auf welch vielfältige Weise die Ernährung der Menschheit den Ausstoß bzw. die verhinderte Bindung von Treibhausgasen verursacht. Da es eine klimaneutrale Landwirtschaft offensichtlich nicht geben kann, stellt sich nun die Frage: Welche Lösungen bieten sich an, um das Ernährungssystem dennoch klimafreundlicher und nachhaltiger zu machen? Welche Ansätze sind realistisch und erfolgversprechend? Welche werden durch wirtschaftliche Interessen oder ideologische Schranken und Denkverbote blockiert? Dieses Kapitel enthält zwar kein treffsicheres Rezept für die Planetenrettung. Dafür aber wissenschaftlich fundierte Lösungsansätze, zu deren Verwirklichung unterschiedlichste Akteure über ihren eigenen Schatten springen müssten: Vertreter der konventionellen Landwirtschaft oder kompromisslose Fleisch-Fetischisten ebenso wie Öko-Fundamentalisten oder Veganer. Wenn wir als Gesellschaft mehr als nur Scheinlösungen auf den Weg bringen wollen, dann müssen sich alle auch selbst hinterfragen.

VERZICHT FÄLLT SCHWER

Sollten also alle Veganer werden? Ich persönlich denke, dass es sich dabei um eine rein hypothetische Frage handelt. Ganz einfach deshalb, weil in dem Zeitrahmen, in dem die Menschheit das Klimaproblem in den Griff bekommen muss, niemals genügend Menschen völlig auf tierische Lebensmittel verzichten werden. Ich glaube, wir müssen uns etwas anderes überlegen.

Dabei gilt Menschen mein Respekt, die durch den persönlichen Fleischverzicht zur Klimarettung beitragen wollen. Für mich wäre es dennoch nichts. Erstens weil es in der Wissenschaft nicht den geringsten Zweifel gibt, dass der Mensch von Natur aus zumindest ein Allesfresser ist. Einiges spricht sogar dafür, dass sich unsere Vorfahren während der frühen Menschheitsgeschichte überwiegend von Fleisch ernährt haben[55] und der Anteil an Pflanzenkost erst mit Beginn der Landwirtschaft vor 10.000 Jahren zugenommen hat. Der Konsum von Fleisch ist also Teil der menschlichen Natur. Wobei Im-Büro-Sitzen sicher nicht Teil unserer Natur ist. Viele Menschen tun es trotzdem ein Leben lang, und man könnte argumentieren, dass die hohe Energiedichte von Fleisch für diesen Lebensstil nicht mehr notwendig ist.

Der zweite Grund, warum ich persönlich nicht vollständig auf Fleisch verzichten werde, ist mir aber noch viel wichtiger: Es schmeckt mir einfach viel zu gut.

Und was isst du?, habe ich meinen Großvater Gustav bei den zweimal jährlich im Gasthaus *Zur Krone* stattfindenden Familientreffen öfter gefragt. *Ä Stückle vonarre tode Sau*, war dann meist seine lapidare, mit einem erwartungsfrohen Schmunzeln auf gut Badisch vorgetragene Antwort. Fleisch ist nicht nur seit Urzeiten Teil unserer Ernährung, es ist dadurch auch tief in unserer Kultur verankert. Völliger Verzicht: für mich nicht vorstellbar. Ganz anders schaut es mit einem *teilweisen* Verzicht aus. Muss ich jeden Tag Fleisch essen? Nein. Natürlich nicht!

WELTERNÄHRUNG: ZU VIEL – GENUG – ZU WENIG

Schaut man auf die globale Entwicklung der Ernährungslage, dann sind vor allem zwei Aspekte von großer Bedeutung: Auf der einen Seite gelten mittlerweile zwei Milliarden Erwachsene als übergewichtig oder gar fettleibig. Sie nehmen in der Regel viel zu viele Kalorien, gerade tierischen Ursprungs, zu sich. Auf der anderen Seite stehen die Unter- oder Mangelernährten. Schätzungen der FAO[56] zufolge litten im Jahr 2020 zwischen 720 und 811 Millionen Menschen unter Hunger und waren unterernährt, rund

10 Prozent der Weltbevölkerung. 149 Millionen oder 22 Prozent aller Kinder unter 5 Jahren waren aufgrund des Mangels an bestimmten Mikronährstoffen körperlich unterentwickelt, sprich kleiner gewachsen als ihrem Alter entsprechend. Häufig geht dies auch mit geistiger Unterentwicklung einher.

Vor allem aber lebten im Jahr 2020 2,37 Milliarden Menschen im Zustand der mittleren oder schweren Nahrungsmittelunsicherheit. Bei ihnen steht eine gesunde und ausreichende Ernährung stets auf der Kippe und ist nicht ganzjährig garantiert. Für sie leistet Fleisch immerhin einen wichtigen (potenziellen) Beitrag zur Versorgung mit ausreichend Energie und wichtigen Mikronährstoffen.

Für einen europäischen Veganer mit hohem Bildungsstand und entsprechendem Ernährungswissen mag es kein Problem sein, sich ganz ohne tierische Komponenten optimal ausgewogen zu ernähren. Aber viele Menschen in ärmeren Weltgegenden haben weder Zugang zu prall gefüllten Supermarktregalen, in denen alle erdenklichen alternativen Nährstoffquellen ganzjährig sprudeln, noch hätten sie Zeit und Muße, sich einen individuellen Ernährungsplan zusammenzustellen, der allen Anforderungen einer rein pflanzlichen Ernährung gerecht wird. Für diese Menschen stellt die Verfügbarkeit von Fleisch, Milch und Eiern die unkomplizierte Stütze einer wenigstens halbwegs guten Ernährung dar.[57]

Fest steht: Ein massives globales Gesundheitsproblem sind sowohl Übergewicht als auch Unter- und Mangelernährung. Dennoch könnte man die riesige Zahl der Übergewichtigen als Errungenschaft und Indiz für eine große Erfolgsgeschichte der Menschheit betrachten. Das Damoklesschwert des drohenden Hungertods schwebte in der Vergangenheit nämlich über den Köpfen der *gesamten* Menschheit. Dass wir heute *auch* von Übergewicht reden, mussten wir uns hart erarbeiten.

Dabei sollte uns bewusst sein: In den zurückliegenden rund 200 Jahren ist die Zahl der Menschen auf dem Planeten so stark angewachsen, wie es im 19. Jahrhundert wahrscheinlich niemand je für möglich gehalten hätte. Noch im Jahr 1800 lebten weniger als eine Milliarde unserer Artgenossen. Im Jahr 2023 dürften wir die 8-Milliarden-Marke überschreiten. Das Ausmaß des globalen Bevölkerungswachstums ist die allerwichtigste und für mich auch die beeindruckendste Statistik dieses Buchs.

Das Entscheidende ist aber, dass diese rasante Verbreitung der Spezies Mensch nur deshalb möglich war, weil es bahnbrechende Fortschritte in der Medizin, der Hygiene und vor allem der Landwirtschaft gegeben hat. Einzig durch gewaltige Produktionssteigerungen auf Äckern, Weiden und in Ställen konnten immer mehr Menschen satt werden. Es sind ebenso beeindruckende Zahlen, die dies belegen.

Bauern haben die global bewirtschaftete Ackerfläche seit 1961 zwar „nur" um 15 Prozent und die Grünlandfläche um 8 Prozent ausgedehnt. Die Ernteerträge konnten sie im selben Zeitraum aber um das Dreieinhalbfache steigern, während die Menge der tierischen Produkte um das Zweieinhalbfache größer wurde.[58] Gleichzeitig hält der IPCC in seinem Bericht 2019 fest, dass jedem Menschen heute, im Vergleich zu 1970, eine um 17 Prozent höhere Kalorienmenge zur Verfügung steht. Im Jahr 1970 lebten rund 3,7 Milliarden Menschen. Jetzt, da ich diesen Satz in meinen Computer tippe, hat die Weltbevölkerungsuhr gerade die 7 Milliarden, 903 Millionen, 709 Tausend und 900 überschritten.[59]

Das mag nach trockenen Zahlen klingen, aber stellen Sie sich vor, Sie haben drei Kinder, die Sie leidlich satt bekommen. Einige Zeit später sind aus den dreien sieben geworden. Und irgendwie schaffen Sie es, diese sieben Kinder sogar noch deutlich besser zu versorgen als die drei zuvor. Wären Sie nicht mächtig stolz auf sich selbst? Es steht völlig außer Frage, dass die Entwicklung des globalen Ernährungssystems zuallererst für ein epochales Erfolgsprojekt der Menschheit steht.

Teil dieser Entwicklung ist ebenso, dass sich der Pro-Kopf-Verbrauch von Fleisch (und Pflanzenöl) seit Beginn der 1960er Jahre mehr als verdoppelt hat. Fleisch und tierische Lebensmittel sind für uns Menschen offensichtlich etwas ganz besonders Wertvolles, vor allem solange wir ums Überleben kämpfen. Sie liefern uns leicht verdauliche Kalorien, hochwertige Proteine und wichtige Mikronährstoffe in komprimierter Form. Das hat sich im Laufe der Evolution in unsere Gene eingebrannt. Doch dann wurden wir „urplötzlich" mit einem überbordenden Angebot von schnell verfügbaren Kalorien in Form von Supermärkten und Restaurants mit Burgern, Pizza, Döner, Cola & Co. konfrontiert. Darauf sind wir evolutionär nicht im Geringsten vorbereitet. Unser Körper möchte jetzt aus dem Vollen schöpfen und möglichst viel von den „wertvollen" Speisen und Getränken genießen. Wir können unsere Gene nicht einfach umprogrammieren. Und weil diesbezüglich fast alle Menschen gleich ticken, wächst die globale Nachfrage zusammen mit den Bevölkerungszahlen und dem Wohlstand so lang, bis alle mehr als satt sind. Was also tun? Darauf gibt es keine leichte Antwort.

EFFIZIENTERE TIERHALTUNG – GERINGERE TREIBHAUSGASEMISSIONEN

Manche Dokumentarfilmer und andere Journalisten gefallen sich darin, die Landwirtschaft der Vergangenheit zum Zukunftsideal hochzustilisieren. Mit ihren Filmen heben sie gerne die Kleinbauern armer und unterentwickelter Regionen aufs Podest, die heute noch so wirtschaften, wie es in Europa vor 200 Jahren üblich war. Die oft von der Hand in den Mund lebenden Subsistenzbauern würden angeblich viel effizienter und mit weniger

Energieaufwand Lebensmittel produzieren und dadurch die für Klima und Umwelt viel schonendere Landwirtschaft betreiben. Untermalt werden solche Geschichten gerne mit der bildlichen Gegenüberstellung einer unterernährten, klapprigen Kuh irgendwo in Afrika und einem Milchviehstall in Europa oder den USA. Dabei fällt das Wort „Turbo-Kuh" so sicher wie das Amen in der Kirche.

Die Sache mit dem angeblich viel effizienteren Subsistenzbauernsystem hat allerdings einen gewaltigen Haken. Zwar investiert ein Subsistenzbauer tatsächlich weniger Gesamtenergie, wenn er etwa auf dieselbetriebene Traktoren oder Mineraldünger verzichten muss. Allerdings kann er so auch nur sehr kleine Flächen bewirtschaften und erntet insgesamt viel zu geringe Erträge. Mit Glück gerade so viel, dass seine Familie durchkommt. Persönliche oder gesellschaftliche Entwicklung ist in diesem System kaum möglich.

Vor allem aber ignorieren solche Vergleiche in sträflicher Weise, dass den Subsistenzbauern lediglich die Kraft ihrer Muskeln oder vielleicht noch eines Büffels zur Verfügung steht, um Energie in die Lebensmittelproduktion zu stecken. Die dahintersteckenden körperlichen Qualen kann sich wahrscheinlich kein europäischer Dokumentarfilmer vorstellen. Subsistenzbauern schinden sich im wahrsten Sinne des Wortes zu Tode. Und das oft, ohne wenigstens so viel zu erwirtschaften, dass ihren Kindern ein besseres Leben möglich ist.

Wer im Jahr 2022 noch an das Märchen von der guten, traditionellen und umweltschonenden Landwirtschaft glaubt, dem seien die Statistiken der FAO ans Herz gelegt. Das vierte Kapitel des Statistischen Jahrbuchs 2020 der FAO ist den „Nachhaltigkeits- und Umweltaspekten der Landwirtschaft" gewidmet. Dort und in den angehängten Datensätzen ist unter anderem herauszulesen, wie viele Treibhausgas-Emissionen bestimmte Produkte in unterschiedlichen Ländern durchschnittlich pro Produkteinheit verursachen.

Ein Kilogramm Rindfleisch zum Beispiel verursacht elf bzw. 13 Kilogramm CO_2-Äquivalente, wenn es aus Österreich oder Deutschland kommt. Die USA, laut diverser Film-Dokumentationen ein Hort für „Turbo-Kühe" und „Hormonfleisch", liegen mit 12 Kilo genau dazwischen.

Spannend wird es beim Blick auf weniger entwickelte Staaten. Im Schwellenland Brasilien etwa bringt ein Kilo Rindfleisch mit 35 Kilo CO_2-Äquivalenten bereits mehr als das Doppelte auf die Waage. Noch viel mehr sind es in Bangladesch mit 75 Kilogramm. Die allermeisten Emissionen verursacht Rindfleisch in Staaten mit einem geringen Entwicklungsstand und einer sehr wenig industrialisierten (Land-)Wirtschaft. In Äquatorialguinea etwa wird der globale Treibhauseffekt mit 115 Kilo CO_2-Äquivalenten pro Kilo Rindfleisch befeuert und in Lesotho gar mit 187 Kilo.

Israel oder die Niederlande hingegen, beides hochentwickelte Industrienationen mit hoher Bevölkerungsdichte und sehr wenig Raum für Landwirtschaft, glänzen durch besonders geringe Emissionen pro Kilogramm Rindfleisch (Israel: 4 Kilo, Niederlande: 10 Kilo).

Diese Zahlen lassen eine Feststellung zu, die viele Menschen nicht hören wollen: Eine intensive, „industrialisierte" und moderne Rinderhaltung verursacht pro Kilogramm Fleisch – in der Tendenz – deutlich weniger Treibhausgase. Das bedeutet nicht, dass intensive Tierhaltung keine Probleme mit sich bringt. Gerade in puncto Tierwohl oder Gülle- bzw. Düngermanagement können weniger intensive Systeme von Vorteil sein. Aber dazu später mehr.

Der grundsätzliche Zusammenhang zwischen Tierhaltung und Treibhausgasen ist dennoch eindeutig und zeigt sich auch im

Vergleich der Weltregionen. Die FAO schreibt: „Die Emissions-Intensität von Rindfleisch beträgt in Afrika (48 Kilo CO_2-Äquivalente pro Kilo) fast das Doppelte des weltweiten Durchschnitts und in Europa ungefähr die Hälfte (14 Kilo CO_2-Äquivalente pro Kilo).“[60] Als Grund für die bemerkenswerte Differenz nennen die Wissenschaftler der UNO-Organisation die „damit verbundenen großen Unterschiede bei der Effizienz der Produktion".

Die Notwendigkeit, produktiv und gleichzeitig effizient zu wirtschaften, passt so gar nicht zum landwirtschaftlichen Wunschbild vieler Europäer. Effizienzsteigerung klingt für sie nach Umweltbelastung, leidenden Tieren oder vielleicht sogar nach einem ganz grundsätzlich abzulehnenden „kapitalistischen Ausbeutungssystem". Die vielzitierte Turbo-Kuh ist *das* Sinnbild dafür.

Aber was genau bedeutet Effizienz? Hat der Begriff sein schlechtes Image zu Recht? Wenn wir von Effizienzsteigerung *um jeden Preis* reden, bei der Tiere oder natürliche Ressourcen ohne Rücksicht auf Verluste ausgebeutet werden, dann wird diese zu Recht abgelehnt.

Grundsätzlich bedeutet mehr Effizienz aber nichts anderes als einen geringeren Mitteleinsatz pro hergestellter Produkteinheit. Und weil dieser Mitteleinsatz bei der Produktion unseres Essens auch den Ausstoß von Treibhausgasen verursacht, ist es ganz und gar nichts Schlechtes, wenn ein Schwein oder Huhn bei geringerer Futtermenge schneller wächst oder eine Kuh mehr Milch gibt.

Zum Thema Milch hat die FAO eine eindrucksvolle Grafik veröffentlicht. Sie zeigt die Beziehung zwischen dem Treibhausgasausstoß pro Liter Milch und der durchschnittlichen Milchleistung von Kühen in unterschiedlichen Ländern. Dabei wird ersichtlich, dass jene Kühe dem Klima viel mehr schaden, die weniger als 2.000 Liter Milch pro Jahr geben. Umgekehrt haben die Tiere mit einer hohen Milchleistung von 7.000 oder 10.000

Litern die viel bessere Klimabilanz (auch wenn sich die Klima-effizienz ab einem gewissen Punkt nicht mehr steigern lässt).

Auch der Weltklimarat dokumentiert die positive Klimawir-kung einer allgemein verbesserten Produktionseffizienz in seinem Sonderbericht von 2019: „Im Gegensatz zum zunehmenden Trend bei den absoluten THG-Emissionen, [...] sind die THG-Emissionen pro Produkteinheit global zurückgegangen und lie-gen heute rund 60 Prozent niedriger als in den 1960er Jahren. Das liegt vor allem an der verbesserten Fleisch- und Milchpro-duktivität der Rinderrassen."[61] Im Vokabular des Sensations-Journalismus ausgedrückt: Von der „Turbo-Kuh" gibt's das Kilo Käse für deutlich weniger Klimazerstörung als von den Kühen der „guten alten Zeit".

Wahr ist allerdings ebenso, dass der Weltklimabericht auch den sogenannten *Rebound*-Effekt anspricht. Damit ist gemeint, dass mehr Effizienz eben nicht nur zu einem geringeren Ver-brauch an Ressourcen und somit weniger (Umwelt-)Kosten pro Produkteinheit führt, sondern möglicherweise auch den Konsum befeuert. Mit anderen Worten: Sie führt nicht nur dazu, dass mehr Menschen ausreichend Nährstoffe bekommen, sondern auch dazu, dass viele Menschen *mehr* als ausreichend konsumieren. Zudem liegt die Vermutung nahe, dass geringere Kosten langfris-tig auch zu geringerer Wertschätzung und damit mehr Ver-schwendung führen, was den Konsum weiter in die Höhe treibt.

Allerdings schlägt der Rebound-Effekt nicht ausschließlich beim Konsum tierischer Lebensmittel zu Buche. Genauso könnte es sein, dass ein Veganer – solange er keine teuren Fleischersatz-produkte konsumiert – sein durch Fleischverzicht eingespartes Geld in den Mehrkonsum von Elektronikartikeln oder Flugreisen steckt und der Umwelt dadurch auf andere Weise Schaden zufügt.

Sollten wir deshalb die Effizienz verdammen? Würde sich jemand daran stören, wenn eine Firma einen Akku für Elektroautos erfindet, der bei halbierten Kosten ein Drittel mehr Leistung bringt? Auch das würde das erhebliche Risiko mit sich bringen, dass Menschen weitere Strecken fahren als vorher oder sich am Ende gar noch ein zusätzliches E-Auto in die Garage stellen. Waren jemals Klagen darüber zu hören, dass Computer heute bei weniger Stromverbrauch viel leistungsfähiger sind als früher, sodass wir uns jetzt mit Arbeitskollegen per Videotelefonie unterhalten können? Aus welchem Grund sollte die Produktion unseres täglichen Essens nicht auch immer effizienter werden? Unterm Strich steht fest: Das Problem liegt im steigenden Gesamtverbrauch, aber nicht in der größer gewordenen Effizienz. Sie ist sehr eindeutig das falsche Feindbild.

Wären sich alle Klimaaktivisten und Politiker solcher grundlegenden Zusammenhänge bewusst, könnten wir als Gesellschaft deutlich schneller zu sinnvollen Lösungen gelangen.

Übrigens dokumentiert die FAO dieselben grundlegenden Zusammenhänge wie beim Rindfleisch auch bei Milchprodukten, Eiern oder Schweinefleisch, aber die Unterschiede fallen bei diesen Lebensmitteln etwas weniger gravierend aus. Das liegt vor allem daran, dass Rindfleisch mit großem Abstand das treibhausgasintensivste Grundnahrungsmittel von allen ist. Und je weniger CO_2-Äquivalente ein Nahrungsmittel ganz generell verursacht, desto geringer wirken sich Unterschiede in der Produktionseffizienz in absoluten Zahlen aus.

Trotzdem lässt sich eine Wahrheit nur schwer anzweifeln: Die mit Industrialisierung und Modernisierung einhergehenden Produktions- und Effizienzsteigerungen der Landwirtschaft haben einen viel zu schlechten Ruf. Mehr Effizienz heißt: weniger Treibhausgase und allgemein weniger Ressourcenverbrauch pro Kilogramm Produkt.

KLIMASCHONEND ESSEN – WIE GEHT DAS?

Immer mehr Menschen fragen sich: Mit welchem Essen kann ich meinen persönlichen CO_2-Fußabdruck klein halten? Welche Lebensmittel schleppen keinen riesigen Rucksack an Klimagasen mit sich herum? Wie viele THG haben marokkanische Erdbeeren oder das Lammkotelett aus dem Burgenland denn nun *genau* verursacht?

Ganz streng genommen gibt es darauf derzeit noch keine Antwort. Wir müssten dazu ja ganz speziell für das Produkt, das gerade vor uns im Regal oder in der Kühltheke liegt, herausfinden, wie genau es hergestellt wurde. Wurde Wald dafür gerodet oder ein Moor entwässert? Wie viel Dünger hat der Landwirt verwendet, und wie hoch war sein Ertrag in diesem Jahr? (Nur mit diesen Daten könnten wir den Düngerverbrauch und seinen THG-Ausstoß auf unsere Portion umrechnen.) Welches Futter hat das Tier in welcher Menge bekommen? Wurde sein Mist im Stall gesammelt, oder hat es ihn auf einer Weide fallenlassen? Wie hat das Lebensmittel seinen Weg zu mir gefunden? Mit dem Schiff? Und wenn ja, mit was für einem? Wie hoch war der Treibstoffverbrauch auf seiner Fahrt?

Es ist klar, dass solche Rechnungen nicht ganz einfach zu machen sind. Schon allein deshalb, weil uns im individuellen Fall die dafür nötigen Informationen fehlen. Und außerdem: Wer will im Supermarkt schon den Taschenrechner auspacken? Wir wollen es einfach und schnell haben, auch beim Einkaufen. Viele Menschen ziehen daher zur groben Beurteilung der Klimaverträglichkeit eines Lebensmittels ausschließlich die leicht erkennbaren Kriterien zu Rate, sozusagen stellvertretend für alle anderen.

Eines der Kriterien heißt *Bio oder Nicht-Bio*. Dazu kommen wir noch. Das andere Kriterium heißt *Transportwege*. Das Transportwege-Kriterium ist einer der Gründe dafür, dass die Regionalität heutzutage in aller Munde ist. Regional produziert gilt vielen inzwischen als Synonym für klimafreundlich. Vermutlich ist das Argument mit den kurzen oder langen Transportwegen auch deshalb so häufig zu hören, weil sich jeder etwas darunter vorstellen kann. Wer auf der Verpackung liest, dass ein Schälchen Tafeltrauben aus Südafrika stammt, sieht vor seinem geistigen Auge wahrscheinlich schon das Frachtflugzeug mit den Obstkisten im Laderaum abheben, einen Schweif aus Abgasen hinter sich herziehend.

Viel abstrakter ist dagegen der CO_2-Austoß, der durch den Anbau von Brotweizen auf einem entwässerten Moorboden entsteht, oder das Methan, das von einem Schaf in den Himmel über dem Neusiedler See gerülpst wird.

Die Fokussierung auf regionale Produktion hat allerdings einen Haken: Rein auf die Klimaauswirkungen bezogen, spielen die Transportwege fast überhaupt keine Rolle. Eine einseitige Konzentration darauf birgt vielmehr die Gefahr, dass andere, viel wichtigere Kriterien unter den Tisch fallen.

Nehmen wir das Beispiel frischer Tomaten: Wenn wir sie, sagen wir, im Februar kaufen, dann tun wir dem Klima in der Regel einen Gefallen, wenn wir uns für Tomaten aus Südspanien entscheiden. Diese benötigen nämlich – dank des südspanischen Klimas – normalerweise keine Energie fürs Heizen. Ganz im Gegensatz zu jenen, die in Mitteleuropa bei Außentemperaturen um den Gefrierpunkt im beheizten Gewächshaus ums Eck wachsen. Zwar macht der Transport bei den Tomaten aus Spanien den größten Teil der Emissionen aus, aber dennoch bleiben diese insgesamt weit unter den Emissionen der regionalen Winterware. Laut Zahlen des Instituts für Energie- und Umweltforschung (IFEU) in Heidelberg führt ein Kilogramm Tomaten aus Südeuropa beim Kauf in Deutschland, inklusive der Transport-Emissionen, zu einem Ausstoß von 0,4 Kilogramm CO_2-Äquivalenten. Sogenannte Winter-Tomaten aus einem beheizten deutschen Gewächshaus führen dagegen, trotz geringer Transport-Emissionen, zu 2,9 kg CO_2-Äquivalenten.[62] Das ist mehr als die siebenfache Menge! Zum Vergleich: Tomaten in der Dose oder im Tetrapack liegen bei 1,8 bzw. 1,6 kg.

Das Blatt wendet sich erst, wenn wir die Tomaten im Sommer kaufen. In dieser Zeit müssen weder spanische noch deutsche oder österreichische Tomaten mit zusätzlicher Wärmeenergie aufgepäppelt werden, sodass der Transport zum entscheidenden Kriterium und die regionale Tomate zur besseren Wahl in puncto Klimabilanz mutiert. Auch wenn der Unterschied nicht gerade riesig ist: Laut IFEU kommt das Kilo saisonale deutsche Tomaten auf 0,3 kg CO_2-Äquivalente.

Eine ganz andere Rechnung geht auf, wenn das hiesige Glashaus mit regenerativer Energie wie Geothermie-Wärme beheizt wird. Diese Art des Heizens kann nahezu emissionsfrei erfolgen und den Klimavorteil selbst im Winter wieder auf die Seite der regionalen Tomaten verschieben. Die allermeisten Gewächshäuser werden allerdings mit fossiler Energie gewärmt.

Andererseits ist das Tomaten-Beispiel kein Argument dafür, Transportwege vollständig außer Acht zu lassen. Es kommt eben immer auf das Produkt und die näheren Umstände an. Spannend ist auch der Vergleich von Äpfeln verschiedener Herkunft. Äpfel wachsen zwar zu keiner Zeit im Gewächshaus. Aber dafür liegt regional produziertes Obst oft monatelang in einem energieintensiven Kühlhaus, damit wir auch im April oder Juni noch knackige Äpfel vom Bodensee oder aus der Steiermark im Supermarkt finden.

Zu diesem Zeitpunkt gibt es aber auch Äpfel aus Neuseeland im Angebot. Diese wurden erst wenige Wochen zuvor, im Herbst der Südhalbkugel, geerntet und haben zwar keine lange Lagerzeit hinter sich, stattdessen aber eine Schiffsreise von über 20.000 Kilometern. Welche Äpfel haben zu diesem Zeitpunkt die bessere Klimabilanz? Wissenschaftler der Katholischen Universität Löwen (KU Leuven) in Flandern haben den Vergleich[63] für Belgien gezogen. Sie konnten zeigen, dass die Bilanz der belgischen Äpfel mit jedem Monat im Kühlhaus schlechter wird. Ihr Treibhausgasausstoß ist beim Kauf zum Erntezeitpunkt im Oktober am geringsten und steigt von da an kontinuierlich, bis er im September, nach elf Monaten im Kühlhaus, seinen Höhepunkt erreicht. Trotzdem haben die Äpfel aus Neuseeland zu jedem Zeitpunkt die schlechtere Klimabilanz. Bei ihnen kann der lange Transportweg durch nichts wettgemacht werden.

Klar ist: Wenn weder Heizungen noch Kühlungen zum Einsatz kommen und zwei Produkte nahezu identische Produktionskriterien aufweisen, glänzt das regionale Produkt in jedem Fall durch die eindeutig bessere Klimabilanz.

In der Realität kann auch sonst viel für den Griff zum Regionalen sprechen: zum Beispiel die weltweit höchsten Umwelt- und Sozialstandards, die im deutschsprachigen Raum gelten. Oder die Unterstützung regionaler Wertschöpfung inklusive Stärkung von heimischer Landwirtschaft und Selbstversorgung.

Dennoch: Die Daten-Webseite *Our World in Data* hat die Problematik der Klimabilanz von Lebensmitteln in einer sehr treffenden Schlagzeile[64] auf den Punkt gebracht: „Sie wollen den CO_2-Fußabdruck Ihres Essens verkleinern? Dann schauen Sie darauf, was Sie essen, und nicht, ob Ihr Essen regional ist." *Our World in Data* hat dies mit interaktiven Grafiken in leicht verständlicher Form herausgearbeitet. Ein Besuch der Seite lohnt sich immer.

Die Grafiken beruhen auf Daten einer großangelegten Metaanalyse, die 2018 im Wissenschaftsmagazin *Science* veröffentlicht wurde. Wissenschaftler haben dafür die Emissionen entlang der Versorgungskette unterschiedlichster Produkte von fast 39.000

landwirtschaftlichen Betrieben in 119 Ländern ausgewertet. Die daraus generierten Grafiken bergen so manche Überraschung. Demnach trägt der Transport gerade mal 6 Prozent zu den gesamten Treibhausgasemissionen des globalen Ernährungssystems bei. 31 Prozent stammen dagegen allein von den Emissionen der Nutztierbestände sowie dem Treibstoffverbrauch der Fischereiflotten, 27 Prozent werden durch den Ackerbau und 24 Prozent durch Landnutzungsänderungen verursacht. Die restlichen 18 Prozent gehen auf das Konto der Versorgungskette, also Verarbeitung, Verpackung, Lagerung und eben den Transport von Lebensmitteln.

Fun Fact am Rande: Nicht einmal 0,2 Prozent der gesamten globalen *Food Miles* (also der Menge eines Lebensmittels multipliziert mit seiner zurückgelegten Strecke) werden im Flugzeug zurückgelegt. Fast 60 Prozent fallen dagegen auf dem Wasserweg an, rund 30 auf der Straße und 10 Prozent mit der Eisenbahn. Eingeflogene Lebensmittel spielen also eine verschwindend geringe Rolle. Die wenigen Produkte, die es betrifft, haben allerdings eine katastrophale Klimabilanz. Pro zurückgelegtem Kilometer fallen laut *Our World in Data* per Luftfracht 50-mal höhere Emissionen an als per Schiff.

Viel wichtiger als die Herkunft eines bestimmten Lebensmittels ist in puncto Klima deshalb der Vergleich zwischen unterschiedlichen Lebensmitteln. Eine der spannendsten Grafiken der Webseite schlüsselt die durchschnittlichen Emissionsdaten des globalen Ernährungssystems für verschiedene Lebensmittel auf. Ein Kilogramm Hartkäse zum Beispiel verursacht demzufolge 21 Kilogramm Treibhausgas-Äquivalente.

Spannend wird der Wert aber erst im Vergleich mit anderen Lebensmitteln. Würde man diese THG-Bilanzen zur alleinigen Richtschnur für den täglichen Einkauf erheben, dann ließen sich folgende Regeln daraus ableiten: (Achtung: Es geht nicht um

ernstgemeinte Tipps! Ich möchte nur veranschaulichen, wo die Vereinfachung komplexer Zusammenhänge hinführen kann!)
• Bevor Sie Käse essen, essen Sie lieber Schweinefleisch! Es verursacht mit 6 Kilogramm CO_2-Äquivalenten pro Kilo nur ein Drittel der Emissionen von Käse.
• Verzichten Sie auf Kaffee und Schokolade! Diese beiden Luxusprodukte schleppen einen Rucksack voll mit 17 bzw. 19 Kilo CO_2-Äquivalenten mit sich, weit mehr als das Fünffache von Milch (2,8 kg), führen dem Körper aber keinerlei essenzielle Nährstoffe zu. Also: weg damit!
• Auch Eier (4,5 kg) oder Geflügelfleisch (6,1 kg) sind verglichen mit Kaffee und Schokolade eher harmlos.
• Ob Sie in der Küche Olivenöl verwenden oder Produkte mit Palmöl konsumieren, macht kaum einen Unterschied. Olivenöl verursacht 6 Kilo CO_2-Äquivalente, doppelt so viel wie Milch. Mit 8 Kilogramm kommt Palmöl auf wenig mehr.
• Ein Kilo Reis ist für fast viermal so viel Klimaschaden verantwortlich wie ein Kilo Weizen. Das liegt am bereits besprochenen Methanausstoß beim Nassreisanbau. Kehren wir der asiatischen Küche den Rücken!
• Der moralische Ausweg für Rindfleisch-Fans liegt im Fastfood-Burger. Das Kilo typisches Burger-Rindfleisch bringt nämlich mit 21 kg statistisch exakt genauso viele CO_2-Äquivalente mit sich wie Käse. Hin und wieder einen Burger zu essen, ist also zumindest nicht schlimmer, als Käse zu essen. Das liegt daran, dass die Milchleistung einer Kuh irgendwann nachlässt, sodass sie nach grob drei bis fünf Jahren zum Schlachter kommt. Dieses Kuhfleisch eignet sich wegen seines erhöhten Fettgehalts hervorragend für ein Burger-Patty. Werden Rinderherden dagegen ausschließlich zur Produktion von Rindfleisch gehalten – die gesamte Produktionsenergie fließt dann ins Fleisch – verursacht dieses pro Kilo fast dreimal so viel THG wie Milchvieh-Fleisch,

nämlich 60 Kilogramm. Zum Milchvieh-Fleisch gehört auch Kalbfleisch, das bei der Milchproduktion unweigerlich anfällt. Schließlich gibt ein weibliches Rind keine Milch, ohne zuvor ein Kalb geboren zu haben.

Diese Faustzahlen zeigen: Es gibt fast kein Lebensmittel, das dem Klima nicht schadet. Allein der vollständige Verzicht auf Fleisch verleiht der persönlichen Klimabilanz nicht automatisch Vorbildcharakter. Mit einer Tafel Schokolade alle 14 Tage schadet man dem Klima nämlich genauso wie mit einem Schweineschnitzel pro Woche. Anders ausgedrückt: Ein schokoladensüchtiger Vegetarier hat wenig Grund, mit dem Finger auf einen gemäßigten Fleischesser zu zeigen.

Wer ohne Kaffee nicht wach werden kann, darf seinen Mitmenschen auch das Frühstücksei nicht madig machen. Und wer den Boykott von Palmöl fordert, ist wenig glaubwürdig, solange er nicht auch seinen Olivenöl-Konsum hinterfragt. All die Vergleiche zeigen, wie viele Fallstricke auf dem Weg zu einer klimaoptimierten Ernährungsweise ausgelegt sind.

Eine zentrale Botschaft beinhalten die Daten allerdings dennoch: Die allermeisten unserer pflanzlichen Lebensmittel zeichnen sich durch einen zehn- bis 50-fach verringerten THG-Ausstoß im Vergleich zu tierischen Lebensmitteln aus. Gemessen am durchschnittlichen Ernährungsverhalten einer Österreicherin oder eines Deutschen wäre es daher sehr im Sinne des Klimas, einen guten Teil des Fleischkonsums durch pflanzliche Kost zu ersetzen.

Der Weltklimarat vergleicht in seinem 2019er-Bericht zur Landnutzung das technische Reduktionspotenzial verschiedener Ernährungsstile.[65] Dabei wird deutlich, dass sich die durch Landnutzung verursachte Klimagasmenge bis zum Jahr 2050 am stärksten, nämlich um sagenhafte zwei Drittel, reduzieren ließe, wenn die gesamte Weltbevölkerung bis dahin auf vegane Ernährung umsteigt. Dadurch würden nicht nur viel weniger THG aktiv freigesetzt, sondern auch riesige Flächen aus der Bewirtschaftung herausfallen. Auf diesen aufgegebenen Äckern und Weiden könnten sich neue Wälder etablieren oder Moore regenerieren, die der Atmosphäre Kohlendioxid entziehen und Kohlenstoff im Boden und in der Biomasse langfristig speichern würden.

Wohlgemerkt: Es geht um das *technische* Potenzial, was so viel heißt wie: Es ist blanke Theorie und wird in der Realität nicht passieren. Die dagegensprechenden Gründe kommen in diesem Buch an mehreren Stellen zur Sprache. Gigantische Einsparungen ließen sich – rein technisch – auch dadurch erreichen, dass *alle* vollständig vom Auto oder Motorroller auf das Fahrrad umsteigen. Oder dass die Raumtemperatur während der Heizperiode gesetzlich auf 20 Grad begrenzt wird (wozu gibt es Pullover und Wollsocken?). Oder dass private Flugreisen auf maximal drei pro Menschenleben gedeckelt werden (Neapel sehen und sterben?). All dies hätte große positive Effekte auf das Klima. Es wird nur nicht passieren. Trotzdem können solche Gedankenspiele interessante und wichtige Einsichten fördern.

Aber ist damit schon alles gesagt? Die Schonung des Weltklimas ist ja nur eine von mehreren Bedingungen, die unser Essen erfüllen sollte. Seine Produktion hat aber auch Einfluss auf weitere Umweltaspekte wie die Artenvielfalt, die Nutzung von Wasser oder auf Nährstoffkreisläufe.

Nicht minder wichtig ist die menschliche Gesundheit. Um sie zu gewährleisten, braucht es eine möglichst ausgewogene und abwechslungsreiche Ernährung. Sie sollte Nährstoffe und Mikronährstoffe in ausreichender, aber nicht übermäßiger Menge zur Verfügung stellen – und zwar für alle rund 10 Milliarden Menschen, die in 30 Jahren aller Voraussicht nach auf der Erde leben werden.

GESUND FÜR MENSCH UND PLANET? –
DIE PLANETARY HEALTH DIET

Wäre es nicht praktisch, eine optimale Ernährungsweise zu definieren, die der Gesundheit von Menschen und gleichzeitig der „Gesundheit" des Planeten dient? Die also die planetaren Grenzen natürlicher Ressourcen einhält, statt sie zu erschöpfen?

Eine solche multifunktionale „planetare Gesundheitsernährung" zu entwerfen, hat sich die sogenannte EAT-Lancet-Kommission zum Ziel gesetzt. Ein Team aus 37 internationalen Wissenschaftlern, darunter Mediziner, Ökologen, Klimaforscher, Ernährungs- und Politikwissenschaftler, hat sich dazu die vorhandene wissenschaftliche Literatur angesehen und versucht, zwei entscheidende Fragen zu beantworten. 1. Welche Ernährung ist gesund? 2. Unter welchen Bedingungen lassen sich Nahrungsmittel auf nachhaltige Weise produzieren?

Den Studienautoren zufolge war es das erste Mal, dass eine wissenschaftliche Arbeit das Ziel verfolgte, beide Fragen unter Berücksichtigung der jeweils anderen zu beantworten. Kurzgefasst: Können wir 10 Milliarden Menschen innerhalb der planetaren Grenzen gesund ernähren?

Kurzfassung der Antwort: Ja. Aber nur, wenn sich die globalen Ernährungsgewohnheiten fundamental ändern, die Produktion der Lebensmittel verbessert wird und zudem Verluste und Verschwendung von Essen auf die Hälfte reduziert werden. Aber was meinen die Forschenden konkret?

In puncto Ernährung ist dabei keine konkrete Speisekarte nach dem Muster „morgens zwei Scheiben Vollkorn-Roggenbrot, abends ein Teller Tofu" herausgekommen. Dazu unterscheiden sich Ernährungsgewohnheiten und verfügbare Lebensmittel von Region zu Region viel zu sehr. Allerdings listet die EAT-Lancet-Kommission in ihrem Bericht[66] für acht verschiedene Lebensmittelgruppen Empfehlungen für den täglichen Durchschnittsverzehr pro Person auf.

Die Wissenschaftler machen selbst keinen Hehl daraus, dass eine Umsetzung ihrer Empfehlungen den Menschen eine ordentliche Umgewöhnung abverlangen würde. Konkret geht es etwa darum, den Konsum von gesunden Lebensmitteln wie Obst, Gemüse, Hülsenfrüchten (Erbsen, Bohnen, Linsen) und Nüssen mehr als zu verdoppeln, Getreideprodukte vor allem in der Vollkorn-Variante auf den Tisch zu bringen und den Verzehr von rotem Fleisch (Rind, Schaf, Schwein) und zugesetztem Zucker um mehr als die Hälfte zu reduzieren. Letzteres gilt nicht nur, aber vor allem für reichere Länder, wo der Konsum vergleichsweise hoch ist.

Ein durchschnittlicher Kalorienbedarf von 2.500 Kilokalorien pro Tag sollte demnach unter anderem mit 300 Gramm Gemüse, 250 Gramm Milch oder Milchprodukten, 230 Gramm Vollkorngetreide, 200 Gramm Obst, 75 Gramm Hülsenfrüchten und 50 Gramm stärkehaltigen Pflanzenknollen wie Kartoffeln oder Maniok gedeckt werden. Was rotes Fleisch betrifft, sollten wir uns den Wissenschaftlern zufolge auf eine Portion von 100 Gramm pro Woche beschränken. Bei Geflügelfleisch sind ein bis zwei Portionen oder rund 200 Gramm pro Woche drin, Fisch sollten wir demnach ebenfalls ein bis zwei Mal zu insgesamt 200 Gramm verspeisen.

Der schematische Charakter solcher Durchschnittsangaben sollte immer wieder betont werden. Ein zwei Meter großer Landschaftsgärtner wird etwas mehr Kalorien brauchen, eine 1,60 Meter große Verwaltungsbeamtin kommt bestimmt mit etwas weniger aus.

Die errechneten Richtwerte der EAT-Lancet-Kommission ähneln weitgehend den Empfehlungen der Deutschen Gesellschaft für Ernährung (DGE),[67] auch wenn die EAT-Lancet-Forschenden ihre Empfehlungen etwas strenger ausgelegt sehen wollen und man ihnen zufolge tierische Produkte auch ganz weglassen kann, was die DGE nicht empfiehlt.

Jedenfalls sollten sich mithilfe dieser Richtwerte auch in 30 Jahren alle Menschen gesund ernähren können, ohne dabei die ökologischen Belastungsgrenzen des Planeten zu überschreiten. Der THG-Ausstoß ließe sich so weit begrenzen, dass die Landwirtschaft langfristig zu einer Netto-THG-Senke werden kann. Auch Landnutzungsänderungen, die Nutzung von Wasser, Stickstoff und Phosphor sowie der Biodiversitätsverlust ließen sich begrenzen, sodass das System Erde auf nachhaltige Weise genutzt werden kann. Außerdem haben die Forscher errechnet, dass die Umstellung auf gesünderes Essen jährlich 11 Millionen Todesfälle verhindern würde.

Andere Wissenschaftler veröffentlichten, ebenfalls im renommierten Wissenschafts-Magazin *The Lancet*, heftige inhaltliche Kritik[68] an den Berechnungen der Kommission. So seien etwa deren Annahmen zu den gesundheitlichen Auswirkungen von rotem Fleisch nicht wissenschaftlich abgesichert. Mit ihren Empfehlungen würde die Kommission „schlimmstenfalls eine Lösung für reiche Länder promoten, welche die drängenden Probleme im Zusammenhang mit der Fehlernährung von Müttern und Kindern nicht berücksichtigt".

Wie gesund die Empfehlungen tatsächlich sind, sei einmal dahingestellt. Klar ist jedenfalls, dass der EAT-Lancet-Plan ausschließlich dann funktioniert, wenn die Landwirtschaft in Zukunft von allen Lebensmittelgruppen, abgesehen von rotem Fleisch und Eiern, gleich viel bzw. deutlich mehr als heute bereitstellt und auch Verluste und Verschwendung *halbiert* werden. Der Bericht setzt neben der Ernährungsumstellung und einer gesteigerten Vielfalt an Agrarprodukten deshalb auch eine „landwirtschaftliche Revolution" voraus, die auf einer „nachhaltigen Intensivierung" beruht und von Innovationen angetrieben wird.

Über diesen Teil der Studie wird weniger oft gesprochen. Schließlich bedeutet er für viele Teile der Welt, insbesondere Afrika, dass die Landwirtschaft radikal modernisiert und intensiviert werden muss: inklusive mehr Dünger, mehr Pflanzenschutzmittel, mehr Technik. Das hören Kritiker der „Intensivlandwirtschaft" nicht gern.

MEHR RINDER – MEHR KLIMASCHUTZ?

Einig sind sich viele jedenfalls in der Feststellung, dass Rinder zu den größten Verursachern des Klimawandels gehören. Die oben beschriebenen Zusammenhänge belegen dies ja auch mehr oder weniger zweifelsfrei. Es wundert daher nicht, dass „die Kuh als Klimakiller" im Zentrum der Kritik steht.

Dennoch ergibt die Faktenlage bei genauem Hinschauen ein sehr viel differenzierteres Bild. Weitgehend ignoriert von Massenmedien und der Öffentlichkeit gibt es innerhalb der Wissenschaft ernstzunehmende Überlegungen, den globalen Bestand an Wiederkäuern sogar noch zu vergrößern, um das Ernährungssystem insgesamt nachhaltiger zu machen. Wie passt das zusammen?

Erhellende Ergebnisse hat diesbezüglich eine 2015 veröffentlichte Studie[69] des schweizerischen Forschungsinstituts für biologischen Landbau (FiBL) in Zusammenarbeit mit der FAO und anderen geliefert. Die Forscher prüften darin eine Art dritten Weg. Sie wollten wissen, ob neben den bekannten und ausführlich untersuchten Strategien, nämlich Produktivitätssteigerungen der Landwirtschaft einerseits und Änderung der Ernährungsgewohnheiten andererseits, noch eine weitere Strategie helfen könnte, im Jahr 2050 alle Menschen zu ernähren, ohne die Umwelt noch stärker zu belasten. Genau das würde nämlich bei einer reinen Produktionszuwachs-Strategie passieren.

Die Studie zeigt einen möglichen Ausweg, der nicht in einer pauschalen Reduktion oder gar Abschaffung der Tierhaltung liegt. Vielmehr konzentriert sich diese alternative Strategie darauf, vor allem jene Futterbestandteile zu reduzieren, die in Konkurrenz zur direkten Ernährung des Menschen stehen, wie Mais oder Soja. Gleichzeitig geht das Modell davon aus, dass das auf dem weltweit vorhandenen Grünland wachsende Gras sowie Nebenprodukte aus der Nahrungsmittelverarbeitung zur Fütterung von Nutztieren verwendet werden. Anders ausgedrückt: Wir füttern Nutztiere in erster Linie mit dem, was sowieso anfällt. Erinnern wir uns: Der allergrößte Teil des globalen Grünlands taugt nicht als Acker und kann nur als Weide genutzt werden.

Der Ansatz basiert auf den weiter oben skizzierten Upcycling-Fähigkeiten der Wiederkäuer und setzt zusätzlich auf die Verwendung von „Abfällen" als Koppelprodukte. Bei einer Umsetzung des Modells müsste sich allerdings der globale Bestand an Schweinen und Hühnern drastisch verkleinern. Und das, obwohl diese Tierarten (Kraft-)Futter ja eigentlich viel effizienter verwerten als Wiederkäuer, und deshalb, auf das Kilo Fleisch gerechnet, die bessere THG-Bilanz aufweisen.

Den Wissenschaftlern geht es aber um die Art des Futters. Gras kommt weder für Schweine noch für Hühner infrage, sie können es nicht gut verwerten. Sie brauchen Kraftfutter, das nun einmal ausschließlich auf Ackerflächen wächst und damit in direkter Konkurrenz zu Lebensmitteln steht. Für die Nicht-Wiederkäuer wie Schwein und Geflügel bleiben in dem errechneten Szenario deshalb nur noch „Abfälle", etwa aus der Getreideverwertung, weshalb weniger von ihnen ernährt werden können. Der globale Schweinebestand müsste daher von heute 920 Millionen Tieren auf 110 Millionen im Jahr 2050 zurückgehen. Die globale Rinderherde sollte dagegen von heute 1,39 Milliarden

Exemplaren leicht um 60 Millionen auf 1,45 Milliarden anwachsen. Sehr viel deutlicher müsste der Bestand an den Wiederkäuerarten Büffel, Ziege und Schaf steigen.

Im günstigsten Fall dieses Szenarios könnte die Menschheit 335 Millionen Hektar Ackerland auf- bzw. der Natur zurückgeben, das ist fast zehnmal die Fläche Deutschlands. Auch der Druck auf andere Umweltparameter wie THG-Ausstoß, Entwaldung, Dünger- oder Pestizidverbrauch würde nachlassen.

Allerdings setzt auch dieses Modell voraus, dass sich der Pro-Kopf-Konsum tierischer Lebensmittel deutlich reduziert. Die Tatsache, dass in Zukunft weitere zwei Milliarden Menschen ernährt werden müssen, zollt ihren Tribut, egal wie man rechnet.

Dieser dritte wissenschaftliche Ansatz für ein nachhaltiges Ernährungssystem der Zukunft setzt zudem voraus, dass wir den Methanausstoß der Wiederkäuer mit anderen Augen betrachten, nämlich im Sinne eines Gases, das zwar ohne jeden Zweifel ein potentes THG verkörpert, aber gleichzeitig Teil eines natürlichen Kreislaufs ist.

Wiederkäuende Weidetiere stoßen schließlich immer nur die Menge Methan aus, die sich aus der Kohlenstoffmenge des zuvor aufgenommenen Futters ergibt. In der Atmosphäre wird es nach und nach zu CO_2 umgewandelt, das schließlich von frisch wachsendem Gras wieder aufgenommen wird und den Kreislauf schließt. Derselbe Kreislauf existiert auch ganz ohne Zutun des Menschen, indem wildlebende Grasfresser wie Büffel, Hirsche oder Gnus natürliches Grasland beweiden. Eine 2012 im *Journal of Animal Science* veröffentlichte Studie[70] kommt diesbezüglich zu einem erstaunlichen Ergebnis. Demnach könnten auf dem Gebiet der heutigen USA vor der Besiedlung durch die Europäer 50 Millionen Bisons gelebt haben, deren Methan-Ausstoß immerhin 86 Prozent der Menge erreichte, die heutige Nutztierbestände in den USA freisetzen. Möglicherweise stehen unsere Rinder also zu Unrecht am Pranger. Sollten wir sie vielleicht wieder mehr auf die Weide schicken, statt sie gänzlich abzuschaffen? Die in der Wissenschaft diskutierten Lösungsansätze gehen jedenfalls weit über die häufig so eindimensional geführten öffentlichen Debatten hinaus. Und das gilt nicht nur bei der Diskussion ums Rind.

VON BIO KEINE SPUR: DAS SAGT DER WELTKLIMA-RAT ZUR ZUKUNFT DER LANDWIRTSCHAFT

Sie wundern sich vielleicht, warum Sie schon so viele Seiten über Landwirtschaft und Klima gelesen haben, aber nichts von der Bio- bzw. Ökolandwirtschaft. Ist sie denn nicht die Lösung und der Ausweg aus dem ganzen Schlamassel?

Der feste Glaube daran, dass Bio in allen Umweltbelangen deutlich überlegen sei, hat sich tief in allen Gesellschaftsschichten festgesetzt und wird auch von den meisten Journalisten kaum noch hinterfragt. Tatsächlich ist im gesamten fast 900 Seiten langen Bericht des Weltklimarats keine klare Empfehlung für Biolandwirtschaft zu finden.

Verstehen Sie mich bitte nicht falsch. Das bedeutet nicht, dass die Biolandwirtschaft bzw. einige ihrer Werkzeuge nicht einen wichtigen Beitrag bei der Bekämpfung des Klimawandels und der Anpassung an ihn leisten können. Trotzdem ist es bezeichnend, dass die Ökolandwirtschaft im deutschsprachigen Raum an so vielen Stellen als *das* Allheilmittel gegen den Klimawandel schlechthin angepriesen wird, während sie hunderten internationalen Klimawissenschaftlern auf 896 Seiten Sonderbericht zur Landnutzung nicht einen einzigen eigenen Textabsatz, geschweige denn ein noch so kurzes Unterkapitel wert ist.

Der Grund dafür ist schnell erklärt: Die Biolandwirtschaft nimmt zu viel Fläche in Anspruch. Durch ihr pauschales Verbot von allem, was den Biorichtlinien nach als unnatürlich definiert ist, beraubt sie sich selbst wichtiger Werkzeuge, die konventionellen Landwirten zur Steigerung und Sicherung ihrer Erträge und damit zur effizienteren Nutzung der Fläche bzw. des Bodens zur Verfügung stehen. Dazu gehören vor allem Mineraldünger und chemisch-synthetische Pflanzenschutzmittel (Pestizide). In anderen Teilen der Welt auch die Gentechnik.

Dieser Verzicht führt zwar zu positiven Umwelteffekten auf den Öko-Flächen selbst, etwa zu einer größeren Artenvielfalt oder geringeren Klimagas-Emissionen. Aber gleichzeitig haben Biobauern, global und über alle Feldfrüchte hinweg betrachtet, auch zwischen 19 und 25 Prozent geringere Erträge.

Noch weit dramatischer sind die Ertragsunterschiede, die sich beim Blick auf ein industrialisiertes Land wie Deutschland offenbaren, wo die Landwirtschaft ganz generell moderner, effizienter und produktiver ist als im globalen Durchschnitt: Hier ernten Biolandwirte pro Hektar zwischen 20 und 45 Prozent weniger als ihre konventionellen Kollegen. Schaut man allein auf Getreide, das mehr Fläche in Anspruch nimmt als etwa Obst oder Gemüse, dann wächst die Ertragslücke laut einer Studie für das deutsche Umweltbundesamt[71] weiter auf bis zu 53 Prozent.

Anders ausgedrückt: Für die Produktion der gleichen Menge eines Nahrungsmittels, zum Beispiel einer Tonne Weizen, benötigt die Ökolandwirtschaft um bis zur Hälfte mehr Fläche. Und das kann ihre an sich positive Umweltbilanz ins Gegenteil verkehren. Eine Studie[72] der Universität Göttingen aus dem Jahr 2018 formuliert es so: „In Sachen Umwelt- und Klimaeffekten wirkt die Biolandwirtschaft weniger verschmutzend als die konventionelle, gemessen pro Einheit Land, aber nicht gemessen pro Einheit Produkt."

Man könnte auch sagen: Ein Hektar Bioacker ist zwar besser für die Umwelt als ein Hektar konventioneller Acker. Der Kauf eines Kilos Biokartoffeln ist aber keinesfalls besser für die Umwelt als der Griff zu einem Kilo herkömmlicher Kartoffeln.

Derzeit liegt der Anteil der biologisch bewirtschafteten Flächen bei rund 1,5 Prozent der globalen Agrarflächen, und die Hälfte aller Bioflächen liegt in Australien, was den Anteil im Rest der Welt noch einmal deutlich schmälert.

Wahr ist auch, dass nicht wenige Forscher einen Ausbau des Bioanteils auf 20 oder 25, womöglich gar auf 60 Prozent[73] der globalen Agrarflächen rechnerisch für möglich oder erstrebenswert erachten. Aber alle entsprechenden seriösen Studien setzen dafür voraus, dass sich die globalen Ernährungsgewohnheiten deutlich in Richtung einer pflanzenbasierten Ernährung verschieben und Lebensmittelverluste und -verschwendung radikal eingedämmt werden. Von beidem sind wir Lichtjahre entfernt, wobei die Entfernung sogar weiter zunimmt.

Die Autoren der oben erwähnten Göttinger Studie halten dazu in weitgehender Übereinstimmung mit dem Weltklimarat fest: „Es wird geschätzt, dass die globale landwirtschaftliche Produktion bis zum Jahr 2050 um mindestens 60 Prozent steigen muss, vielleicht sogar um bis zu 100 Prozent."

Wie soll das funktionieren, wenn die Welt erst einmal großflächig auf Bio umstellt, ohne dass sich an den anderen Voraussetzungen etwas ändert? Man muss kein Ökonom sein, um zu wissen, dass geringere globale Produktionsmengen bei steigender Nachfrage unweigerlich zu steigenden Preisen führen. Eine der Konsequenzen: An vielen Orten der Welt würde es rentabler oder sogar überlebensnotwendig werden, *noch mehr Flächen* zu roden oder *noch intensiver* zu bewirtschaften.

Am Rande sei noch erwähnt, dass sich Veganismus und Bio-Anbau gegenseitig noch sehr viel klarer ausschließen als Bio und die globale Ernährungssicherheit. Während Letzteres für manche Wissenschaftler – zusammen mit weiteren drastischen Veränderungen im Ernährungssystem – zumindest noch theoretisch denkbar erscheint, fehlt der Idee einer kompletten Umstellung auf biovegane Ernährung jegliche Grundlage.

Eine Landwirtschaft, die sowohl auf synthetische Stickstoffdünger (Bio) als auch auf organische Dünger aus der Tierhaltung (vegan) verzichten müsste, könnte ihren Pflanzen auf Dauer nicht genug Nährstoffe zur Verfügung stellen. Zwar lässt sich Stickstoff mittels Anbau von Leguminosen-Pflanzen aus der Luft gewinnen oder per Kompost in den Boden bringen, aber das würde bei Weitem nicht ausreichen. Nach Jahren des Nährstoffentzugs durch die Ernte und der mangelnden Nährstoffzufuhr durch Düngung würden die Böden auf Dauer ausgelaugt werden und die Erträge nach und nach zusammenbrechen.

Wie jede von Menschen hervorgebrachte Idee hat dennoch auch der *biozyklisch-vegane Anbau* ein paar idealistische Anhänger gefunden. Und wer weiß, vielleicht entwickeln sie Detail-Werkzeuge, die von anderen Landwirten gerne aufgegriffen werden. Auf eine strahlende Zukunft der Idee als Ganzes sollte man aber lieber nicht Haus und Hof verwetten.

All diese Aspekte sprechen keinesfalls für eine Abschaffung der Biolandwirtschaft (wir werden im nächsten Kapitel weitere ihrer Vorzüge behandeln). Aber sie sprechen eben noch viel weniger für die allumfassende und bedingungslose Bevorzugung, die ihr durch Kunst- und Medienschaffende, Politiker und andere Meinungsmacher hierzulande zuteil wird. Was, wenn eine Kombination aus biologischer und konventioneller Landwirtschaft der viel klügere Weg wäre? Ein Weg also, auf dem die globale Landwirtschaft einige typische Ökolandbau-Werte wie den Kreislaufgedanken oder Humusaufbau vermehrt übernimmt, ohne aber „Chemie" und Gentechnik kategorisch auszuschließen? Auf diese Weise ließen sich die besten Aspekte beider Welten vereinen.

„AGRARWENDE" FEHLANZEIGE – WAS DER WELTKLIMARAT „FORDERT"[74]

Grundsätzlich nennt der Bericht des Weltklimarats im Zusammenhang mit unserer Ernährung viele dutzende Werkzeuge, Ansätze und Strategien, die sich zum Teil gegenseitig überlappen oder bedingen. Den einen goldrichtigen und in jeder Situation richtigen Ansatz nennt er nicht. Einiges sticht durch vielfache Wiederholung oder eigene Unterkapitel aber heraus.

1. REDUKTION DES FLEISCHKONSUMS UND DER LEBENSMITTELVERSCHWENDUNG

Als Genussmensch und Fleischesser gehe ich mir langsam schon selbst auf die Nerven. Aber auch der Weltklimarat betont die positiven Effekte eines reduzierten Fleischkonsums in Verbindung mit einer hauptsächlich pflanzenbasierten Kost: deutlich mehr Gemüse, Vollkorn, Hülsenfrüchte, Obst und Nüsse. Deutlich weniger tierische Produkte. Sie erinnern sich: Tierische Produkte verursachen rund 10–15 Prozent aller menschengemachten THG.

Zudem schätzen die Wissenschaftler, dass Verlust und Verschwendung von Lebensmitteln 8 bis 10 Prozent aller menschengemachten THG-Emissionen bedingen. Eine im negativen Sinn sehr beeindruckende Größe, die sich aber aus der Tatsache ergibt, dass bis zu 30 Prozent aller produzierten Lebensmittel verloren gehen oder verschwendet werden.

Was ist eigentlich der Unterschied zwischen *Verlust* und *Verschwendung*? Durch *Verluste* gehen Nahrungsmittel auf dem Weg zwischen Feld oder Stall und Konsument verloren. Sei es wegen mangelhafter Ernte-, Transport- oder Kühltechnik oder wegen einer maroden Infrastruktur im betreffenden Land. Auch bei der

Weiterverarbeitung etwa von Tomaten zu Dosentomaten oder von Schweinefleisch zu Salami geht ein Teil der Rohstoffe verloren. Wenn Nahrungsmittel von Supermärkten oder von Konsumenten weggeworfen werden, spricht man dagegen von *Verschwendung*. Klassischer Fall: Zu viele Lebensmittel werden auf einmal in den heimischen Kühlschrank geladen, und ein Teil davon verdirbt, noch bevor er es auf den Teller schaffen kann. Besonders ärgerlich ist es, wenn Menschen Produkte wegen einer Fehlinterpretation des Mindesthaltbarkeitsdatums trotz einwandfreier Qualität in den Müll werfen. Auch der Unsitte, Kindern im Restaurant regelmäßig Erwachsenenportionen zu kredenzen, die dann mit Ansage in die Tonne wandern, kann ich persönlich nichts abgewinnen.

Verschwendung passiert laut IPCC vor allem in reichen Ländern, während ärmere Länder in erster Linie mit *Verlusten* kämpfen. Verbesserungen entlang der gesamten Wertschöpfungskette bergen also ein enormes Minderungspotenzial für THG. Gleichzeitig könnten sie zu einer wachsenden Ernährungssicherheit in der Welt beitragen. Sie reichen von verbesserten Erntetechniken über den Bau von Straßen, wodurch z. B. in Afrika Essen schneller von A nach B gelangen könnte, bis zur Weitergabe übrig gebliebener Lebensmittel an sozial Bedürftige in Europa. Auch das Verpacken in Plastik, das manche Umweltaktivisten öffentlichkeitswirksam generalverteufeln, hält Lebensmittel länger frisch und minimiert dadurch Verluste.[75]

Schätzungen des Forschungsprojekts *Stop Waste – Save Food* zufolge gehen in Österreich höchstens 3,5 Prozent der Klimawirkung eines Lebensmittels auf das Konto seiner Verpackung. Daraus folgern die Wissenschaftler, dass sich der Einsatz von Verpackungen auch aus Klimaschutzgründen lohnt, sobald sich dadurch nur 3,5 Prozent der Abfälle vermeiden lassen.[6] Dabei kann es natürlich sein, dass man durch die Größe der Verpackungseinheit „gezwungen" wird, mehr zu kaufen, als man eigentlich benötigt, wovon ein Teil dann schlecht wird, aber eine für alle perfekte Lösung gibt es eben nicht.

2. HÖHERE PRODUKTIVITÄT DURCH NACHHALTIGE INTENSIVIERUNG

Der Weltklimarat erwähnt an vielen Stellen sowie in einem eigenen Unterkapitel die Notwendigkeit einer „nachhaltigen Intensivierung" der landwirtschaftlichen Produktion. Die Gesamterträge der globalen Landwirtschaft müssen bis zum Jahr 2050 um rund die Hälfte größer werden, um die wachsende Weltbevölkerung satt zu bekommen. Ertragssteigerungen brauchen vor allem Länder mit einer bislang stark unterentwickelten Landwirtschaft. Gleichzeitig müssen die negativen Umwelteffekte dieser unabdingbaren Intensivierung so weit wie möglich vermieden werden. Das heißt vor allem auch, die Effizienz der Nutzung von Nährstoffen, Wasser und anderen Betriebsmitteln zu erhöhen.[77]

Dabei gibt es nicht das eine Allheilmittel, sondern zahlreiche Werkzeuge unterschiedlichster Art. Sie reichen von verbesserten Fruchtfolgen und Pflanzensorten, dem Anbau von Zwischenfrüchten über *integrierten Pflanzenschutz* (heißt salopp gesagt: so viel Pestizideinsatz wie nötig, aber so wenig wie möglich) oder dem Schutz von Bestäubern bis hin zu effizienterer Düngerausbringung mittels satellitengesteuerter Präzisionslandwirtschaft.

Unter den Optionen für ein „verbessertes Ackerland-Management"[78] nennt der Weltklimarat weiter etwa mehr Vielfalt bei angebauten Pflanzen, Biotechnologie (darunter fällt auch Gentechnik) oder die Anwendung von Biokohle. Auch simpel klingende Optionen wie die zeitweise Entwässerung von Reisfeldern, die eine reduzierte Methanbildung mit sich bringt, gehören dazu.

Unter die genannten Optionen für verbesserte Tierhaltung fallen etwa tiefer wurzelnde Grassorten für Weideflächen, die passende Zahl an Tieren pro Flächeneinheit und die Züchtung von Tierrassen mit „höherer Produktivität und geringeren Emissionen aus dem Wiederkäuermagen". Ebenso Futtermittel-Zusatzstoffe, die Emissionen aus dem Magen oder aus dem Dung der Tiere mindern.

Sie merken vielleicht: Unter den gelisteten Optionen finden sich durchaus auch solche, die man als „alternativ" oder „bio" bezeichnen könnte. Aber klingt das insgesamt nach einer Abschaffung der „industriellen" Landwirtschaft oder gar einer „Agrarwende", wie sie hierzulande medienwirksam eingefordert wird? Wenden bedeutet umkehren und sich in die entgegengesetzte Richtung bewegen, also dorthin, wo man hergekommen ist. Wer sich mit der Landwirtschaft der Vergangenheit ein wenig beschäftigt, merkt schnell, wie unklug der Begriff *Agrarwende* gewählt ist.

3. AGRARÖKOLOGIE

Agrarökologie ist ein etwas schwammig definierter Überbegriff für eine landwirtschaftliche Praxis unter besonderer Berücksichtigung ökologischer, sozialer und wirtschaftlicher Zusammenhänge. Traditionelle Anbaumethoden sollen mit neuen Erkenntnissen verknüpft werden. Konkret geht es zum Beispiel darum, in Kreisläufen zu denken und die Bodenfruchtbarkeit durch Humusaufbau zu erhöhen, was gleichzeitig auch die klimafreundliche Kohlenstoffspeicherung steigert.

Falls das für Sie irgendwie nach Bio klingt, haben Sie recht. Ich hatte ja bereits erwähnt, dass viele in der Biolandwirtschaft besonders betonte Prinzipien einen wertvollen Beitrag leisten können. Aber ein explizites Verbot von „Kunstdüngern" oder chemisch-synthetischen Pflanzenschutzmitteln, wie in der Biolandwirtschaft, ist in der Agrarökologie *nicht* vorgesehen.

4. KLIMA SMARTE LANDWIRTSCHAFT

Die klimasmarte Landwirtschaft vereint Praktiken, mit denen die Nahrungsmittelerzeugung an die durch den Klimawandel verursachten Veränderungen angepasst werden soll. Gleichzeitig sollen der Atmosphäre Treibhausgase entzogen und im Boden gespeichert werden. Ihr Ausstoß soll sich reduzieren, etwa mittels effizienterem Düngen. Genau wie bei Pflanzenschutzmitteln kann auch der Düngereinsatz mithilfe modernster digitaler Technik, aber auch durch verbesserte Beratungssysteme für Landwirte, Kontrollen und Zusatzstoffe im Dünger selbst optimiert werden.

5. KONSERVIERENDE LANDWIRTSCHAFT/ BODENBEARBEITUNG

Die konservierende Bodenbearbeitung legt einen Fokus darauf, den Boden weniger intensiv oder gar nicht mehr zu bearbeiten. Das spart Kraftstoff und schont das Bodenleben (Regenwürmer mögen keinen Pflug!). Auch der Anbau von Zwischenfrüchten spielt dabei eine große Rolle. Sie wachsen im Jahresverlauf zwischen zwei Hauptkulturen, ihre abgestorbenen Reste verbleiben komplett auf dem Feld. Dies fördert das Bodenleben, erhöht den Humusgehalt und die Kohlenstoffspeicherung. Vor allem aber reduziert es das Risiko für Bodenerosion erheblich.

6. AGROFORSTWIRTSCHAFT

Das gezielte Pflanzen von Bäumen oder Sträuchern auf Ackerflächen kann viele Vorteile mit sich bringen. Unter anderem eine erhöhte Kohlenstoffbindung im Boden, Schutz vor Erosion, einen verbesserten Wasserhaushalt und mehr Artenvielfalt. Warum nicht ein großes Getreidefeld mit Streifen aus Walnussbäumen auflockern? Voraussetzung für eine großflächige Umsetzung wäre unter anderem, dass es einen Markt für die Produkte der Forststreifen gibt, dass also Menschen z. B. mehr Nüsse essen.

7. WENIGER UMWANDLUNG VON GRÜNLAND IN ACKERLAND

Gras- bzw. Grünland speichert in seinem Boden mehr Kohlenstoff als Ackerland. Dort, wo Ackerbau prinzipiell möglich ist, wird Grünland zum Teil umgepflügt, um danach Getreide oder andere Ackerfrüchte anzubauen. Dadurch entweicht verstärkt CO_2 in die Atmosphäre (wir hatten in Kapitel 3 darüber gesprochen), und der Boden wird anfällig für Wind- und Wassererosion. Der Erhalt von Grasflächen als Dauergrünland ist daher eine wichtige Klimaschutzmaßnahme in der Landwirtschaft.

SCHLUSS MIT DEM SCHLECHTREDEN VON EFFIZIENZ

Lassen sich all diese Lösungsansätze des Weltklimarats für ein klimafreundlicheres Ernährungssystem zusammenfassen? Ich versuche es mal: Wir Menschen sollten vor allem weniger Lebensmittel verschwenden und pflanzenbasierte Kost verstärkt für uns entdecken, ohne Fleischkonsum verdammen zu müssen. Keine Ahnung, wie es Ihnen geht, aber bei mir bewirken positive Botschaften deutlich mehr als miesepetrige Verzichtspredigten. Wenn mir jemand mit erhobenem Zeigefinger erzählen möchte, Fleischkonsum sei moralisch nicht vertretbar, dann überkommt mich reflexartig die Lust auf einen Fastfood-Burger. Viel erfolgversprechender ist es, wenn jemand auf unbeschwerte Art und

Weise versucht, mir Lust auf etwas Neues zu machen. Zum Beispiel auf köstliche Gerichte mit Hülsenfrüchten und Gemüse. Gegen eine Bereicherung meines Speiseplans habe ich nicht das Geringste einzuwenden. Und jedes neue Pflanzengericht ersetzt – ganz beiläufig – die entsprechende Menge tierischer Produkte, die ich sonst vielleicht gegessen hätte.

Vor allem aber sollten wir endlich anfangen, unreflektierte und einseitige Berichte von Medien und NGOs öfter mal auf ihren Wahrheitsgehalt und ihre generelle Sinnhaftigkeit zu hinterfragen. Pauschale Hetzreden gegen jede Form effizienzsteigernder, moderner und schlicht notwendiger Werkzeuge einer intensiven und auch industrialisierten Landwirtschaft sind durch die Wissenschaft in keiner Weise gedeckt.

Was wir brauchen, sind Weiterentwicklung und Fortschritt unter Berücksichtigung nützlicher traditioneller Methoden. Wir brauchen Satellitensteuerung und Gentechnik ganz genauso wie vielfältigere Fruchtfolgen und Humusaufbau; neben unzähligen weiteren Methoden, die in diesem Buch kaum alle Platz finden.

ZUSAMMENFASSUNG: WAS WIR ÜBER LÖSUNGEN FÜRS KLIMA WIRKLICH WISSEN SOLLTEN

1. Die Entwicklung des globalen Ernährungssystems ist zuallererst das größte Erfolgsprojekt der Menschheit.

2. Laut Weltklimarat sind die THG-Emissionen der globalen Landwirtschaft, pro Produkteinheit betrachtet, heute um rund 60 Prozent niedriger als in den 1960er Jahren.

3. Die moderne „Intensivlandwirtschaft" darf nicht beseitigt, sondern muss so verbessert werden, dass sich hohe Erträge mit geringeren negativen Effekten erzielen lassen.

4. Die Bedeutung von Lebensmittel-Transportwegen für die persönliche Klimabilanz wird häufig überschätzt, viel wichtiger ist die Frage, was man isst.

5. Aufgrund ihrer deutlich geringeren Erträge beansprucht die Biolandwirtschaft viel mehr Platz. Ihre grundsätzlich vorhandenen Vorzüge verschwinden daher pro Produkteinheit betrachtet.

6. Die Notwendigkeit eines reduzierten Fleischkonsums, zumindest in den reichen Ländern, steht für die allermeisten Forschenden außer Frage.

6

ARTENVIELFALT ADE – WIE UNSER ESSEN DIE NATUR ZERSTÖRT

Schaden wir mit der Art und Weise, wie wir Nahrungsmittel produzieren, der Natur und der Artenvielfalt auf der Erde? Ja, ganz ohne Zweifel. Seit unserem gemeinsamen Radieschen-Versuch im ersten Kapitel wissen Sie auch, dass sich das gar nicht vermeiden lässt. Wir brauchen nun einmal Platz für unsere Nahrungspflanzen, die nicht Teil der ursprünglichen Natur sind. Ihr Anbau drängt andere, natürliche Pflanzen zurück. Da ist nichts zu machen.

Die Frage ist: Hätten andere Formen der Landbewirtschaftung weniger Auswirkungen? Und falls ja, welche? Oft wird vor allem über Verbotsforderungen gesprochen, ohne nachzufragen, was ein bestimmtes Verbot für die Artenvielfalt *wirklich* bringt. Debatten über Landwirtschaft werden hochemotional geführt. Fakten gehen allzu oft in der allgemeinen Aufregung unter. Ein gutes Beispiel ist die Biene.

WARUM DIE HONIGBIENE NIEMALS AUSSTERBEN WIRD

Die Biene ist ein Medienstar. Kaum ein anderes Tier hat in den vergangenen Jahren derart viel Aufmerksamkeit bekommen, vor allem wenn es um die angeblich verheerenden Auswirkungen der Landwirtschaft und ihrer „Ackergifte" geht. Allerdings ist auch kaum ein anderes Tier auf vergleichbare Weise Opfer von Fake News geworden. Diese wurden mit nachhaltiger Wirkung verbreitet. Heute sind viele Menschen zweifelsfrei überzeugt, dass wir uns mitten in einem nie dagewesenen *Bienensterben* befinden. Nur dass das gar nicht stattfindet – jedenfalls nicht annähernd so, wie von vielen behauptet.

Die Verwirrung fängt schon beim Gegenstand der Auseinandersetzung an. Wenn in Kampagnen von *der* Biene die Rede ist, ist meistens nur *eine* ganz bestimmte von weltweit 20.000 Bienenarten gemeint: die *Westliche Honigbiene* und ihre im deutschsprachigen Raum wichtigste Unterart, die *Kärntner Biene*. Sie wurde zum Sinnbild für die Natur erhoben, dabei ist sie ein Nutztier, genau wie das Hausschwein. Menschen halten Bienen, um die Bestäubung von Nutzpflanzen zu unterstützen und Honig zu gewinnen. Und das seit vielen Jahrtausenden.

Wenn es um die Biene geht, fällt dabei oft ein Satz, den die Wissenschaftsikone Albert Einstein gesagt haben soll: „Wenn die Biene einmal von der Erde verschwindet, hat der Mensch nur noch vier Jahre zu leben." Einstein hat diesen Satz jedoch nie gesagt. Selbst das Albert-Einstein-Archiv in Jerusalem hat keinerlei Belege dafür.[79] Blödsinn ist es ohnehin, weil viele der wichtigsten Grundnahrungsmittel der Menschheit wie Reis, Mais oder Weizen überhaupt keine Bienen brauchen, sie werden vom Wind bestäubt!

Auf dem gesamten amerikanischen Kontinent sowie in Australien kannte man bis zur Ankunft der ersten Europäer keine Honigbienen, Menschen lebten dort bekanntermaßen trotzdem.

Richtig ist aber, dass viele unserer Nahrungspflanzen von der Bestäubung durch tierische Helfer abhängig sind. Darunter auch viele besonders bedeutsame Pflanzen wie Raps, Obstbäume, Melonen und Kaffeesträucher. Laut FAO[80] sind fast 75 Prozent unserer Nutzpflanzen zumindest teilweise von Bestäubern abhängig. Neben Honigbienen gehören dazu Wildbienen, aber auch Motten, Fliegen, Wespen, Käfer, Schmetterlinge und sogar Fledermäuse, Nagetiere und Vögel wie die Kolibris. Grundsätzlich ist der Fokus auf Bienen ja nachvollziehbar: Ein Plakat mit dem Slogan „Rettet die Motten" würde vermutlich sehr viel weniger Sympathien ernten.

Im Gegensatz zur Honigbiene bekamen die rund 690 Wildbienenarten, die in Österreich von Natur aus vorkommen (in Deutschland sind es rund hundert weniger) jedoch lange Zeit kaum mediale Aufmerksamkeit. Dabei sind sie die wahren Stars der Natur: Im Gegensatz zur Honigbiene bilden sie keine Staaten, leben meist allein und sind auf unterschiedlichste, oft ganz spezielle Lebensraum-Nischen spezialisiert. Manche Arten nisten in alten Schneckengehäusen, andere nur auf Sandflächen und manche in Mauerritzen oder totem Holz. Auch sie leisten einen erheblichen Anteil an der Bestäubung von Nutz- und Wildpflanzen, sie arbeiten sogar effizienter als Honigbienen. Ohnehin sind mehrere hundert Wildbienenarten in puncto Artenvielfalt viel wichtiger als eine einzige Nutzbienenart. Trotzdem wurde lange Zeit nur die Honigbiene zum Zugpferd von Umweltschützern erkoren. Aber ist sie überhaupt vom Aussterben bedroht?

Wenn wir uns bewusst machen, dass es sich bei Bienen um Insekten handelt, wird vieles klarer. Aus eigener Erfahrung weiß jeder, dass Insekten fast ausschließlich im Sommerhalbjahr unterwegs sind und der Winter eine harte Zeit für sie ist. Das gilt auch für das „Haustier" Honigbiene, zumal es vom Imker seiner mühsam gesammelten Wintervorräte, des Honigs, beraubt wird. Ersatzweise wird sie mit Zuckerwasser versorgt. Überhaupt hängen ihre Lebensbedingungen, wie der Zustand ihrer Behausung oder die Orte, wo die Bienenstöcke aufgestellt werden, vom Imker ab.

So wie viele andere Insekten über den Winter sterben, schafft es jedes Jahr auch ein stark schwankender Anteil der Bienenvölker nicht über die kalte Jahreszeit. In Österreich sind es mal knapp zehn, mal fast 30 Prozent. Wenn Wissenschaftler vom Bienensterben reden, dann meinen sie meist diese seit Anbeginn der Imkerei auftretenden und natürlichen Schwankungen unterliegenden *Winterverluste*. Was genau diese Schwankungen verursacht, ist nicht restlos geklärt. Der Verlauf der Witterung eines Jahres dürfte aber eine gewichtige Rolle spielen.[81]

Dass es trotz des natürlichen Sterbens von Bienen zu Diskussionen um ein vermeintliches Bienensterben kam, hat mehrere Ursachen. In Deutschland ist es vor allem ein einzelnes, lokal begrenztes Ereignis, das im Jahr 2008 zu einer Reihe von Vergiftungsunfällen am Oberrhein in Baden-Württemberg führte. Damals waren Landwirte mit Mais-Saatgut beliefert worden, das mit einer fehlerhaften Beize behandelt worden war.

Bei Beizen handelt es sich um Pflanzenschutzmittel, die an den Saatgut-Körnern haften, um das Korn und den jungen Keimling in der ersten Zeit des Wachstums vor Schädlingen zu schützen. Normalerweise eine eher elegante Art des Pflanzenschutzes, weil nur das Korn mit dem Mittel in Kontakt kommt – statt des ganzen Feldes, wenn Pflanzenschutzmittel mit der Spritze ausgebracht werden.

In diesem Fall haftete ein Mittel der Firma Bayer mit dem Namen *Poncho* allerdings nicht richtig an den Körnern, sodass beim Säen mit druckluftbetriebenen Sämaschinen Staub in die Umwelt gelangte. Das wurde rund 11.500 dort ansässigen Bienenvölkern zum Verhängnis, sie gingen zugrunde. Zwar wurde der Fehler bei der Verwendung der Saatgutbeize behoben. Aber die darin verwendeten Wirkstoffe aus der Gruppe der *Neonicotinoide* waren fortan in den Schlagzeilen – bis die meisten 2018 für die Verwendung im Freiland von der EU verboten wurden.

Auch Nachrichten von einem als mysteriös beschriebenen Verschwinden von Arbeiterinnen-Bienen in den USA befeuerten die Legende vom globalen Bienensterben. Diese spezielle Form der Völkerverluste, die in der Geschichte der Imkerei immer wieder beobachtet wurde, häufte sich Mitte der 2000er Jahre und erhielt die Bezeichnung *Colony Collapse Disorder*.[82] Auch hier sind die Ursachen unklar. Wissenschaftler vermuten ein Zusammenspiel aus Parasiten, Krankheiten, Pestiziden, Nahrungsmangel und der Witterung.

Und schließlich schürten preisgekrönte Dokumentationen wie etwa *More than Honey* aus dem Jahr 2012 die Angst vor einem Bienensterben. Für Entsetzen sorgte unter anderem eine Szene aus

China, die zeigte, wie Menschen Obstbäume von Hand bestäubten. Ist die Katastrophe tatsächlich schon so weit fortgeschritten, dass Menschen die Arbeit der Bienen übernehmen müssen?

Fakt ist: Handbestäubung ist nicht automatisch ein Beleg für ausgestorbene Insekten. Sie gehört in den Werkzeugkasten jedes Züchters, der Blütenpollen einer Sorte auf die Blütennarbe der anderen Sorte übertragen möchte. Auch die Gewürzvanille wird von Hand bestäubt, da sie außerhalb ihrer angestammten Heimat Mexiko keine natürlichen Bestäuber hat.

Und in China? Tatsächlich bestätigt eine Studie[83], dass es im kleinen Landkreis Maoxian innerhalb der Provinz Sichuan aufgrund übermäßigen Pestizideinsatzes zur Handbestäubung von Äpfeln gekommen war. Allerdings nur zeitweise bis zu Beginn der 2000er Jahre.

Dass es in China mitnichten ein grundsätzliches Problem mit aussterbenden Honigbienen gibt, lässt sich allerdings viel einfacher herausfinden: Der nüchterne Blick auf die Daten der FAO zeigt nämlich, dass sich die Zahl der Bienenvölker in China von rund 3,4 Millionen im Jahr 1961 auf 9,4 Millionen im Jahr 2020 annähernd verdreifacht hat. China ist heute der mit Abstand größte Honigproduzent der Welt – hinter der zweitplatzierten EU, deren Imker weniger als die Hälfte ihrer fernöstlichen Kollegen ernten. Zudem ist das Land mit riesigem Abstand der weltgrößte Apfelproduzent und erntet fast die zehnfache Menge der USA, dem zweitgrößten Apfelanbauland. Ohne tierische Bestäuber, das wissen wir jetzt, wäre das alles völlig ausgeschlossen.

Auch die Zahlen für Österreich oder Deutschland entlarven das vermeintliche Honigbienensterben als gut zu verkaufendes Schauermärchen. Was sie vielmehr belegen, ist eine Art *Imkersterben*, das in beiden Ländern bis zur Mitte der 2000er Jahre grassierte. In seiner Folge schrumpften auch die Bestände an Bienenstöcken. Die Erklärung ist einfach: Die Imkerei war lange Zeit das

Hobby alter Männer auf dem Land. Seit einigen Jahren gilt sie nun selbst bei jungen Städtern als schick, die Zahl der Bienenstöcke wächst seither kontinuierlich.

Generell liefern die Statistiken vieler Länder starke Hinweise darauf, dass die Menge der Bienenstöcke vor allem am Interesse für die Imkerei hängt, auch wenn Witterungsschwankungen oder manche Pestizide reale Bedrohungen für die Biene darstellen können. Das größte Risiko liegt aber in der Varroamilbe, einem in den 1970er Jahren aus Asien eingeschleppten Parasiten. Wird sie von den Imkern nicht sehr sorgfältig bekämpft – z. B. mit dem Pestizid Ameisensäure – kann sie die Völker reihenweise zum Absterben bringen.

Dennoch muss niemand ein Aussterben der Honigbienen befürchten, ihre Anzahl nimmt vielmehr zu. Solange es genügend Imker gibt, gibt es auch genügend Honigbienen.

Anders verhält es sich mit den Wildbienen. Sie müssen sich in der Umwelt allein durchschlagen, kein Imker stellt ihnen etwas zum Fressen hin. Wie geht es ihnen?

Eines der größten diesbezüglichen Probleme sind unsere Wissenslücken. Sie entstehen dadurch, dass es in ganz Europa viel zu wenige Menschen gibt, die eine Wildbienenart von der anderen unterscheiden können. Somit streifen auch zu wenige Experten durch die Landschaft, um nachzusehen, welche Arten wo zu finden sind – oder auch nicht.

Dementsprechend gibt die 2014 erstmals von der EU-Kommission veröffentliche Europäische Rote Liste der Bienen[84] für 57 Prozent der knapp 2.000 Arten des Kontinents an: „Daten unzureichend". Sicher ist laut der Liste nur, dass 9 Prozent der Arten vom Aussterben bedroht sind. Wissenschaftler vermuten allerdings, dass sich hinter den Wissenslücken deutlich mehr Arten in einem bedrohlichen Zustand verbergen. Bedroht ist damit auch ihr Beitrag bei der wichtigen Bestäubung von Pflanzen.

Was genau macht den Wildbienen zu schaffen? Die Antworten auf diese Frage lehren uns viel über das generelle Verhältnis zwischen uns Menschen und dem Rest der Natur. Lassen Sie mich deshalb kurz ausholen.

DER MENSCH IST EIN ARTENKILLER – UND WAR ES SCHON IMMER

Die Vereinfacher mit ihren simpel gestrickten Erzählungen tummeln sich auch im Themengebiet Landwirtschaft und Artenvielfalt. Hört man ihnen zu, drängt sich der Eindruck auf, dass *nur* der moderne Mensch und seine industrialisierte Lebensweise es schaffen, Tier- und Pflanzenarten auszurotten.

Dabei haben Menschen schon immer Tierarten vom Erdboden verschwinden lassen und Natur großflächig zerstört. Besonders gut lässt sich das für isolierte Gegenden belegen, die relativ spät von Menschen besiedelt wurden. So brannte etwa das Volk der Maori Jahrhunderte vor Ankunft der Europäer einen Großteil des neuseeländischen Waldes nieder. Auf der Südinsel dürften die Ureinwohner ab dem beginnenden 14. Jahrhundert durch Bejagung u. a. für das Aussterben der Moas, straußenähnlicher Laufvögel, gesorgt haben.[85]

In Australien lösten die eingewanderten Menschen noch viel früher, vor grob 45.000 Jahren, ein Massenaussterben der sogenannten *Megafauna* aus. Riesige Kängurus, Schildkröten in Kleinwagengröße und gigantische Vögel wurden innerhalb weniger Jahrtausende ausgelöscht – ohne dass man etwaige Klimaänderungen dafür verantwortlich machen könnte.[86]

Auch für Nordamerika bringt die Wissenschaft die Ankunft des Menschen mit dem Aussterben der Megafauna in Verbindung, wobei unklar ist, welchen Anteil Klimaänderungen am Ende der jüngsten Kaltzeit hatten und welchen die Bejagung durch Menschen.

Schließlich wissen wir, dass auch in Europa viele einst heimische Tierarten schon vor Ewigkeiten ausgerottet oder zumindest an den Rand ihrer Existenz gebracht wurden: Der letzte Auerochse starb 1627 in Polen, der Europäische Bison (bzw. der Wisent) war hierzulande schon den Bauern des Mittelalters ein Dorn im Auge und wurde vor Jahrhunderten eliminiert. Und die Bestände von Bären, Luchsen und Wölfen erholen sich bekanntermaßen auch erst seit kurzer Zeit wieder.

Zusammengefasst: Überall, wo Menschen auftauchen, geht es der Natur erstmal an den Kragen. Brandrodung und die erbarmungslose Jagd auf alles Essbare scheinen offenbar allzu „menschlich" zu sein. Das macht die Sache zwar nicht besser. Aber Fakten widerlegen die Vorstellung vom edlen, im Einklang mit der Natur lebenden Ureinwohner – dem sanftmütigen Counterpart zum gewissenlosen Menschen der Gegenwart. Es würde uns daher herzlich wenig nützen, den Grad an Moderne und Industrialisierung zurückzuschrauben, damit alles wieder „in Einklang" kommt. Dieser Gedanke könnte kaum naiver sein, ist aber weit verbreitet. Davon abgesehen haben wir dennoch ein großes Problem.

DAS ARTENSTERBEN IST REAL – WIE SCHLIMM IST ES?

Es ist unbestritten, dass das Ausmaß der Verluste an Artenvielfalt ein alarmierendes Niveau erreicht hat. Unter anderem bestätigt das der „Weltbiodiversitätsrat" IPBES. Das zwischenstaatliche Gremium unter Beteiligung von 137 Ländern schreibt in seinem Bericht von 2019: „Die Biodiversität schrumpft schneller als jemals zuvor in der Geschichte der Menschheit."[87] Demnach ist die Ausrottungsrate gegenwärtig mindestens zehn- bis hundertmal höher als im Durchschnitt der vergangenen zehn Millionen Jahre. Das durchschnittliche Vorkommen heimischer Arten ist in den meisten Ökosystemen bereits um mindestens 20 Prozent gefallen. Eine Million Arten (von geschätzten 8 bis 8,7 Millionen) sind unmittelbar von der Ausrottung bedroht.

Auch der Blick auf unsere nähere Umgebung offenbart Besorgniserregendes: Zwischen 2013 und 2018 weisen nur noch 47 Prozent von 463 betrachteten Vogelarten einen guten Zustand ihrer Population auf. 39 Prozent der Vogelarten sind dagegen in schlechtem Zustand oder gelten sogar als bedroht. Interessant ist, dass der Bericht vor allem jenen Vogelarten einen negativen Trend zuschreibt, die in Agrarlandschaften leben, wie Rebhühner oder Kiebitze. Von solchen Arten zeigen 54 Prozent einen rückläufigen Trend, während dies unter den im Wald lebenden Vögeln „nur" 17 Prozent tun.[88] Das geht aus dem aktuellen Zustandsbericht der EU-Umweltagentur hervor.

Zudem legt der Bericht offen, dass von rund 1.400 besonders schützenswerten Tier- und Pflanzenarten nur knapp 200 einen positiven Trend verzeichnen und lediglich 27 Prozent aktuell einen guten Zustand ihrer Population aufweisen. Dies hängt auch eng damit zusammen, dass drei Viertel der schützenswerten Lebensräume in einem schlechten oder bedrohlichen Zustand sind.

Auch was Insekten betrifft, sind deutliche bis dramatische Rückgänge belegt. In Deutschland sind demnach grob ein Drittel aller in den Roten Listen aufgeführten Tier- und Pflanzenarten in ihrem Bestand gefährdet oder bereits ausgestorben.[89]

WER ODER WAS BEFEUERT DAS ARTENSTERBEN?

Das Problem ist: Ähnlich wie beim Thema Landwirtschaft und Klima stricken die Vereinfacher auch in diesem Fall haarsträubende Geschichten um einen wahren Kern. In deren Mittelpunkt steht das einfach zu verstehende Feindbild: die „industrielle" Landwirtschaft und ihre Pestizide. Greenpeace & Co. bedienen dabei die niedersten Instinkte ihrer Anhängerschaft, indem sie moderne Landwirte als aktive Naturzerstörer an den Pranger stellen. Sie sind es, so wird suggeriert, die aus reiner Profitgier die Tierwelt auslöschen. Sie glauben, ich übertreibe?

In meiner Facebook-Timeline erscheinen seit mehreren Wochen in hoher Frequenz Werbeanzeigen, mit denen Greenpeace Österreich auf seine Petition gegen „das Vogelsterben" aufmerksam macht. Die Anzeige steht exemplarisch für den immer unsachlicher werdenden Umgang bekannter Umwelt-NGOs mit Landwirten. In der Anzeige heißt es: „Giftige Spritzmittel töten Unmengen an Insekten und natürliche Landschaften werden für Monokulturen zerstört. So finden Feldlerche und Stare nicht mehr genug zu fressen." Im dazugehörenden Petitionstext an die österreichische Landwirtschaftsministerin ist zu lesen: „Die einzige Hoffnung der Vögel sind Bäuerinnen und Bauern, die ihren Lebensraum erhalten und ohne Pestizide arbeiten." Gemeint sind Biobauern. Bei näherem Hinschauen entpuppt sich die implizierte Aussage trotz wahrer Kernelemente als mehrfach irreführend.

Erstens: Ja, bestimmte Spritzmittel töten Insekten – u. a. ist genau *das* ihr Einsatzzweck (wir kommen in Kapitel 8 noch darauf zurück). Greenpeace verschweigt allerdings, dass auch die Biolandwirtschaft nicht generell „ohne Pestizide arbeitet". Im Wein-, Obst-, Gemüse- und Kartoffelanbau setzen Biobauern solche Gifte teilweise sogar sehr ausgiebig ein.

Richtig ist, dass Biobauern speziell auf Getreideflächen und in anderen Ackerkulturen keine Unkrautvernichtungsmittel versprühen. Genau dort, wo die Feldlerche mit Vorliebe ihre Eier ausbrütet. Stattdessen fahren sie aber mit einem Striegel (einer Art Kamm aus Stahlfedern) oder einer Hacke übers Feld, um damit junges Unkraut auszureißen. Treffen die Werkzeuge auf ein Lerchennest, hat die Brut schlechte Überlebenschancen. Zwar deuten wissenschaftliche Ergebnisse darauf hin, dass Feldlerchen auf Ökoflächen häufiger erfolgreich brüten als auf konventionellen, aber das dürfte ganz andere Gründe haben, als Greenpeace suggeriert.

Man muss dazu wissen, dass Feldlerchen zum Brüten offene Landschaften und einen mit niedriger Vegetation eher spärlich bewachsenen Boden mit freiem Blick zum Himmel brauchen. Von Hecken oder Waldrändern halten die Vögel gut 100 Meter Abstand. Selbst ein Bioacker wird für die Vögel also völlig unattraktiv, wenn er etwa mit hohen Maispflanzen bewachsen ist. Entscheidend für den Bruterfolg ist also vor allem die Frage, wie dicht und hoch die Pflanzen auf einer Fläche stehen.

Lichtere Bestände findet man dort, wo weniger intensiv gedüngt wird. Und niedrig ist jede Ackerkultur zu Beginn ihres Wachstums, wenn auch nur für ein beschränktes Zeitfenster. Aber je kleinteiliger die Felder einer Landschaft sind und je mehr unterschiedliche Kulturen in verschiedenen Entwicklungsphasen darin zu finden sind, desto eher findet sich auch zu jedem Zeitpunkt irgendwo ein niedrig bewachsenes Feld oder ein frisch abgeernteter Acker für die Lercheneier. Da Biobetriebe häufig mehr unterschiedliche, noch dazu spärlicher wachsende Kulturen anbauen, steigen dort die Chancen für die Feldlerche. Sie können nicht nur eine Brut im Frühjahr großziehen, sondern über den Sommer hinweg bis zu drei. *Das* macht den großen Unterschied, nicht die Spritzmittel.[90, 91] Das beweist auch der Erfolg sogenannter *Lerchenfenster*: rund 20 Quadratmeter große, innerhalb eines Getreidefeldes getreidefrei belassene Flächen, die auch inmitten konventionell bewirtschafteter Felder den Bruterfolg der Lerchen deutlich erhöhen.[92]

Der zweite Grund, warum die Greenpeace-Anzeige problematisch ist: Es stimmt zwar, dass Wissenschaftler in den Agrarlandschaften Österreichs seit 1998 einen Rückgang der Feldlerchenbestände um satte 45 Prozent feststellen. Und ganz generell zeigt der sogenannte *Farmland Bird Index*[93] für 23 ackerlandtypische Vogelarten ein durchschnittliches Schrumpfen der Bestände um rund 40 Prozent in den vergangenen 20 Jahren. Schlimm genug. Nur ausgerechnet die von Greenpeace als verhungernde Art inszenierten Stare gehören zu den wenigen Vertretern, deren Bestände im österreichischen Index als stabil bezeichnet werden. Seit 1998 ist ihre Population um 6 Prozent gewachsen (im Gegensatz zu Nachbarländern wie Deutschland, wo die Bestände tatsächlich rückläufig sind).

Den dritten Punkt halte ich für den gravierendsten: Greenpeace spricht von der *Zerstörung* einer *natürlichen Landschaft*. Die Worte klingen, als ob gemeingefährliche Bauern ganz bewusst mit dem Bulldozer blühende Landschaften aus lieblichen Blumenwiesen und idyllischen Obstgärten einfach niederwalzen würden.

Tatsächlich haben sich unsere Agrarlandschaften in den zurückliegenden Jahrzehnten verändert. Aber abgesehen davon, dass ein Acker zu keinem Zeitpunkt der Weltgeschichte etwas Natürliches war (Sie wissen das spätestens seit Kapitel 1); der zugrunde liegende Prozess der Veränderungen ist auch keine mutwillige Zerstörung. Derart formulierte Botschaften haben mit sachlicher Analyse nichts zu tun.

Gehen wir einmal davon aus, Greenpeace meint mit *Zerstörung natürlicher Landschaften* das, was tatsächlich passiert ist: Die Felder sind größer geworden, und die Vielfalt der darauf angebauten Kulturen ist geschrumpft.

Letzteres ist relativ einfach zu erklären: Bauern sind keine Landschaftsgärtner. Das bedeutet, dass bis vor kurzem niemand von ihnen erwartet hat, eine möglichst bunte, hübsche und abwechslungsreiche Landschaft zu gestalten. Stattdessen lautete der gesellschaftliche Auftrag: Rohstoffe produzieren. Und weil Landwirte Unternehmer sind, blieb ihnen gar nichts anderes übrig, als sich mit der Palette ihrer angebauten Feldfrüchte an der Nachfrage des Marktes auszurichten. Auf den Äckern wächst, was Sie und ich als Verbraucher einkaufen. Was auch sonst?

Für viele Produkte, die jahrhundertelang auf unseren Äckern wuchsen, gibt es heute keine Nachfrage mehr: Wer möchte sich heute noch mit ruppigem Hanf- oder Leingewebe einkleiden? Diese Materialien wurden inzwischen weitgehend durch Baumwolle ersetzt, die in Europa nicht wächst. Im Salat schwören wir auf spanisches Oliven- statt auf regionales Leinöl, das uns heute viel zu bitter schmeckt. Auf Hafer können wir weitgehend verzichten, seit es kaum noch Pferdekutschen gibt und eintöniger Haferbrei zu Familienrevolten am Mittagstisch führen würde. Dass sich das einstige Hauptgericht armer Bauern heute Porridge nennt und in manchen Kreisen wieder zunehmender Beliebtheit erfreut, ändert an der Nachfrage nicht viel. Unsere Kleidung färben wir heute mit günstigen Produkten aus der Chemiefabrik, weshalb einem Bauern niemand mehr Färberpflanzen wie das Krapp (rot) oder den Färberwaid (blau) abkaufen würde. Die Liste ließe sich fortsetzen. Viele andere Pflanzen werden zwar noch gebraucht, wachsen aber besser und damit günstiger in anderen Weltgegenden.

Die Gesetze der Marktwirtschaft samt globaler Handelsströme zwangen die Bauern außerdem, immer effizienter zu wirtschaften und am technischen Fortschritt teilzunehmen. Das machte es erforderlich, sich auf bestimmte Produkte zu spezialisieren. Nur ein simples Beispiel dafür: Eine teure Maschine für die Kartoffelernte lohnt sich erst ab einer gewissen zu erntenden Fläche. Ein kleinerer Betrieb wird wahrscheinlich nicht gleichzeitig in eine ebenfalls teure Melkmaschine investieren. Er musste sich schon vor Jahrzehnten entscheiden, ob er eher den einen oder den anderen Betriebszweig ausbaut.

Und so wurden aus den landwirtschaftlichen Gemischtwarenläden vergangener Jahrhunderte, die Kühe hielten *und*

Kartoffeln anbauten, hochspezialisierte Betriebe mit individuellem Know-how, eigener Logistik und einer ausgewählten Produktpalette. Heute gibt es etwa die Milchviehbetriebe und die Schweine- oder Geflügelmastbetriebe, die sich auf Tierhaltung konzentrieren und auf ihren Feldern dazu passendes Futter anbauen. Es gibt die reinen Ackerbaubetriebe ohne Tiere, die vielleicht „nur" noch Weizen, Mais und Zuckerrüben anbauen, während ein Gemüsebetrieb ganz darauf ausgerichtet ist, Supermärkte täglich mit frischen Salaten und Frühlingszwiebeln zu beliefern. Dazu bedarf es einer eigenen Logistikkette samt Erntehelfern und Spezialmaschinen, von denen ein Schweinemäster keine Ahnung hat. Wieder andere leben von Feriengästen und halten ihre Kühe nur noch, damit sie auch weiter „echte" Ferien auf dem Bauernhof anbieten können.

Unsere Landschaften wären sehr viel bunter, würde jeder Betrieb von allem ein bisschen produzieren, aber auch viel weniger effizient zu bewirtschaften.

RENATE KÜNAST UND DIE ÖLSCHEICHS

Auch politische Entscheidungen tragen dazu bei, dass Felder immer größer werden und die Vielfalt schrumpft. Besonders bemerkenswert ist in diesem Zusammenhang das Verhalten von Renate Künast, der deutschen Grünen-Politikerin, die zwischen 2001 und 2005 Bundes-Landwirtschaftsministerin war. In ihre Amtszeit fielen zahlreiche Weichenstellungen zum Ausbau der Produktion von Bioenergie auf deutschen Äckern. So wurde unter anderem die Förderung von Strom aus Biogasanlagen, die sehr häufig mit Mais befüttert werden, deutlich erhöht. Überhaupt schien die Ministerin von der Idee der Energiegewinnung auf dem Acker regelrecht euphorisiert. Berühmt geworden ist ihre Prognose aus dem Jahr 2004, wonach Bauern „die Ölscheichs von morgen"[94] werden sollten.

Die deutschen Bauern lieferten. Nicht nur, aber auch aufgrund von Künasts Wirken schnellten sowohl die Zahl der Biogasanlagen als auch die Anbauflächen für Mais in die Höhe. Im Jahr 2010 waren es bereits fast 800.000 Hektar mehr als im Jahr 2000.[95] Zehn Jahre später hat es sich als wenig nachhaltig erwiesen, Ackerflächen für den Anbau von Energiepflanzen zu nutzen. Zudem ist es für die Vielfalt einer Landschaft tatsächlich nicht förderlich, wenn großflächig und über Jahre hinweg fast ausschließlich Mais wächst.

Aber wer trägt die Schuld? Die Bauern, die auf die politisch gesteuerten Anreize reagiert haben? Bemerkenswert ist jedenfalls die diesbezügliche Rhetorik der heutigen Bundestagsabgeordneten Renate Künast: Statt Selbstkritik hört man von der Politikerin und ihren Parteikollegen regelmäßig beißende Kritik an der „Vermaisung" der Landschaft, an „Maiswüsten" und „Monokulturen".

Was bleibt, ist die Tatsache, dass Verbraucherwünsche und politische Weichenstellungen entscheidenden Anteil daran haben, welche Pflanzen in welchem Ausmaß unsere Landschaften prägen und wie bunt diese aussehen. Es gibt aber weitere Einflussfaktoren.

MONOKULTUR? – WARUM LANDSCHAFTEN NEU GEORDNET WERDEN

Wenn Sie schon mal einen Rasen gemäht haben, wissen Sie wahrscheinlich, wie lästig spitz zulaufende Flächen, wirre Kanten oder Hindernisse wie das Trampolin Ihrer Kinder sein können. Genauso ist es mit Feldern: Je kleiner und unförmiger sie sind, je mehr Hindernisse innerhalb ihrer Grenzen liegen, desto mehr kurze Seiten gibt es zu bearbeiten und desto häufiger werden Sie beim Ackern von Ihrem Traktor herunterfluchen. Übrigens: Mit einem Pferdegespann bereiten ständige Wendemanöver noch viel weniger Freude. Schon anno dazumal arbeiteten die Bauern daher lieber auf etwas größeren und gleichförmigen Äckern. Kurzum: Größere Felder erleichtern die Arbeit eines Landwirts enorm. Zudem machen sie den Einsatz von ressourcensparenden Maschinen wie etwa satellitengesteuerten Düngerstreuern wirtschaftlicher, was der Umwelt hilft.

Die Tendenz zu größeren Bewirtschaftungseinheiten gibt es aber längst nicht nur deshalb, weil sie praktischer zu bearbeiten sind. Ausgelöst wurde die Entwicklung auch durch die Landflucht großer Teile der Bevölkerung, die schon im 19. Jahrhundert Teil der fundamentalen gesellschaftlichen Verwerfungen im Zuge der Industriellen Revolution waren. Mit jedem Menschen, der sein Bauer-Dasein aufgab, wurden Felder frei, deren Bewirtschaftung die verbliebenen Bauern übernahmen. Dieser Prozess dauert bis zum heutigen Tag an. Allein in Österreich verschwinden in jeder Dekade viele tausend Bauernhöfe. Nach dem Zweiten Weltkrieg war der Schwund zwischen 1970 und 1980 am stärksten – 60.000 Höfe machten in diesem Zeitraum dicht. Seit den 2000er Jahren hat sich das Höfesterben verlangsamt. Zwischen 2010 und 2016 gaben aber immer noch 11.300 Betriebe auf.[96] In ganz Europa vollzieht sich Ähnliches: Bauernhöfe werden weniger und größer.

Und noch etwas Entscheidendes trug zu größeren Feldern bei: Schon im Mittelalter, vor allem aber ab dem 19. Jahrhundert kam es unter staatlicher Leitung zur großflächigen Neuordnung von landwirtschaftlichem Grundbesitz, die das Aussehen ganzer Landschaften veränderte. Wer Felder bebaute, dem sollte das Wirtschaften durch größere Flächeneinheiten und möglichst geometrische Formen erleichtert werden.

Grundlage für das große Ordnungschaffen waren eigens erlassene Gesetze. Das erste Flurbereinigungsgesetz war schon 1886 vom Königreich Bayern erlassen worden. Es sollte „die bessere Benützung von Grund und Boden durch Zusammenlegung von Grundstücken oder durch Regelung von Feldwegen"[97] ermöglichen. Später, Nach dem Zweiten Weltkrieg, erließ auch der Deutsche Bundestag ein Flurbereinigungsgesetz, das 2008 zuletzt aktualisiert wurde.

In Österreich kennt man die behördlich organisierten Zusammenlegungen unter dem Begriff *Kommassierung*. Aus arbeitswirtschaftlicher Sicht war das Ganze vor allem dort äußerst sinnvoll, wo Grundbesitz aufgrund des herrschenden Erbrechts über Jahrhunderte hinweg stets unter allen Erben gleich aufgeteilt worden war. Dieses *Realteilungsrecht* hatte zu immer kleineren Feldern „in Handtuchbreite" geführt, die kaum noch effizient zu beackern waren. Dort, wo hingegen das *Anerbenrecht* galt und aller Besitz an einen einzigen Erben überging, wie in weiten Teilen Norddeutschlands, sind große Felder historisch gewachsen.

Weil allgemeines ökologisches Bewusstsein erst allmählich aufkam, wurden durch die Flurbereinigungsmaßnahmen nicht nur Felder zusammengelegt. Das Konzept bedingte es genauso, Bachläufe zu begradigen oder deren Wasser überhaupt gleich in einer Betonröhre verschwinden zu lassen. Auch so manche Hecke oder Gehölzinsel wurde gerodet, alte Weinbergmauern wurden eingerissen oder Raine eingeebnet. Noch bis in die 1970er und 80er Jahre war Anpassung der Landschaft an die Arbeitsweise der Maschinen das Leitmotiv der Flurbereinigung.

In allzu kleinstrukturierten Agrarlandschaften war das aus Sicht der Bauern sinnvoll. Klar ist aber auch, dass das große Felderordnen viele Landschaften ihrer ökologisch bedeutsamen Elemente beraubt hat. Wer sich die Gründe dafür vor Augen führt, dürfte das oben zitierte Greenpeace-Posting von der „Zerstörung natürlicher Landschaften" dennoch in ganz anderem Licht sehen.

Für Kritik an der Greenpeace-Aussage gibt es schließlich einen vierten und letzten Grund: den Begriff *Monokulturen*. Obwohl er häufig verwendet wird, ist wenigen bewusst, was er bedeutet. Fachlich betrachtet geht es bei Monokulturen um eine Praxis, bei der auf einem Feld über viele direkt aufeinanderfolgende Jahre dieselbe Kulturpflanzenart wächst. Im Gegensatz dazu steht die *Fruchtfolge*, bei der eine Kultur, im Wechsel mit anderen, nur alle paar Jahre auf denselben Acker kommt.

Zeigt man also das Foto eines Maisackers und schreibt *Monokultur* darunter, dann kann das glatt gelogen sein. Das Foto *kann* nämlich gar nicht verraten, ob auf dem Feld schon seit vielen Jahren Mais wächst, oder ob es sich um die erste Mais-Saison seit langem und damit um das Glied einer Fruchtfolge handelt.

Wer den Begriff Monokultur nutzt, spielt ohnehin meist auf etwas ganz anderes an: den Umstand, dass zu einem bestimmten Zeitpunkt nur eine Kulturpflanzenart auf dem Feld wächst. Dann handelt es sich allerdings, fachlich korrekt, um eine *Reinkultur*. Ökologisch gesehen ist die Reinkultur tatsächlich die schlechtere Alternative verglichen mit der *Mischkultur*, bei der zeitgleich mehr als eine Kulturpflanzenart auf demselben Feld wächst.

Mischkulturen sind aber nicht immer leicht umzusetzen, z. B. weil jede Kultur andere Bedürfnisse hat, was nicht zuletzt die maschinelle Bearbeitung erschweren kann. Es verwundert daher nicht, dass Mischkulturen zwar im Ökolandbau häufiger verbreitet, aber dennoch *Reinkulturen* der Standard sind. Niemand kann also einem Maisfeld ansehen, ob es nach Biorichtlinien oder konventionell bewirtschaftet wird.

Warum finden wir in der Realität trotzdem manchmal eher bunte und manchmal eher monotone Landschaften? Bunt werden sie durch eine Kombination aus kleineren Feldern und der Tatsache, dass diese von mehreren verschiedenen Bauern in unterschiedlichen Abfolgen aus unterschiedlichen Kulturen bewirtschaftet werden. Zudem steigern Landschaftselemente wie

Hecken, Baumgrüppchen oder Raine die Diversität einer Landschaft. Dann sind sie bunt, obwohl die einzelnen Felder aus Reinkulturen („Monokulturen") bestehen. Aber dort, wo die einzelnen Felder viel größer sind und kaum Hecken und dergleichen enthalten, führen Reinkulturen zwangsläufig auch zu eintönigeren Landschaften, in der Insekten, Vögel und andere Lebewesen geringere Überlebenschancen haben.

Besonders verblüffend ist, dass die Struktur der Landschaft sogar einen größeren Einfluss auf die Artenvielfalt hat als die Ausbringung von Pflanzenschutzmitteln. Darauf deuten jedenfalls spannende Forschungsergebnisse des Teams um Teja Tscharntke hin, einen Professor für Agrarökologie an der Uni Göttingen. Die Forschenden hatten ein Gebiet entlang der ehemaligen DDR-Grenze auf das Vorkommen von Pflanzen-, Käfer- oder Spinnenarten und weitere entscheidende Parameter untersucht.

Das Besondere am Untersuchungsgebiet: Östlich der Ex-Grenze waren die Äcker vom DDR-Staat zwangskollektiviert und zu einer Durchschnittsgröße von 20 Hektar fusioniert worden. Im Westen messen die Felder im Schnitt gerade mal 3,5 Hektar. Alle anderen Bedingungen sind wegen der geografischen Nähe fast gleich. Auf beiden Seiten liegen heute sowohl konventionell bewirtschaftete als auch Biofelder. Ideal für einen Vergleich. Was beeinflusst die Biodiversität am stärksten? Zunächst bestätigte der Vergleich, was aus vielen anderen Studien bekannt ist: Die Größe der Felder hatte kaum einen Einfluss auf die Erträge. Aber auf den großen Feldern erwirtschaften die Bauern 50 bis 60 Prozent höhere Gewinne. Das liegt unter anderem an der bei kleinen Feldern unumgänglichen „Rumkurverei", die wir oben besprochen haben.

Außerdem zeigte die Studie auf biologisch bewirtschafteten Feldern generell eine größere Artenvielfalt, aber halbierte Erträge, verglichen mit konventionellen Flächen. Auch das ist aus anderen Untersuchungen bekannt.

Entscheidend ist nun, dass die kleinstrukturierte Landschaft im Westen insgesamt eine größere Artenvielfalt aufwies, und zwar unabhängig davon, ob die Felder biologisch oder konventionell bewirtschaftet wurden. Der positive Effekt der Kleinräumigkeit war also größer als jener der Biolandwirtschaft. Die Forscher führen dies vor allem auf die insgesamt längeren Grenzlinien im Westen zurück. Sie helfen etwa Insekten, sich im Flug zu orientieren. Grenzlinien aus Hecken oder Grasstreifen bieten zusätzlich Unterschlupf und Nahrung.

Um es im Greenpeace-Deutsch zu formulieren: Kleine Felder kann man ruhig mit „Ackergiften und Kunstdünger fluten", sie zeigen immer noch eine höhere Artenvielfalt als riesige Bioäcker. Im Ernst: Das ist natürlich kein Freibrief für die konventionelle Landwirtschaft. Zumal die Studie auch zeigt, dass die Kombi aus klein und bio aus lokaler Artenschutzsicht das Ideal verkörpert.

Trotzdem machen Studien wie diese deutlich, dass der Zielkonflikt zwischen Lebensmittelproduktion und Artenvielfalt ein ganz genaues und vorurteilsfreies Hinschauen verlangt. Mit der groben Verzerrung der Wirklichkeit, die nur der Aufrechterhaltung eines gut zu verkaufenden Feindbilds dient, leisten Greenpeace & Co. jedenfalls keinen positiven Beitrag im Sinne eines wahren Umweltschutzes.

DIE URSACHEN DES ARTENVERLUSTS LAUT WISSENSCHAFT

Aber was sagt denn die Wissenschaft nun zu den Ursachen der Artenvielfaltsverluste? In jüngster Zeit sind dazu mehrere wichtige Veröffentlichungen und Stellungnahmen erschienen, die den aktuellen Stand des Wissens zusammenfassen.

Weil das Problem, genau wie der Klimawandel, ein globales ist, schauen wir zunächst darauf, was der Weltbiodiversitätsrat

IPBES bei seiner globalen Analyse herausgefunden hat. In der *Zusammenfassung für politische Entscheider*[98] nennen die IPBES-Forscher fünf direkte Treiber des Biodiversitätsverlustes, und zwar „beginnend mit jenen mit der größten Auswirkung".

1. LANDNUTZUNGSÄNDERUNGEN

Ähnlich wie beim Klimawandel geht es darum, dass artenreiche Flächen wie Wald, Grünland oder Feuchtgebiete in weniger artenreichen Acker oder Weide oder, noch viel schlimmer, in Bauland umgewandelt werden. Die Umwandlung von Äckern, Wiesen und Wald in Straßen, Parkplätze, Wohnblöcke oder Infrastruktur ist ein enormes Problem. In Österreich wurden im Jahr 2020, trotz rückläufiger Zahlen, noch immer rund 12 Hektar Fläche zu Bauland – im Tagesdurchschnitt! Das entspricht 17 Fußballfeldern, rund die Hälfte davon wurde sogar mit Beton oder Asphalt versiegelt und so dem Ökosystem komplett entzogen. Offenbar messen wir dem unbebauten Boden einen viel zu geringen Wert bei, sodass Neubauten auf der „grünen Wiese" viel weniger Geld kosten als die Sanierung zigtausender leerstehender Gebäude. Verschlimmert wird die Lage durch den Trend, (neue) Gärten mittels eintöniger Schotterflächen, Thuja- oder Kirschlorbeerhecken – statt mit heimischen Pflanzen – als ökologische Wüsten zu gestalten.

Verbauung und Zersiedelung sind ein globales Problem. Laut IPBES haben sich die weltweiten Siedlungsflächen seit 1992 mehr als verdoppelt und bedecken heute fast 3 Prozent der Landflächen. Der Lebensraumverlust ist dabei längst nicht alles. Beton und Asphalt erwärmen auch das lokale Klima und verhindern die Wasseraufnahme des Bodens. Die Folgen sind Hitzestress, Hitzetote, Überschwemmungen und Hochwasser. Und ganz generell bringt bebautes Land mehr Umweltverschmutzung.

Die Forschenden der IPBES nennen weitere, wenig beachtete, aber folgenreiche Formen der Landnutzung: zum Beispiel die weltweit rund 50.000 Staudämme von mehr als 15 Meter Höhe, die immer einen massiven Eingriff in den Naturhaushalt von Flusslandschaften darstellen, oder auch Mienen, also jene menschengemachten Löcher in der Erdkruste, durch die unser Hunger nach Kohle, Eisen, Kupfer, Gold, Aluminium und vielen anderen Bodenschätzen gestillt wird. Geschätzte 17.000 großflächige Mienenareale verteilen sich über 171 Staaten der Erde. Sensationell im negativen Sinn ist der Tagebau. Obwohl die Narben, die er schlägt, nur ein Prozent der Landflächen bedecken, hat er in puncto Biodiversität laut IPBES vielleicht sogar schlimmere Folgen als die Ausdehnung von Agrarflächen. Dennoch liest man selten davon. In vielen Ländern ist er mit der starken Verschmutzung und dem Gebrauch riesiger Wassermengen, mit Luftverschmutzung und großen Abfallmengen verbunden.

2. AUSBEUTUNG – DER FLUCH DER WILDEREI

Als zweitwichtigsten direkten Treiber des globalen Artenschwundes nennt die IPBES-Liste die direkte Ausbeutung und Übernutzung von Lebewesen. Davon betroffen sind Pflanzen und Tiere, von denen der Mensch der Natur mehr entnimmt als nachwachsen.

Ein bekanntes Beispiel ist die Überfischung von Teilen der Ozeane. Sie hat dazu geführt, dass im Jahr 2017 laut FAO 34 Prozent der globalen Fischbestände als „überfischt" galten, so viel wie nie zuvor. Am rasantesten wuchsen die Fangmengen von Meerestieren in den 1970er und 80er Jahren. Seither haben sie sich auf hohem Niveau eingependelt, obwohl der Konsum noch immer wächst. Möglich wurde dies dank Einführung von Fangquoten und Aquakulturen, also dem Mästen von Fischen „in Gefangenschaft". Ihr Anteil an der wachsenden Fischproduktion steigt stetig. Trotzdem gelten aktuell etwa mehrere Thunfischarten als gefährdet oder vom Aussterben bedroht, ebenso wie ein Drittel aller Hai- und Rochenarten.[99] Unter die Stichworte Ausbeutung und Übernutzung fällt auch die illegale Jagd, sprich die Wilderei. Wilderer sind zum Beispiel der Hauptgrund für das starke Schrumpfen von Elefanten-Populationen in den vergangenen zwei Jahrhunderten[100] und haben Tiger und Nashörner an den Rand der Ausrottung gebracht. Ebenso stellt Wilderei der EU-Umweltagentur zufolge die größte Gefahr für Zugvögel in Europa dar. Auf ihrem Flug in den Mittelmeerraum werden sie in Ländern wie Italien, Malta oder Ägypten von riesigen Fangnetzen erwartet oder abgeschossen. Sie landen in der Pfanne oder werden, wie in Malta, als Haustiere in Käfigen gehalten. Jedes Jahr sollen Schätzungen zufolge mehr als 50 Millionen Vögel allein auf EU-Territorium solchen illegalen Praktiken zum Opfer fallen.[101]

Während in Europa häufig Traditionen die Ursache für die Ausbeutung von Tierbeständen sind, geht es andernorts ums nackte Überleben. Rund 350 Millionen Menschen, vor allem in den ärmsten Ländern der Tropen, leben in oder am Rande von Wäldern. Dort jagen sie Reptilien, Vögel und Säugetiere, die sie als sogenanntes *Bushmeat* selbst essen oder auf lokalen Märkten verkaufen. Das Fleisch von Affen, Gürteltieren, Schleichkatzen, Beutelratten und vielen anderen Wildtieren stellt für die ärmste Bevölkerung in Regionen wie dem Kongobecken eine wichtige Proteinquelle dar. Allerdings wird es auch in großem Stil nach Asien exportiert, wo es eher die Mittelschicht ist, bei der solches Fleisch als Delikatesse gilt. Zwar verkraften laut IPBES viele Arten durchaus auch hohe Fangzahlen, aber unter solchen, die sich nur langsam vermehren, sind viele bedroht, vor allem Primatenarten.

Übernutzt und ausgebeutet wird die Natur auch durch nicht nachhaltige Forstwirtschaft. So stammen laut IPBES 10 bis

15 Prozent des global verwendeten Bauholzes aus illegaler Abholzung.

Auch die Entnahme von Medizinpflanzen, Samen, Blättern, Rinde oder Feuerholz kann zu einer Übernutzung von Wäldern und zur Gefährdung einzelner Arten führen.

3. DER KLIMAWANDEL

Die Tatsache, dass Menschen die globale Durchschnittstemperatur bereits um rund ein Grad erhöht haben, hat weitreichende Folgen für die Biodiversität. Vor allem durch häufigere Extremwetter und den Anstieg des Meeresspiegels um 16 bis 21 cm seit dem Jahr 1900. Eine Rolle spielen auch die durch den höheren CO_2-Gehalt der Atmosphäre verstärkte Versauerung der Ozeane, was zum Beispiel Korallen schlecht vertragen, und Veränderungen der Oberflächentemperatur.

Die Klimaerwärmung bewirkt also Verschiebungen im Vorkommen von Arten und beeinträchtigt die Funktion ganzer Ökosysteme. Vor allem aber dürfte der Klimawandel den Einfluss anderer Faktoren beschleunigen und verschlimmern. Etwa dadurch, dass der steigende Meeresspiegel Menschen aus Küstenregionen vertreibt, die dann an anderen Orten Wald roden, um Landwirtschaft zu betreiben.

4. UMWELTVERSCHMUTZUNG

Umweltverschmutzung hat zahlreiche Facetten. Sie entsteht dort, wo Industrie, Verkehr, Landwirtschaft, Privathaushalte, aber auch Waldbrände große Mengen von Schadstoffen in die Umwelt freisetzen, wobei die allermeisten Substanzen erst dadurch zum Schadstoff oder Gift werden, dass sie an der falschen Stelle in zu hoher Konzentration auftreten. Stickstoff zum Beispiel ist eine lebensnotwendige Verbindung, die trotzdem in Gewässern, im Boden oder in der Luft zum Problem wird, wenn zu viel davon da ist. Zwar ist aus vielen Ländern gar nicht bekannt, in welcher Menge dort Schadstoffe ausgestoßen werden. Aber laut IPBES dürfte das Niveau der globalen Umweltverschmutzung zumindest mit dem Wachstum der Weltbevölkerung Schritt gehalten haben.

Wohlhabendere Industrieländer haben in den vergangenen Jahrzehnten große Fortschritte bei der Reduzierung von Umweltverschmutzung erzielt. Abgase und Abwässer werden heute gefiltert oder vermieden, sodass Luft, Wasser und Boden inzwischen deutlich geringer belastet sind als noch vor wenigen Jahrzehnten. Global betrachtet gehört Luftverschmutzung aber noch immer zu den größten Gesundheitsrisiken und ist statistisch für rund 5 Millionen Todesopfer jährlich verantwortlich.

Verheerend ist ebenso die Tatsache, dass 80 Prozent der globalen Abwässer ohne Klärung in den nächsten Fluss abgeleitet werden, wodurch jährlich 300 bis 400 Millionen Tonnen Schwermetalle, Lösungsmittel und andere Schadstoffe in Gewässer gelangen. Für uns alle ist es undenkbar, keine Toilette zu haben. Für 60 Prozent der Bevölkerung armer Länder nicht, sie verrichten ihre Notdurft – irgendwo. Laut IPBES sind rund ein Viertel der Flüsse Lateinamerikas, bis zu 25 Prozent in Afrika und sogar bis zu 50 Prozent der asiatischen Flüsse schwer mit Krankheitserregern verschmutzt. Zudem wurden in natürlichen Gewässern rund 200 Moleküle gefunden, die auf Medikamente zurückzuführen sind: Antientzündungsmittel, Empfängnisverhütungsmittel oder Antibiotika.

Umweltverschmutzung verursacht auch die Produktion von Lebensmitteln und anderer Agrarrohstoffe. Dünger, der nicht von Pflanzen aufgenommen, sondern in Gewässer ausgewaschen wird, belastet am Ende die Ökosysteme etwa von Küstenregionen, zum Beispiel indem er das massenhafte Wachstum von Algen auslöst, die dann beim Absterben und Verrotten zu Sauerstoffmangel führen. Auch Pflanzenschutzmittel sind in der Kategorie Umweltverschmutzung zu nennen. Bei falscher Anwendung können die Mittel neben dem Feld oder in Gewässern landen und dort Schäden anrichten.

Fast schon klassisch ist auch jene Umweltverschmutzung, die in Zusammenhang mit der Ölindustrie steht. Katastrophen wie die Explosion der Ölbohrplattform *Deepwater Horizon* 2010 im Golf von Mexiko oder das Auflaufen des Öltankers *Exxon Valdez* auf ein Riff vor der Küste Alaskas 1989 sind nur die spektakulärsten Beispiele.

Plastikabfälle wurden im Zusammenhang mit Umweltverschmutzung vor allem in jüngster Vergangenheit ausgiebig diskutiert.

Was die Umweltverschmutzung der Meere mit Chemikalien betrifft, nennt der IPBES-Bericht aufschlussreiche Zahlen: So sei die gesamte eingetragene Menge zwischen 2003 und 2012 um 12 Prozent angestiegen, wobei sie in Nordamerika und Europa um 60 Prozent zurückgegangen, im Pazifikraum aber um 50 Prozent angestiegen sei.

Übrigens: Einen Teil der von anderen Kontinenten ausgehenden Verschmutzung haben wir Europäer über den Konsum dort hergestellter Produkte mitzuverantworten, auch das halten die IPBES-Forscher fest.

5. INVASIVE ARTEN

Würde man heute in einer deutschsprachigen Stadt auf die Straße gehen und 50 Menschen befragen, welche Ursachen sie hinter dem globalen Artenschwund vermuten, man bekäme das Stichwort *invasive Arten* bestimmt nicht zu hören. Dennoch listet sie der Weltbiodiversitätsrat unter den fünf wichtigsten Gründen. Es geht dabei, salopp gesagt, um Arten, die sich an Orten ausbreiten, wo sie eigentlich nicht hingehören. Meist verdrängen sie dabei heimische Arten oder stellen auf andere Weise einen ökologischen Störfaktor dar.

Eine der wundersamsten und zugleich dramatischsten Geschichten über die Zerstörungskraft invasiver Arten dreht sich um einen Schwangerschaftstest. Sie haben richtig gelesen: Bis in die 1960er Jahre hinein war der sogenannte Froschtest nämlich die wichtigste Methode zur Früherkennung einer Schwangerschaft. Dabei spritzte man Urin der zu testenden Frau in den Lymphsack männlicher Exemplare des Afrikanischen Krallenfroschs. Enthält der Urin das Schwangerschaftshormon hCG, dann setzen die Tiere innerhalb von drei Stunden Spermien ab – und liefern damit den zuverlässigen Nachweis einer Schwangerschaft. Die Frösche wurden dazu massenhaft aus Südafrika importiert und auch in Europa in Apotheken als lebender und wiederverwertbarer Testkit gehalten. Daher auch der Beiname Apothekerfrosch.[102]

Leider waren die Tiere auch häufig von einem ursprünglich wohl aus Asien stammenden Chytridpilz befallen, der ihnen selbst zwar wenig anhaben kann, dem andere Amphibienarten aber relativ wehrlos ausgeliefert sind. Es kam, wie es kommen musste: Krallenfrösche gelangten außerhalb Afrikas in die Natur und verbreiteten sich selbst und damit auch den Pilz über den ganzen Globus. Mit verheerenden Folgen: Erst 2019 kommt eine im renommierten Journal *Science*[103] erschienene Studie zum Schluss, dass der Pilz für den Bestandsrückgang von ganzen 500 Amphibienarten verantwortlich ist und sage und schreibe 90 Arten gänzlich ausgelöscht hat, vor allem in Amerika und Australien. Die durch den Pilz ausgelöste Krankheit gilt als die schlimmste Wildtierseuche weltweit – keine andere ist für einen größeren

Verlust an Biodiversität verantwortlich. Übrigens: Eine eng verwandte Art des Pilzes verbreitet sich derzeit in den Niederlanden, Belgien und Teilen Deutschlands. Sie heißt *Salamanderfresser,* und ihr Name ist Programm. Ihre Ausbreitung führen Wissenschaftler auf das Hobby, Amphibien als Haustiere zu halten, und auf den dadurch bedingten Handel mit den Tieren zurück.

Die Liste invasiver Arten ist aber viel länger: In Europa verbreiten sich Südamerikanische Biberratten *(Nutrias),* Waschbären, Signalkrebse, Grauhörnchen, Asiatische Gelbfuß-Hornissen und viele weitere Tiere. Manche davon wurden einst absichtlich ausgesetzt. Heute stoßen sie kaum auf Gegenwehr durch Fraßfeinde.

Aber auch Pflanzen wie der alles überwuchernde *Japanische Staudenknöterich*, das Allergiker quälende *Ragweed* oder der *Riesenbärenklau*, der durch bloße Berührung Verbrennungssymptome dritten Grades mit schweren Hautentzündungen und starker Blasenbildung verursacht, bereiten ernsthafte Probleme.

Laut IPBES ist bereits fast ein Fünftel der globalen Landflächen durch die Invasion ursprünglich nicht heimischer Tier- und Pflanzenarten bedroht.

Diese fünf wichtigsten Faktoren – also Landnutzungsänderungen, Übernutzung/Wilderei, Klimawandel, Umweltverschmutzung und invasive Arten – sind also laut den führenden Biodiversitäts-Experten für die globalen Artenverluste verantwortlich, in dieser Reihenfolge, wobei das Muster der Gefährdung bei jeder Art ein anderes sein kann.

Sie fragen sich vielleicht, warum ich auf die Beschreibung dieser Reihung so viel Wert lege. Es geht nicht darum, welcher Faktor welchen Anteil der „Schuld" trägt. Alle fünf Faktoren und etliche weitere sind wichtig. Ich will damit aber zeigen, wie gefährlich die von den Vereinfachern betriebene Verengung auf die „intensive" Landwirtschaft und daraus abgeleiteten populistischen Forderungen wie *Weg mit den Ackergiften!* sein kann.

Klar ist: Unser Ernährungssystem spielt eine zentrale Rolle, allerdings auf sehr unterschiedliche Weisen und oft ganz anders als behauptet.

EU-POLITIK: FÖRDERUNG DES EXPORTS VON UMWELTSCHÄDEN?

Im Frühjahr 2020 präsentierte die EU-Kommission zwei Strategiepapiere, die es in sich haben. Darin sind Ziele des zuvor verkündeten sogenannten *Green Deals* festgeschrieben, die die europäische Landwirtschaft klima- und umweltfreundlicher machen sollen.

So sollen Landwirte bis zum Jahr 2030 den Einsatz von Pestiziden um satte 50 Prozent und den von Düngemitteln um mindestens 20 Prozent reduzieren (auf welches Basisjahr sich die Reduktion beziehen soll und weitere Details blieben die Politiker erst einmal schuldig). 25 Prozent der Agrarflächen sollen bis dahin biologisch bewirtschaftet werden (2019 waren es 8,5 Prozent). Außerdem will die Kommission, dass der Anteil der Landflächen mit einem besonders strengen Schutzstatus von derzeit 3 auf mindestens 10 Prozent vergrößert wird.

Das hört sich doch fantastisch an. Je weniger „Chemie" und je mehr Bio, desto besser für unsere Umwelt und das Klima, oder nicht?

Ganz anders klingt der Titel einer Pressemitteilung[104], die das *Karlsruher Institut für Technologie (KIT)* ein halbes Jahr später veröffentlichte. Darin wird der Green Deal als „gut für ein klimaneutrales Europa – schlechter für den Planeten" bezeichnet. Forschende des KIT waren zum Schluss gekommen, dass die reine Fixierung auf weniger Pflanzenschutz- und Düngemittel deren negative Umweltauswirkungen einfach nur in Drittländer verlagert. Und zwar dadurch, dass eine schrumpfende Lebensmittelproduktion im Inland mit steigenden Importen aus dem Ausland ausgeglichen wird, also aus Ländern, wo die Landwirte weniger strenge Umweltstandards beachten müssen als innerhalb der EU. Gleichzeitig würden die EU-Staaten zu Hause „die Lorbeeren für ihre grüne Politik einheimsen", so die Klimaforscher.[105] Schaden wir also dem Planeten, indem wir mit grün anmutenden Scheinlösungen unser Gewissen beruhigen? Die KIT-Forschenden raten unter anderem dazu, die globalen Auswirkungen der EU-Handelsvereinbarungen zu prüfen und nur noch solche Produkte zu importieren, die die gleichen Umweltstandards erfüllen, wissend, wie schwierig Durchsetzung und entsprechende Kontrollen in weit entfernten Regionen sind. Zudem sollten die heimische Produktion gesteigert, der Konsum tierischer Lebensmittel reduziert und die land-ineffiziente Nutzung von Biosprit zurückgefahren werden.

All dies zielt darauf ab, bislang verschont gebliebene Naturlandschaften wie Regenwälder, Savannen und Feuchtgebiete überall auf dem Globus zu bewahren, statt noch mehr Flächen in Agrarflächen umzuwandeln.

KULTURFOLGER BRAUCHEN DIE LANDWIRTSCHAFT

Die Frage ist: Was können wir für die Artenvielfalt hier in Europa tun? Wenn „Chemiereduktion" nicht das Allheilmittel für mehr Nachhaltigkeit ist, was gibt uns die Wissenschaft sonst noch mit auf den Weg? Auf der Suche nach Antworten müssen wir uns eine entscheidende Sache aus dem 1. Kapitel noch mal vor Augen führen: Wir leben in einer Kulturlandschaft. Die Natur haben wir bereits vor vielen Jahrhunderten in Nischen verbannt.

Diese Feststellung ist deshalb so wichtig, weil wir viele Arten nur schützen und erhalten können, indem wir die von Menschen geschaffene und geformte Landschaft erhalten oder bestimmte ihrer Merkmale wiederherstellen. Zur Erinnerung: Es waren Menschen, die mit Axt und Feuer die Urwälder durchlöcherten, die unseren Kontinent seit Ende der letzten Kaltzeit bedeckten, und erst dadurch jene Lebensräume schufen, die viele unserer heute als *heimisch* bezeichneten Arten brauchen: Felder, Wiesen, Weiden, Heiden. Menschen schufen aber nicht nur Löcher im Wald, sondern auch all die anderen Strukturen, die besiedeltes und genutztes Land charakterisieren: Hecken, Raine, Feldwege, Trockenmauern, Scheunen, Ställe, Hausgärten, Steinbrüche und vieles mehr. Dabei taten die Weidetiere der ersten Bauern auf dem neu geschaffenen Grünland das, was Mammut & Co. einst auf natürlichen Grasflächen taten: Sie fraßen Gras. Und ganz nebenbei verhinderten sie dadurch, dass neuer Wald wachsen konnte.

Verstehen Sie das bitte nicht falsch. Wälder sind als Lebensräume von unschätzbarer Bedeutung. Aber viele Arten, deren Rückgang die Wissenschaft innerhalb der Agrarlandschaft beobachtet, können in einem geschlossenen Wald nur schwer oder überhaupt nicht überleben. Sie brauchen unbedingt offene Landschaften. Nicht umsonst tragen manche von ihnen das Feld sogar im Namen, wie Feldhamster, Feldmaus, Feldhase oder Feldlerche.

Zu diesen *Offenlandarten* gehören auch viele sogenannte *Kulturfolger*. Das sind Arten, die die Nähe menschlicher Siedlungen suchen oder Mitteleuropa überhaupt erst im Schlepptau der ersten Ackerbauern erobern konnten.

Nehmen wir die Rauchschwalbe. Sie nistete einst ausschließlich im windgeschützten Halbdunkel natürlicher Höhlen, eroberte gemeinsam mit den Menschen aber weite Teile des Landes. Ihre Nester baut sie meist im Inneren von Viehställen, wo sie dank der Fliegen auch gleich ordentlich zu fressen findet. Den Rest besorgt sie sich bei ihren sportlichen Flugmanövern über Wiesen und Äcker, während man sie im Wald vergeblich sucht. Dort stehen einfach zu viele Bäume. Wird das Angebot an Insekten kleiner, findet sie weniger Nahrung. Aber auch eine Maßnahme des Tierschutzes beraubt sie indirekt ihrer Nistmöglichkeit: Moderne, offene und lichtdurchströmte Ställe steigern zwar das Wohlbefinden der Rinder, Rauchschwalben ist es darin aber zu hell und zu zugig.

Oder nehmen wir die Schleiereule. Sie baut ihr Nest auf Dachböden einzeln stehender Scheunen und Kirchtürme und macht in der Nacht – meist im geräuschlosen Flug entlang von Hecken oder Zäunen – Jagd auf Mäuse und anderes Kleingetier. Auch der Wiedehopf braucht die offene Landschaft wie die Luft zum Atmen. Sein Niedergang begann, wie der vieler anderer Arten, bereits zwischen dem 18. und 19. Jahrhundert mit der Privatisierung der sogenannten *Allmende*. Das waren jene Flächen, die die Bauern eines Dorfes jahrhundertelang gemeinschaftlich nutzten, unter anderem als Viehweide. Der Vogel mit dem rotbunten Kopfschmuck brütete dort oft in Hohlräumen alter Kopfweiden. Das sind Weiden, deren Äste regelmäßig entfernt und zu Korbwaren verflochten wurden. Der Wiedehopf jagte, über das kurz geschorene Gras laufend, Maulwurfsgrillen und andere größere Insekten. Vor allem unter dem Einfluss Napoleons und mit der Aufhebung der Grundherrschaft (Bauernbefreiung) wurden die Allmendflächen unter den Bauern aufgeteilt und in Ackerland umgewandelt. Diese Art von Landnutzungsänderung veränderte Lebensräume auf dramatische Weise und damit auch das Vorkommen von Arten.

Zu den Kulturfolgern zählen auch Pflanzen. Viele Ackerwildkräuter reisten sogar direkt im Saatgut der einwandernden jungsteinzeitlichen Ackerbauern mit und fanden als blinde Passagiere ihren Weg von Asien nach Mitteleuropa. Ohne sie wären der *Klatschmohn*, die *Echte Kamille* oder die *Kleine Brennnessel* nicht schon vor Jahrtausenden Teil des hiesigen Ökosystems geworden.

All dies erklärt, warum Natur- und Artenschutz in Mitteleuropa vielfach in der Aufrechterhaltung althergebrachter landwirtschaftlicher Bewirtschaftung und damit auch in der Verhinderung der Ausbreitung von Wald besteht.

MEHR KUHFLADEN BRAUCHT DAS LAND – WAS KANN DAS ARTENSTERBEN STOPPEN?

2020 haben drei Wissenschaftsakademien, darunter die Leopoldina, also die Nationale Akademie der Wissenschaften in Deutschland, eine gemeinsame Stellungnahme veröffentlicht. Sie befasst sich mit der Biodiversität speziell in Agrarlandschaften und empfiehlt u. a. die Reduktion von Dünger und Pflanzenschutzmitteln sowie den Ausbau der Biolandwirtschaft.

Allerdings: Die Forschenden der Leopoldina nennen in einer 7-Ursachen-Liste des Artenverlusts, ähnlich wie die Autoren der globalen IPBES-Analyse „Änderungen der Landnutzung und der angebauten Kulturen" zuerst. Als Beispiele führen sie den „Umbruch von Grünland zu Äckern oder die intensivere Nutzung von extensiv genutztem Grünland" an.

Sind Sie noch da? Ich weiß: Die Begrifflichkeiten rund ums Lebensmittelproduzieren können trocken sein. Was steckt dahinter? Warum soll ein Acker schlechter für die Artenvielfalt sein als Grünland? Und warum soll das wiederum besser *extensiv* genutzt werden? Was heißt das überhaupt?

Sie wissen ja schon, dass auf einem Acker in der Regel nur eine einzige Nutzpflanzenart auf einmal kultiviert wird. Eine Wiese (Grünland) zeichnet sich dagegen dadurch aus, dass sie prinzipiell viele verschiedene Pflanzenarten gleichzeitig und dauerhaft beherbergt: verschiedene Gräserarten und verschiedene Kräuterarten mit jeweils eigenen Entwicklungszyklen. Das heißt: Auf einer Wiese ist die Chance, dass gerade etwas blüht oder reife

Samen vorhanden sind, dass also Insekten, Vögel oder andere Tiere etwas zu fressen finden, ungleich größer als auf einem Feld. Dort blüht oder samt die *eine* Pflanzenart eben nur zu ihrer arttypischen Zeit. Außerdem gibt es auf der Wiese keine Bodenbearbeitung, sodass sich auch *im* Boden das Leben ungestört entfalten kann. (Dass die Wiese auch jede Menge Kohlenstoff speichert und das Klima schützt, hatten wir schon.)

In puncto Artenvielfalt schlägt im Normalfall also die Wiese das Feld. Aber auch Wiese ist nicht gleich Wiese. Die Art und Weise der Bewirtschaftung macht nämlich einen riesigen Unterschied. Am eindrücklichsten ist das auf dem Tennisrasen von Wimbledon oder auf dem Green eines Golfplatzes zu erkennen. Es handelt sich dabei nämlich um die am intensivsten bewirtschafteten Wiesen, die man sich vorstellen kann. Was lässt das Gras so kräftig dicht und gleichmäßig wachsen? Die zwei wichtigsten Gründe sind die Häufigkeit des Mähens und die Menge des verwendeten Stickstoffdüngers.

Man muss dazu wissen, dass manche Gräser von Natur aus viel schneller wachsen als die meisten Kräuter. Nachdem eine Wiese gemäht wurde, sind es zuallererst die Gräser, die wieder frische Halme Richtung Himmel strecken. Erst mit einiger Verzögerung ziehen andere Pflanzen nach. Kommt die Mähmaschine in engen zeitlichen Abständen, verausgaben sich viele Kräuter innerhalb kürzester Zeit völlig. Sie kommen mit dem Wachsen nicht mehr nach und sterben ab – außer sie haben ihre Blätter dicht am Boden, wie der Löwenzahn. Stickstoffdünger verstärkt diesen Effekt, indem er bei den Gräsern „den Turbo zündet" und sie noch schneller wachsen lässt.

Dort, wo viele Tiere gehalten werden, fällt auch viel Dung alias Dünger an. Das hat in einigen Regionen dazu geführt, dass Grünland eine stärkere, eher am Optimum von Gräsern ausgerichtete Düngung erhält. Und weil viele Tiere auch viel Futter brauchen, werden die Wiesen, statt wie früher rund zweimal im Jahr, heutzutage sechs- oder siebenmal gemäht. Dies sind die Kennzeichen *intensiv genutzten* Grünlands. Sie wissen jetzt, warum es die Artenvielfalt schmälert: Es ist keinesfalls eine oft suggerierte grundsätzliche Schädlichkeit von Dünger, sondern die Kombination aus häufigem Mähen und höherem Nährstoffgehalt, die wenigen Arten einen Konkurrenzvorteil verschafft.

Aus Sicht eines Landwirts gleicht die „Überdüngung" viel eher einer Optimalversorgung, die üppiges Wachstum und damit viel Futter für seine Tiere garantiert.

Umgekehrt gehört *extensiv genutztes*, sprich wenig gemähtes oder beweidetes Grünland mit geringen Nährstoffgehalten zu den ökologisch wertvollsten Flächen der Kulturlandschaft. Dort stehen die Pflanzen weniger dicht, Wind und Sonne trocknen und erwärmen den Boden viel schneller als in einem dichten Grasbestand. Daher leben im extensiven Grünland noch mehr Spinnen, Käfer, Grillen, Heuschrecken, seltene Schnecken oder gar Gottesanbeterinnen und viele andere Lebewesen. Je nach Lage und Bodenart bildet *Extensivgrünland* eigene Biotope. Wenn Sie sich für Naturschutz interessieren, ist Ihnen wahrscheinlich schon einmal der Begriff *Magerrasen* begegnet. Auch dabei handelt es sich um extensiv genutztes, nährstoffarmes (ausgemagertes) Grünland, das oft aus den Allmenden hervorgegangen, sprich durch Jahrhunderte oder Jahrtausende der Beweidung entstanden ist. Unter dem extensiven Grünland finden sich auch die Almen, also die hoch gelegenen Sommerweiden des Alpenraums.

Grünland ist mit zwei sehr gegensätzlichen Bedrohungen konfrontiert: Es kann zum einen umgepflügt und zu Acker gemacht werden oder als Grünland eine Intensivierung der Bewirtschaftung erfahren, die den Artenreichtum, wie beschrieben, schmälert. Zum anderen ist Grünland aber auch von der gänzlichen Aufgabe der Bewirtschaftung bedroht: Wenn eine Wiese nämlich gar nicht mehr gemäht oder beweidet wird, verändert sich der Charakter des Lebensraums ebenso gravierend wie durch eine intensivere Nutzung. Aufgegebenes Grünland wird nämlich über die Jahre langsam zu Wald und geht dadurch als „Lebensraum Wiese" verloren.

Deshalb ist die in ganz Europa grassierende und viele Millionen Hektar betreffende *Verwaldung* ein großes Problem für den Artenschutz. Übrigens auch für den Tourismus: Stellen Sie sich die Alpen und das Alpenvorland ohne Wiesen und Weiden vor! Sie wären beim Wandern immer nur im Wald unterwegs und müssten schon die Baumgrenze überschreiten, um irgendwo die Aussicht genießen zu können.

Die EU-Umweltagentur nennt die „Aufgabe von Grünland-Bewirtschaftung" als den wichtigsten von acht Risikofaktoren für Arten und Lebensräume.[106] Interessanterweise passt diese Feststellung exakt zur dritten von sieben Ursachen für den Rückgang der biologischen Vielfalt in der Agrarlandschaft, den die Leopoldina-Forscher für Deutschland nennen: den „Wandel in der Nutztierhaltung". Ganz speziell beklagen sie die „sehr starke Abnahme landwirtschaftlicher Betriebe mit Rinderhaltung" und den daraus folgenden „Rückgang von Heuwiesen, kleinen Weiden, Kuhfladen und Misthaufen als Nahrungsgrundlage und Lebensraum vieler Kleinstorganismen sowie von Insekten und Vögeln".

Über Jahrtausende hinweg lebten in praktisch jedem Dorf Mitteleuropas nicht nur Menschen, sondern auch Rinder, Schafe und Schweine. Das war in vielerlei Hinsicht ein Segen für die lokale Artenvielfalt, vor allem weil es viel mehr über das ganze Land verteilte Wiesen und Weiden gab. Während das Pflanzenwachstum auf Weiden nur durch das Mähen unterbrochen wird, sind die lebenden „Mähmaschinen" auf Weiden kontinuierlich unterwegs. Beide Nutzungsformen schaffen jeweils eigene wertvolle

Lebensräume, die von unterschiedlichen Arten bewohnt werden. Wo die Klauen der Tiere den Boden einer Weide aufreißen und wieder verdichten, zum Beispiel um die Viehtränke herum, wachsen unter anderem sogenannte *Pionierpflanzen*, die auch Schotterwege, Kiesgruben oder andere „Wunden" im Erdboden besiedeln, wie der Huflattich. Frisch aufgebrochene Erde dient aber auch vielen Wildbienenarten zur Eiablage. Und Vogelarten wie Bachstelze, Star oder Kiebitz finden im kurzgehaltenen Gras Regenwürmer oder Insekten.

Insekten werden auch durch die zu jeder Rinderweide gehörenden Kuhfladen gefördert. Je nach dem aktuellen Zersetzungsstadium legen darin Gemeine Dungkäfer, Mistfliegen und viele andere Insekten ihre Eier ab, die geschlüpften Larven fressen den Kot. Im Boden darunter tummeln sich Milben, Hundertfüßler und Regenwürmer. Kurzum: Kuhfladen sind ein Hort der Artenvielfalt.

Genau wie die Misthaufen, eine Mischung aus Einstreu und Kot, die früher Kennzeichen jedes Bauernhofs waren, und damals oft noch mitten in den Dörfern lagen. Heutzutage wäre der Ärger der Nachbarn über den Gestank und „die vielen Fliegen" vermutlich deutlich größer als die Einsicht, dass der Mist einen Beitrag für die Artenvielfalt leistet. Abgesehen davon: Misthaufen haben den entscheidenden Nachteil, den Sie bereits aus dem Klimakapitel kennen: Sie verursachen, im Gegensatz zur unter Verschluss gehaltenen Gülle, die in modernen Ställen anfällt, mehr Lachgas- und Ammoniak-Emissionen.

Negativ auf die Artenvielfalt wirken sich laut Leopoldina auch die schrumpfenden Flächen an Heuwiesen aus. Dort ernten die Bauern das Heu, das ihre Tiere über den Winter fressen. Je nachdem, wie knapp das Tierfutter in früheren Zeiten war, etwa bei Trockenheit, mähten die Bauern sogar das Gras der Feldwege und Raine zwischen ihren Äckern, um es als Futter zu nutzen. Heutzutage bleibt das Mähgut mangels Tierhaltung in der Nähe meist liegen und düngt den Boden im Zuge seiner Verrottung. Falls Sie sich jetzt fragen, ob dieser letzte Punkt nicht ein wenig an den Haaren herbeigezogen ist: Die Leopoldina erwähnt die „fehlende Abtragung von Mähgut an Feld- und Wegrändern" explizit in ihrer 7-Ursachen-Liste des Artenverlustes in der Agrarlandschaft, denn mit dem Mähgut bleiben auch die Nährstoffe liegen, das allmähliche Auszehren des Bodens wird verhindert – und damit auch die Verbreitung von Pflanzen, die auf nährstoffarme Böden angewiesen sind. Eine wieder besser über das Land verteilte (Weide-)Tierhaltung wäre also ein echter Fortschritt für mehr Artenvielfalt.

Dem entgegen steht zum Teil u. a. die zunehmende Ausbreitung von Wölfen. Die Zahl der Risse an Schafen, Kälbern und anderen Nutztieren steigt. Während die Rückkehr des Wolfes nach Mitteleuropa einerseits einen Artenschutz-Erfolg darstellt, gefährdet sie andererseits die für die allgemeine Biodiversität wichtige Weidehaltung. Ein heiß diskutiertes Thema, das ich hier nicht vertiefen möchte.

In ihrer 7-Ursachen-Liste nennen die Leopoldina-Forschenden u. a. auch die besprochenen „abwechslungsarmen Fruchtfolgen", die „hohe Effizienz in der Schädlings- und Unkrautbekämpfung" sowie eintönigere Landschaften. Konkret benennen sie die „starke Abnahme von Baumreihen, Hecken, Feldgehölzen, Steinhaufen und losen Steinmauern sowie von extensiv bewirtschafteten, nährstoffarmen Randstreifen und Brachen" und die „starke Verringerung der Biotopvernetzung."

Dieser Aspekt spiegelt genau das wider, was wir bereits anhand der Studie der Göttinger Agrarökologen besprochen haben. Sie erinnern sich: kleinräumige, vielfältige und bunte Landschaften helfen mehr als Bioflächen. Die Artenvielfalt ist dort, selbst mit konventioneller Landwirtschaft, größer als auf allzu ausgedehnten Biofeldern.

Liegt in der Kleinräumigkeit der Schlüssel zur Lösung? Wenn sich in bunten Landschaften zwei auf den ersten Blick unversöhnliche Ziele gemeinsam erreichen lassen, nämlich hohe Erträge und große Artenvielfalt, dann lässt dies folgenden Schluss zu: Wir können Artenvielfalt schützen oder wiederherstellen, ohne unsere Erträge zu gefährden und unsere Probleme einfach nur in andere Länder zu exportieren. Dazu müssten wir „nur" die Kleinräumigkeit wiederherstellen, wo sie tatsächlich in zu großem Ausmaß verloren ging. (Das ist längst nicht überall der Fall: In vielen Gegenden Österreichs oder Baden-Württembergs wimmelt es vor Hecken.)

Dort, wo die Felder sehr groß sind, könnten Bauern sie künstlich kleiner machen, indem sie auf der einen Hälfte eine Kultur und auf der anderen Hälfte eine andere Kultur anbauen. Satellitenunterstützte, digitalisierte Technik würde es heute schon möglich machen, das Feld überhaupt gleich in Streifen zu bebauen. So könnten sich etwa Raps und Weizen alle 20 oder 30 Meter abwechseln. Am Rand des Feldes könnten Hecken, Baumreihen, Blühstreifen oder Brachflächen derart verteilt liegen, dass sie einerseits das Beackern nicht behindern, andererseits aber Lebensräume miteinander vernetzen. So würden die Wege eines Traktors nicht ungeschickt blockiert, und es würde trotzdem ein Mosaik aus Lebensräumen geschaffen werden, als Teil einer ansonsten hochproduktiven Acker- und Wiesenlandschaft. Auch Bioflächen hätten darin ihren Platz.

In diesem Zusammenhang gilt es ein Loblied auf die *Brache* zu singen, die man in Österreich auch *Gstettn* nennt. Sie zeichnet sich dadurch aus, dass sie erst als Feld oder Wiese bewirtschaftet und schließlich stillgelegt wurde. Die Aufgabe der Nutzung eröffnet vielen Arten der Agrarlandschaft Lebensräume. Jedenfalls so lange, bis sich der Wald (der andere Arten beheimatet) auf der Brache ausgebreitet hat. Brachen müssen daher immer wieder neu geschaffen werden, indem Flächen für begrenzte Zeiträume aus der Nutzung herausfallen.

Brachen gehörten viele Jahrtausende lang zum Wesen der Landwirtschaft und sollten dem Boden regelmäßige „Erholung" verschaffen. Dort können sich Ackerwildkräuter ausbreiten und Samen produzieren. Feldlerche, Braunkehlchen und andere Vögel nutzen sie als Brutstätten oder zur Nahrungssuche, genauso wie Insekten. Rebhühner oder Feldhasen nutzen sie als Deckung und Schutz vor Greifvögeln. An offenen Bodenstellen oder in abgestorbenen Pflanzenstängeln legen Wildbienen ihre Eier ab. Aus ökologischer Sicht sind Brachen Gold wert. Ihr einziger, aber großer Nachteil ist, dass sie keine Erträge liefern. Aber tröpfchenweise über das Land verteilt, können sie wie Trittsteine sein, die es Lebewesen ermöglichen, von einem Biotop zum nächsten zu kommen. Brachen lassen sich auch im Garten schaffen. Es kann faszinierend sein, ein Stückchen Boden einfach mal umzugraben und anschließend nichts weiter zu tun, als zu beobachten, was passiert. Alle möglichen Samen und Wildbienen in Ihrer Nachbarschaft stehen sicher schon in den Startlöchern.

LAND SPAREN ODER LAND TEILEN?

Grundsätzlich werden bei der Frage des Zusammenspiels von Naturschutz und Nahrungsmittelproduktion zwei unterschiedliche Ansätze diskutiert. Der erste Ansatz wird in der Wissenschaft unter dem Fachbegriff *land sparing* diskutiert. Dabei geht es darum, auf Produktionsflächen möglichst intensiv und mit hohen Erträgen zu wirtschaften, um Land zu „sparen", das dann als Naturschutzgebiet in eigenen, abgetrennten Bereichen dem Erhalt der Artenvielfalt dient. So soll auch der Druck auf die letzte Wildnis reduziert werden. Demgegenüber steht der *Land-Sharing*-Ansatz. Er sieht vor, Naturschutzmaßnahmen räumlich in die Produktionslandschaften zu integrieren, um so auch die positiven Effekte einer großen Artenvielfalt auf die Landwirtschaft zu nutzen.

Welcher Weg ist der richtige? Forschende der Universität Göttingen plädieren in einer Studie für ein Sowohl-als-auch, also für eine Mischform der beiden Ansätze. Sie kommen zum Schluss: „Moderne und nachhaltige Agrarlandschaften erfordern sowohl landsparende und ertragreiche Produktionsgebiete, unberührte Lebensräume als auch extensiv bewirtschaftete Flächen. Diese Kombination ermöglicht nicht nur die höchste Artenvielfalt, sondern fördert auch Ökosystemdienstleistungen wie die Bestäubung und biologische Schädlingsregulierung durch Insekten und Feldvögel."[107] Diese unterschiedlichen Flächen sollten durch Hecken und andere Formen von Korridoren miteinander verbunden sein.

Ich übersetze die Wissenschaftler mal so: Hören wir auf, die eine oder andere Art der Landwirtschaft zu verteufeln oder zu glorifizieren. Erkennen wir stattdessen an, dass sowohl die hochproduktive Landwirtschaft inklusive ihrer Dünger und Spritzmittel als auch die extensive (Bio-)Landwirtschaft, Blühstreifen, Hecken oder unberührte Wildnis unverzichtbare Aufgaben erfüllen.

Die Hardliner beider Seiten sollten das endlich einsehen!

ZUSAMMENFASSUNG: WAS WIR ÜBER ARTENVIELFALT WIRKLICH WISSEN SOLLTEN

1. Global betrachtet schreitet das Artensterben so schnell voran wie seit Millionen Jahren nicht mehr.
2. Wichtigste Ursache sind Änderungen bei der Landnutzung, gefolgt von: Übernutzung durch Jagen und Sammeln, Klimawandel, Umweltverschmutzung und invasiven Arten.

3. Vieles, was dem Klima hilft, hilft auch dem Artenschutz: weniger Essen verschwenden, reduzierter Fleischkonsum, aber auch die Wertschätzung einer modernen und effizienten Landwirtschaft mit optimalen Flächenerträgen.

4. Der Erhalt von Regenwäldern, Savannen und Mooren muss oberste Priorität haben. Auch deshalb müssen Bauern des globalen Südens in die Lage versetzt werden, ihre Ernten zu steigern, ohne weitere Flächen in Agrarland umzuwandeln. Auch dafür braucht es, ebenso wie für die Klimarettung, eine nachhaltige Intensivierung der Landwirtschaft.

5. In Mitteleuropa heißt Naturschutz vor allem: Schutz der Kulturlandschaft. Viele Arten sind nur dadurch bei uns heimisch geworden, dass Menschen die Natur über Jahrtausende geformt haben. Traditionelle Formen der Landwirtschaft, wie die Weidehaltung oder Brachen, helfen vielen schützenswerten Tier- und Pflanzenarten.

6. Die Reduktion von Pestiziden und Dünger hilft dem Artenschutz – aber nur dann, wenn sie auf intelligente Weise erfolgt. Moderne, digitale Technik kann helfen, die Mittel präzise zu dosieren. Wenn wir sie einfach nur verbieten, sinken die Erträge in Europa, während die Importe wachsen. Naturzerstörung an anderen Orten ist die Folge.

7

EIN LOBLIED AUF DEN KUNSTDÜNGER

Das Thema Dünger könnte man in einem Satz zusammenfassen: Dünger, speziell synthetisch hergestellte Stickstoffdünger, sind überlebensnotwendig für die Menschheit – und stellen gleichzeitig ein ökologisches sowie ein Problem für das Weltklima dar.

Die problematischen Seiten des Düngers werden in Politik und Medien häufig besprochen. Wer sich für Umweltthemen interessiert, hat mit Sicherheit schon öfter von Nitrat in Gewässern, von Ammoniak oder von Lachgas gehört, das von Feldern aufsteigt und als Treibhausgas das Klima erwärmt. All diese Verbindungen entstammen dem Stickstoff. Die Umweltauswirkungen zu besprechen, ist enorm wichtig. Allerdings scheint die existenzielle Bedeutung des Düngers für die Ernährung der Menschheit dabei zunehmend in Vergessenheit zu geraten. „Kunstdünger" zählt neben Pestiziden und Gentechnik für viele zu den drei vermeintlich größten Übeln der konventionellen Landwirtschaft. Zu Zeiten unserer Ururgroßeltern war das ganz anders.

DIE MALTHUSIANISCHE KATASTROPHE

Bereits im Jahr 1798 machte der britische Ökonom Thomas R. Malthus (1766 – 1834) eine düstere Prophezeiung. In seinem berühmt gewordenen Aufsatz *The Principle of Population* (dt. Das Bevölkerungsgesetz) stellte er die These auf, dass die Zahl der auf der Erde lebenden Menschen stets exponentiell wachse, während die Menge der produzierten Nahrungsmittel nur linear ansteigen könne. Dementsprechend würden Bevölkerungsgröße und Nahrungsmittelangebot stets auseinanderdriften, was unweigerlich zu Hungersnöten, Seuchen, Krankheit und Armut führen müsse, welche schließlich die Anzahl der Menschen wieder dezimiere. Malthus glaubte in dieser zyklisch in Erscheinung tretenden

„Bevölkerungsfalle" eine Art Naturgesetz zu erkennen, aus dem es kein Entrinnen gibt.

Auch der US-Biologe und Stanford-Professor Paul R. Ehrlich (geb. 1932), nicht zu verwechseln mit dem deutschen Mediziner Paul Ehrlich, sagte katastrophale Hungersnöte voraus. In dem gemeinsam mit seiner Frau Anne Ehrlich 1968 veröffentlichten und millionenfach verkauften Buch *The Population Bomb* (dt. Die Bevölkerungsbombe) wurde er sehr konkret. Das Werk begann mit den Worten: „Der Kampf um die Ernährung der gesamten Menschheit ist vorbei. In den 1970er Jahren werden Hunderte von Millionen Menschen verhungern, trotz aller Sofortprogramme, die ab heute eingeleitet werden mögen. Zu diesem späten Zeitpunkt kann nichts mehr einen erheblichen Anstieg der weltweiten Sterblichkeitsrate verhindern." 65 Millionen Amerikaner würden unter den Hungertoten sein, Indien sei dem Untergang geweiht, und England würde recht wahrscheinlich im Jahr 2000 nicht mehr existieren.[108] Um gegenzusteuern, propagierte Ehrlich eine radikale Politik zur Eindämmung von Geburten, bei der die USA vorangehen müssten. Seine Überlegungen schreckten selbst vor Steuern auf Kinder oder der Beimischung von sterilisierenden Substanzen in Trinkwasser oder Nahrungsmittel nicht zurück. Sein Buch brachte Ehrlich in die US-Talkshows und die Angst vor Überbevölkerung in die Köpfe weiter Teile der Bevölkerung.

Ehrlich und Malthus hätten mit ihren düsteren Prophezeiungen kaum weiter danebenliegen können. Zum Zeitpunkt der Veröffentlichung von Malthus' Werk lebten auf der Erde weniger als eine Milliarde Menschen. Heute sind es fast achtmal so viele, und dennoch gibt es ungleich weniger Hungertote, sowohl in absoluten als auch in relativen Zahlen. Der Website *Our World in Data* zufolge starben etwa in den 1870er Jahren weltweit von 100.000 Menschen 142 an Hunger. In den 1920er Jahren waren es 82, und selbst in den 1960ern noch 50. Obwohl jedes einzelne Hungersopfer eine inakzeptable Tragödie verkörpert: Dass in den Dekaden seit 1980 stets weniger als fünf Menschen pro 100.000 davon betroffen waren – trotz der massiv gestiegenen globalen Gesamtbevölkerungszahl –, ist ein phänomenaler Erfolg für die Menschheit.[109]

Um das Jahr 1800 herum, zu Malthus' Lebzeiten, lagen die durchschnittlichen Jahres-Weizenerträge[110] im Vereinigten Königreich meist deutlich unter 1,5 Tonnen pro Hektar. Im Jahr 2014 lagen sie bei mehr als 8,5 Tonnen pro Hektar – das ist mehr als das Fünffache! Dass die Welt heute so viele Menschen zusätzlich ernähren kann, ist mehreren Innovationen zu verdanken. Eine ist die Züchtung besserer Sorten. Aber keine Erfindung war so wichtig wie die industrielle Herstellung von Stickstoffdünger.

WARUM STICKSTOFF SO WICHTIG IST

Grundsätzlich sind für die Ernährung von Pflanzen mehr als 15 chemische Elemente essenziell, das heißt, durch keinen anderen Stoff ersetzbar. Neben Elementen wie Eisen, Kupfer oder Chlor, die die Pflanzen nur in Spuren benötigen, werden Hauptnährstoffe in größeren Mengen aufgenommen. Ihre wichtigsten Vertreter sind Kalium, Phosphor und Stickstoff.

In der Natur sind diese Nährelemente in Form von organischen oder anorganischen Verbindungen als *Nährstoffe* verfügbar. Die Pflanze nimmt sie aus dem Boden, der Luft und dem Wasser auf. Nachdem sie abgestorben ist oder gefressen wurde, gelangen die in ihr gebundenen Nährstoffe irgendwann wieder in den Boden und zum Teil in die Luft.

Wo Landwirtschaft betrieben wird, werden die im Erntegut fixierten Nährstoffe vom Feld abtransportiert und so dem Kreislauf erst einmal entzogen. Wer diesen Nährstoffentzug nicht ausgleicht, laugt den Boden aus und macht ihn auf Dauer weniger fruchtbar. Dieser simple Zusammenhang macht die Notwendigkeit der Düngung zu einem Wesenskern aller Formen von Landwirtschaft. Was macht nun ausgerechnet den Stickstoff so besonders? Stickstoff ist ein Baustein von Aminosäuren, aus denen wiederum alle Eiweißstoffe (Proteine) zusammengesetzt sind. Mit den Proteinen aus unserer Nahrung bauen wir zum Beispiel unsere Muskeln auf. Zu den Proteinen gehören auch die meisten Enzyme, die wichtige Aufgaben im Stoffwechsel wahrnehmen. Stickstoff ist ebenso Teil der Erbinformations-Moleküle DNA und RNA sowie des Chlorophylls, also des Blattgrüns, in dem die pflanzliche Photosynthese abläuft. Kurzum: Von kaum einem Nährelement benötigen Pflanzen solche Mengen wie von Stickstoff. Mangel führt zu blassen Blättern und kümmerlichem Wuchs.

In der Atmosphäre gibt es mehr als ausreichend Stickstoff-Moleküle (N_2), mit 78 Prozent stellen sie den Hauptbestandteil der Luft dar. Allerdings können Pflanzen diesen als reines Element vorliegenden Stickstoff nicht direkt nutzen. Er muss zunächst in eine andere chemische Form umgewandelt werden, genauer gesagt vor allem in *Nitrat* oder *Ammonium*. Diese beiden anorganischen, wasserlöslichen und *reaktiven* Verbindungen können von Pflanzenwurzeln (in geringem Ausmaß auch von den oberirdischen Pflanzenteilen) aufgenommen werden und so Stickstoff in die Pflanze transportieren. Wenn Pflanzen wieder verrotten, entsteht im Boden erneut Nitrat.

Am Rande sei erwähnt: Nitrat kann in Pflanzen oder im menschlichen Körper von Bakterien in *Nitrite* umgewandelt werden, aus denen wiederum die *Nitrosamine* entstehen, die als krebserregend gelten. Aber auch hier gilt: Die Dosis macht das Gift. Manche Pflanzen wie Blattsalat, Spinat oder Radieschen haben ganz von Natur aus hohe Nitratgehalte.

Es gibt wenige natürliche Möglichkeiten, wie der Stickstoff aus der Luft in pflanzenverfügbarer Form in den Boden gelangen kann. So reagiert er durch die hohe Energie von Blitzen mit Sauerstoff und Wasser und gelangt bei Gewittern mit dem Regen in den Boden. Auch bestimmte im Boden lebende Mikroorganismen überführen Luftstickstoff in eine pflanzenverfügbare Form. Diese beiden Möglichkeiten bringen allerdings nur geringe Mengen Stickstoff in den Boden. Sehr viel leistungsfähiger sind die bereits erwähnten Knöllchenbakterien, die in Symbiose mit den Wurzeln von Leguminosen (Erbsen, Bohnen, Klee etc.) 200 bis 400 kg Luftstickstoff pro Hektar und Jahr binden können. Zum Vergleich: Gewitter tragen nur rund 10 kg bei.[111]

Leider sind die allermeisten Nutzpflanzen keine Leguminosen. Wenn aber aus der Luft viel zu wenig Stickstoff in den Boden gelangt, braucht es andere Quellen. Über viele Jahrhunderte war es vor allem der Dung der Tiere – Stallmist und Jauche –, den die Bauern auf die Felder brachten. Darin fließen in konzentrierter Form jene Nährstoffe auf die landwirtschaftlichen Flächen zurück, die ihnen zuvor mit dem Futter entzogen wurden.

Auch mit dem Ausbringen menschlicher Exkremente schließt sich ein Kreislauf der Nährstoffe. Von schwäbischen Bauern ist bekannt, dass sie im späten 19. Jahrhundert diese recht günstige externe Nährstoffquelle in Form der „Stuttgarter Latrine" nutzten. Der Transport via Eisenbahn und Sammelgruben an Bahnhöfen hatte es möglich gemacht.[112] Auch heute noch wird solcher Klärschlamm als Dünger genutzt. Allerdings sind dem Ganzen wegen darin enthaltenen Schadstoffen sowie anderer Bedenken Grenzen gesetzt.

GUANO – MINERALDÜNGER AUS VOGELKOT

Es ist ein Trugschluss anzunehmen, zu Zeiten unserer Urgroßeltern hätte die Landwirtschaft keinen Mineraldünger gekannt.

Schon ab Mitte des 19. Jahrhunderts wurde vielerorts der sogenannte Guano-Dünger verwendet. Dieser entsteht bei der Verwitterung von Vogel- oder Fledermauskot und enthält hohe Gehalte an Phosphaten sowie Stickstoff in Form von Nitraten. Der Naturforscher Alexander von Humboldt brachte zu Beginn des 19. Jahrhunderts erste Guano-Proben nach Europa, die er von den peruanischen Chincha-Inseln erhalten hatte. Dort und auf anderen Inseln türmten sich Schichten des von riesigen Vogelkolonien stammenden Stoffs viele Meter hoch. Erst einige Jahrzehnte später sollte es dann zu einem regelrechten Guano-Boom kommen.

Einen beachtlichen Einfluss darauf hatten die Arbeiten des Agrarwissenschaftlers Carl Sprengel (1787–1859) sowie des Chemikers und Universitätsprofessors Justus Freiherr von Liebig (1803–1873). Beide gelten als Begründer der modernen Mineraldüngung, indem sie die Bedeutung der Nährstoffe erkannten. Sprengel hatte 1826 die zuvor allgemein anerkannte Humustheorie widerlegt, wonach sich Pflanzen nur durch ihnen gleichartige Stoffe, also Humusstoffe, und Wasser ernährten. Er konnte vielmehr analytisch nachweisen, dass die düngende Wirkung des Humus von den aus dem Humus herausgelösten Nährstoffen ausgeht. Und diese sind längst nicht nur in Humus enthalten.

Liebig war es schließlich, der dieser Erkenntnis zum Durchbruch verhalf. Er hatte selbst das „Jahr ohne Sommer" 1816 und die daraus folgenden Hungersnöte und Krankheitsausbrüche miterlebt, weshalb eines seiner großen Interessen der Förderung der Landwirtschaft galt. Sein 1840 erschienenes Werk *Die organische Chemie in ihrer Anwendung auf Agricultur und Physiologie,* kurz *Agriculturchemie,* war in dieser Hinsicht ein voller Erfolg. Die darin enthaltene Beschreibung der Bedeutung der Mineraldüngung wurde in neun Auflagen gedruckt und in mehr als 30 Sprachen übersetzt.

Besonders ab Mitte des Jahrhunderts importierten Europa und Nordamerika zunehmende Mengen an Vogelkot aus Südamerika: Neben Guano aus Peru erlangte das ebenfalls aus Vogelkot entstehende Natriumnitrat, ein Salz der Salpetersäure, enorme Bedeutung. Der Hauptfundort dieser wichtigsten natürlich vorkommenden Nitrat-Form ist die chilenische Atacama-Wüste, weshalb der Rohstoff auch als Chilesalpeter bekannt ist. Chile und Peru bestritten erhebliche Anteile ihrer Staatshaushalte aus dem Verkauf des Düngers und führten zwischen 1879 und 1884 sogar einen Krieg um Gebiete mit Salpeter-Vorkommen, der als *Salpeterkrieg* in die Geschichte einging.

Mehr als unrühmlich waren auch die sklavengleichen Bedingungen, unter denen mehr als 100.000 Chinesen, meist einfache Bauern und Analphabeten, nach Peru gelockt wurden, um dort Guano abzubauen. Quellen[113] berichten davon, dass durchschnittlich rund ein Viertel dieser sogenannten Kulis schon auf der monatelangen Überfahrt von China ihr Leben verlor. Der Rest musste zusammen mit anderen Menschen aus dem Pazifikraum oder Strafgefangenen auf den völlig vegetationslosen und heißen Inseln sechs Tage die Woche bis zu 20 Stunden am Tag Guano aufhacken, in Säcke füllen und mit Schubkarren auf Schiffe verladen. Laut Vertrag acht Jahre lang. Jeder Windstoß wirbelte beißende und stinkende Kotwolken auf, der in die Lungen der Arbeiter eindrang. Hinzu kamen schlechte Versorgung, Krankheiten und unmenschliche Bestrafungen. „So sahen viele Menschen keinen anderen Ausweg als ihrem Leben ein Ende zu setzen, indem sie sich über die Klippen stürzten, oder sich mit einer Überdosis Opium ins Jenseits beförderten", heißt es in einem Artikel der *Internationalen Zeitschrift für Humboldt-Studien* der Universität Potsdam. „Kaum ein Kuli überlebte die Vertragszeit."

Welch enorme Bedeutung der Mineraldünger schon damals hatte, zeigt sich auch in einem Gesetz des US-amerikanischen

Kongresses, das noch heute in Kraft ist: Der *Guano Islands Act* von 1856 erlaubt es jedem US-Bürger, nicht beanspruchte Inseln im Namen der Vereinigten Staaten in Besitz zu nehmen, wenn dort Guano gefunden wird.

In Europa und Nordamerika kamen ab Mitte des 19. Jahrhunderts weitere Mineraldünger zum Einsatz, wie Superphosphat (damals aus Knochenmehl plus Schwefelsäure), Kalisalze (waren beim Abbau von Kochsalz als Nebenprodukt angefallen) oder Thomasmehl (ein kalk- und phosphorhaltiges Nebenprodukt der Stahlproduktion).

Aus heutiger Sicht verblüffend war die sogenannte „österreichische Höhlendüngeraktion", bei der ab dem Ersten Weltkrieg 1.500 Höhlen auf Vorkommen von Fledermaus-Guano untersucht wurden.

Der Einsatz der Dünger half schon damals, neben anderen Innovationen, die landwirtschaftlichen Erträge deutlich zu steigern, auch wenn er bei Weitem nicht so flächendeckend und intensiv war wie ab der Zeit nach dem Zweiten Weltkrieg. Zusammen mit Fortschritten in Medizin und Hygiene trug dieser Mineraldünger in der zweiten Hälfte des 19. Jahrhunderts zu einem deutlichen Wachstum der europäischen Bevölkerung bei. Im Jahr 1840 lebten auf dem Kontinent rund 264 Millionen Menschen, 60 Jahre später waren es bereits 407 Millionen.

„BROT AUS DER LUFT" UND SPRENGSTOFF – DAS VERMÄCHTNIS VON HABER UND BOSCH

Gegen Ende des 19. Jahrhunderts bahnte sich allerdings eine Katastrophe an. Das Wachstum der Bevölkerung legte weiter an Geschwindigkeit zu. Gleichzeitig zeigte sich, dass die Vorräte an natürlichen Stickstoffdüngern endlich waren. Der Export von Guano aus Peru kam schon zu Beginn der 1870er Jahre zu einem vorübergehenden Ende, als die Lagerstätten nahezu vollständig abgebaut waren. Die Suche nach alternativen Lagerstätten zeigte wenig Erfolg.

Chile konnte wohl auch deswegen sowie aufgrund von Gebietsgewinnen nach dem Salpeterkrieg gegen Peru seinen Export von Chilesalpeter erheblich steigern. Das Land besaß nun ein Monopol. Man muss wissen: Natriumnitrat ist nicht nur ein Dünger, es dient auch als Ausgangsmaterial für Schießpulver. Aufzeichnungen des k. k. Handelsministeriums zeigen, dass in Österreich-Ungarn beispielsweise 1912 drei Viertel aller Chilesalpeter-Importe für die Landwirtschaft und ein Viertel für militärische Zwecke genutzt wurden.[114]

Militärs und Landwirtschaftsexperten war gleichermaßen bewusst, dass eine alternative Stickstoffquelle gefunden werden musste. Nur dann würde die Landwirtschaft genügend Nahrungsmittel produzieren können, um die wachsende Zahl an Menschen dauerhaft zu ernähren. Als der britische Chemiker William Crookes 1898 zum Präsidenten der British Association for the Advancement of Science ernannt wurde, nutzte er seine von der Presse vielbeachtete Antrittsrede, um auf das Problem aufmerksam zu machen. Er rief die Chemiker-Community dazu auf, den Stickstoff der Luft in großem Stil als Dünger verfügbar zu machen. Die Suche nach dem „Brot aus der Luft" wurde zu einer der größten und dringlichsten Herausforderungen der Wissenschaft am Beginn des 20. Jahrhunderts.

Im selben Jahr der aufrüttelnden Antrittsrede von Crookes wurde an der Technischen Hochschule Karlsruhe jener Mann zum außerordentlichen Professor für Technische Chemie ernannt, dem einige Jahre später der entscheidende Durchbruch gelingen sollte. Am Nachmittag des 2. Juli 1909 gelang es Fritz Haber (1868 – 1934) und seinen Helfern erstmals, mithilfe einer bestimmten Versuchsapparatur flüssiges Ammoniak herzustellen.

Haber war überzeugt, dass sein Experiment auch in industriellen Maßstäben umsetzbar war. Kommentiert wurde dieser epochale Moment in dem Karlsruher Labor historischen Quellen zufolge mit „Es tröpfelt!".[115] Viele Menschen sind überzeugt, dass die wichtigste Erfindung des 20. Jahrhunderts den Computer oder das Internet betrifft. In Wirklichkeit war es aber die Ammoniaksynthese, deren Folgen gar nicht überschätzt werden können.

Das entsprechende Patent für seine Erfindung überließ Haber der Firma BASF und deren Mitarbeiter, dem Chemiker und Ingenieur Carl Bosch (1874 – 1940).

Bosch und sein Team aus über 100 Mitarbeitern, zu denen mehrere weitere Chemiker und vor allem Schlosser zählten, arbeiteten in den kommenden Jahren an der großindustriellen Umsetzung des Ammoniak-Synthesewegs, den Haber vorgegeben hatte. Es erforderte mehrere weitere Erfindungen und Entdeckungen, bis im September 1913 im heutigen Ludwigshafen die erste Ammoniakfabrik der Welt nach dem Haber-Bosch-Verfahren Ammoniak gewann. 1914, nach Ausbruch des Ersten Weltkriegs, erhielt Bosch in Form eines Vertrags mit der Obersten Heeresleitung des Deutschen Reichs, dem sogenannten Salpeterversprechen, finanzielle Unterstützung zur Ausweitung der Produktion des Stickstoffs sowie Abnahmegarantien.

Von nun an waren Importe von Chilesalpeter überflüssig. Stattdessen konnte wertvoller „Kunstdünger" jetzt prinzipiell überall auf der Welt hergestellt werden. Noch heute ist das Verfahren der globale Standard. Unter der Einwirkung von hohem Druck und hoher Temperatur reagiert Luftstickstoff mit Wasserstoff und bildet dabei Ammoniak. In heutigen Worten ausgedrückt: Die Entwicklung des Haber-Bosch-Verfahrens war einer *der* Gamechanger der gesamten Menschheitsgeschichte – und das ist keine Übertreibung. Erkennen lässt sich diese Tatsache auch daran, dass im Zusammenhang mit dem Haber-Bosch-Verfahren gleich drei Nobelpreise verliehen wurden: Fritz Haber wurde 1919 für seine Verdienste nachträglich der 1918er-Nobelpreis für Chemie verliehen, die gleiche Auszeichnung erhielt Carl Bosch im Jahr 1931. Und schließlich ging der dritte Preis dieser Art für das Jahr 2007 an den Physiker und Oberflächenchemiker Gerhard Ertl. Er hatte die vollständige theoretische Grundlage hinter dem Mechanismus der Ammoniaksynthese erklärt.

DIE TRAGISCHE SEITE DER AMMONIAK-SYNTHESE

Die Geschichte des Haber-Bosch-Verfahrens hat allerdings auch mehrere tragische Seiten. Fritz Haber wurde als Kind jüdischer Eltern geboren und konvertierte als junger Mann zum Protestantismus, möglicherweise um es im antisemitisch geprägten Deutschen Kaiserreich leichter zu haben. Er gab sich als glühender deutscher Patriot, der sich bei Ausbruch des Ersten Weltkriegs freiwillig meldete und als wissenschaftlicher Berater des Kriegsministeriums an der Entwicklung von Kampfstoffen mitwirkte. Haber gilt als „Vater des Gaskriegs". Seine Forschungen führten zum Einsatz der Giftgase Chlor und Phosgen, was allein rund 100.000 Soldaten das Leben kostete und mehr als eine Million verwundete. Hinzu kommt, dass seine Ammoniaksynthese die Produktion von Sprengstoff in zuvor ungeahnte Dimensionen führte und somit auch eine der technischen Grundlagen für die weltumspannenden Gräuel des Zweiten Weltkriegs sowie aller folgenden Kriege legte.

Haber war seit 1901 mit der ebenfalls aus einer jüdischen Familie stammenden Clara Immerwahr (1870–1915) verheiratet. Immerwahr war die erste Frau, die in Deutschland einen Doktorgrad in Chemie erlangte. Ihre Ehe verlief unglücklich. Nachdem Haber im Frühjahr 1915 persönlich den ersten großen und „erfolgreichen" Giftgasangriff in Belgien überwacht hatte, gab es einen Empfang im Haus der Habers. In den frühen Morgenstunden nahm sich Clara Haber im Garten des Hauses mit der Dienstwaffe ihres Mannes das Leben. Inwieweit die Missbilligung des Gaskriegs, Liebschaften Fritz Habers oder andere Gründe dabei eine Rolle spielten, ist unklar.[116]

1911 war Haber zum Gründungsdirektor des Kaiser-Wilhelm-Instituts für physikalische Chemie und Elektrochemie in Berlin-Dahlem ernannt worden. Als er 1933 die Entlassung sämtlicher jüdischer Mitarbeiter nicht verhindern konnte, verließ er Deutschland in Richtung England. Er starb im Januar 1934 in einem Hotelzimmer in Basel.

Auch Carl Bosch unternahm 1939 einen Suizidversuch. Zuvor hatte er am 7. Mai desselben Jahres bei einer Ausschussversammlung des Deutschen Museums in München eine Rede gehalten, in der er gemäß der Erinnerung eines Teilnehmers sagte, dass „Wissenschaft nur frei und ohne Bevormundung gedeihen könnte und dass Wirtschaft und Staat unfehlbar zugrunde gehen müssten, wenn die Wissenschaft in so würgende politische, weltanschauliche und rassistische Beschränkungen gezwungen werde wie unter dem Nationalsozialismus". Daraufhin verlangte Reichsminister und Nazi-Größe Rudolf Heß, Bosch seiner Ämter zu entheben und ihm öffentliche Auftritte zu verbieten.[117] Bereits vier Jahre zuvor musste Bosch seinen Vorstands-Chefposten bei der I.G. Farben auf Druck des NS-Regimes aufgeben und sich mit dem Vorsitz des Aufsichtsrats abfinden. In seinen letzten Jahren soll Bosch schwer depressiv gewesen sein. Er starb 1940 in Heidelberg.

KUNSTDÜNGER ERNÄHRT DIE HALBE MENSCHHEIT UND SCHAFFT PROBLEME

Trotz all der tragischen Aspekte rund um die Entwicklung des Haber-Bosch-Verfahrens: Für die Menschheit als Ganzes bleibt vor allem der „künstliche" Stickstoffdünger als unverzichtbarer Lebensretter. Während mehrere natürliche Vorkommen von Kalium und Phosphor die Weltlandwirtschaft auch heute noch mit diesen ebenso wichtigen Nährstoffen versorgen, bleibt das Haber-Bosch-Verfahren das Rückgrat der globalen Stickstoffversorgung. Zusammen mit den Fortschritten in der Pflanzenzüchtung (siehe Kapitel 9), dem Einsatz von Pflanzenschutzmitteln und der Mechanisierung der Landwirtschaft ermöglichte der Kunstdünger nach dem Zweiten Weltkrieg in vielen Weltregionen zuvor unerreichte Ertragssteigerungen. Die Statistiken sprechen für sich. So haben sich zum Beispiel die globalen Durchschnittserträge[118] von Mais und Weizen zwischen 1961 und 2018 mehr als verdreifacht, jene von Reis, Sojabohnen und Gerste deutlich mehr als verdoppelt, und bei Cassava, Kartoffeln und Bananen liegen die globalen Erträge heute um rund 50, 70 bzw. 90 Prozent höher als zu Beginn der 1960er Jahre.

Die in diesem Zusammenhang wohl beeindruckendste Statistik brachte ein im renommierten *Nature*-Verlag schon im Jahr 2008 veröffentlichter Artikel[119] hervor. Die Arbeit mit dem Titel *Wie ein Jahrhundert der Ammoniaksynthese die Welt veränderte* wurde bislang über 1.500-mal im Rahmen anderer wissenschaftlicher Veröffentlichungen zitiert, was einer Adelung durch die Science-Community gleicht. Die Autoren, darunter auch zwei Wissenschaftler des *Internationalen Instituts für Angewandte Systemanalysen (IIASA)* in Laxenburg bei Wien, haben darin u. a. die Folgen der Erfindung von Haber und Bosch auf das Wachstum der Weltbevölkerung berechnet. Sie kommen zum Schluss, dass der Haber-Bosch-Stickstoff die Ernährung von 48 Prozent der Weltbevölkerung ermöglicht hat. Oder anders formuliert: Rund die Hälfte der Menschheit wäre ohne „Kunstdünger" heute nicht am Leben. Seine Verfügbarkeit hat außerdem dazu geführt, dass ein Hektar Ackerland heute deutlich mehr als vier Menschen ernährt, statt weniger als zwei, wie noch 1908, als Haber sein Patent anmeldete. Das ist gut für die Umwelt (Stichwort: Landnutzung).

Synthetischer Stickstoff und andere Mineraldünger werden aus den genannten Gründen auch in den kommenden Jahrzehnten unverzichtbar für das Wohlergehen und den Fortschritt der menschlichen Zivilisation sein. Daran besteht kein Zweifel. Kein Zweifel besteht allerdings auch an der Feststellung, dass ihre globale Verwendung eine ganze Reihe von Problemen mit sich bringt. Diese lassen sich auf zwei grundsätzliche Umstände zurückführen: Erstens erfordert die Ammoniak-Synthese enorm viel Energie, nämlich 1 bis 3 Prozent des globalen Bedarfs. Zweitens kommt ein großer Teil des ausgebrachten Stickstoffs nie dort an, wo er soll: in der Pflanze. Stattdessen verflüchtigen sich große Mengen in die Umwelt und verursachen dort mehrere gravierende Probleme.

Laut Weltklimarat wird global nur rund die Hälfte des ausgebrachten Stickstoffs aus Mineraldünger, organischem Dünger wie Mist und Gülle und verrottenden Pflanzenresten tatsächlich von den Pflanzen aufgenommen.[120] Die andere Hälfte geht verloren und belastet die Umwelt.

Zu den Stickstoff-Emissionen aus der Landwirtschaft kommen jene, die mit den Abgasen aus Industrie und Verkehr in die Atmosphäre und von dort wieder in Böden gelangen. Auch Siedlungs- und Industrieabwässer (Waschmittel, Fäkalien etc.) sorgen für Einträge, je nachdem, wie gut das Wasser gefiltert wird.

Was der überschüssige Stickstoff und andere Nährstoffe in der Umwelt anrichten, haben wir an mehreren Stellen des Buches besprochen: Sie führen zu einer Überdüngung von Gewässern mit gravierenden ökologischen Folgen, wovon Algenteppiche oder „Todeszonen" im Meer zu den bekanntesten zählen. Sie führen zu Feinstaubbelastung und Luftverschmutzung. Sie mindern die Artenvielfalt auf Landflächen, indem sie wenigen schnellwachsenden

Pflanzen einen Vorteil verschaffen. Sie heizen als Lachgas das globale Klima an. Und schließlich kann übermäßiger Stickstoffeintrag auch zu einer Versauerung des Bodens beitragen. Weil das Problem ernst ist, haben die Vereinten Nationen 2019 die sogenannte *Colombo Declaration* verabschiedet. Darin wird die Weltgemeinschaft dazu aufgerufen, die Umweltverschmutzung mit Stickstoff bis zum Jahr 2030 zu halbieren.

Auch wenn Stickstoff und andere Nährstoffe über mehrere Kanäle in die Umwelt gelangen, die Landwirtschaft trägt, global betrachtet, mit rund 80 Prozent den Löwenanteil an dieser auch als *Eutrophierung* bekannten Art von Umweltverschmutzung.

DAS NUDELWASSER-PROBLEM DER DÜNGUNG

Wichtig zu wissen ist: Wie viel Stickstoff tatsächlich in die Umwelt entweicht, unterscheidet sich sehr stark von Land zu Land und letztendlich auch von Bauernhof zu Bauernhof. Dies hängt unter anderem mit den Mengen an ausgebrachtem Dünger sowie mit der Effizienz seiner Verwertung zusammen. Also mit der Frage, welcher Anteil des Düngers von den Pflanzen aufgenommen wird und welcher ungenutzt entweicht. In jeder Hinsicht optimal wäre es, wenn alle Landwirte den höchsten Ertrag mit einer Stickstoffnutzungseffizienz von 100 Prozent verbinden könnten. Dann wären die Pflanzen optimal gewachsen und hätten dabei den zur Verfügung gestellten Dünger vollständig verwertet. Leider schaffen das die wenigsten Bauern, und wenn, dann dürften auch Glück und Zufall eine Rolle gespielt haben.

Das österreichische Durchschnittsfeld lieferte zuletzt einen Stickstoff-Überschuss von rund 40 kg pro Hektar, Deutschland erreicht den doppelten Wert. Länder wie Südkorea, die Niederlande oder China liegen noch weit darüber. Dort wurden Stickstoffüberschüsse von 246, 170 bzw. 150 kg verzeichnet.[121]

Aber warum soll es überhaupt so schwierig sein, die passende Düngermenge auszubringen? Dazu ein Vergleich: Stellen Sie sich vor, Sie wollen Pasta abkochen und setzen sich zum Ziel, dass diese perfekt schmecken, also ausreichend gesalzen sein muss, ohne dass überschüssiges Salz mit dem Nudelwasser in den Abfluss rinnt. Die exakt richtige Menge Salz dürfte kaum zu treffen sein, weshalb Sie wahrscheinlich lieber ein bisschen mehr Salz ins Wasser geben werden.

In der Landwirtschaft kommt erschwerend hinzu, dass zum Zeitpunkt der Düngung nicht ganz klar ist, „wie viele Nudeln und wie viel Wasser im Topf sein werden und wie heiß das Wasser zu welchem Zeitpunkt sein wird". Der Hauptgrund für Stickstoffverluste besteht in der Schwierigkeit, die optimale Menge zum genau richtigen Zeitpunkt zu düngen.

Wie gut etwa Weizen wächst, hängt neben der Düngung nämlich auch von weiteren Faktoren, wie dem Witterungsverlauf oder der Art des Bodens und seiner Bewirtschaftung ab. All das beeinflusst außerdem, wie gut ein Boden Nährstoffe speichern kann oder wie leicht sie wieder ausgewaschen werden. Für jede Kulturart gibt es in jeder Anbauregion ein gewisses, auch sortenbedingtes, Ertragspotenzial. An ihm muss sich die Düngermenge in erster Linie ausrichten. Nur in günstigen Anbauregionen führt mehr Dünger auch zu mehr Ertrag, bei ungünstigen Bedingungen bedeutet dieselbe Düngermenge reine Verschwendung. Zudem kann man Pflanzen auch überdüngen, was sie einem dann mit einer erhöhten Krankheitsanfälligkeit oder Instabilität heimzahlen.

Wird das Ertragspotenzial nicht ausgeschöpft, z. B. weil nach der Düngung unerwartet eine längere Trockenperiode einsetzt oder zu starke, ertragshemmende Hitze herrscht, dann nimmt die Pflanze geringere Nährstoffmengen auf als geplant, und der dann überschüssige Dünger läuft Gefahr, beim nächsten Starkregen ausgewaschen zu werden.

Es gibt viele weitere Gründe dafür, dass Dünger falsch dosiert oder zum falschen Zeitpunkt ausgebracht wird. Während in der modernen Landwirtschaft regelmäßige Beprobungen des Bodens den aktuellen Nährstoffvorrat zeigen, um bei der Düngerdosierung einkalkuliert zu werden, fehlen solche Möglichkeiten in vielen Ländern. Auch beim Standard der Ausbildung der Landwirte und bei den Ausbringungstechniken gibt es eklatante Unterschiede. Viele ganz besonders intensiv wirtschaftende Kleinbauern in Asien bringen ihren Dünger noch immer mit der Pi-mal-Daumen-Methode von Hand aus. Moderne Großbetriebe sind dagegen längst digitalisiert und betreiben Präzisionslandwirtschaft mit satelliten- und sensorenunterstützten Düngerstreuern, die die wertvollen Nährstoffe quadratmeterweise und streng nach Bedarf dosieren.

Wenn ein Betrieb sehr viel mehr Tiere hält, als es dem Nährstoffbedarf seiner vorhandenen Acker- oder Wiesenflächen entspricht, dann kann dies zu einem Überschuss an Gülle führen. Auch das birgt das Risiko einer Überdüngung. In Ländern wie Österreich oder Deutschland gibt es strenge und vielschichtige Regeln, was Zeitpunkt, Menge und Ausbringungstechnik sowie weitere Aspekte des Dünger- und Nährstoffmanagements betrifft. Auch muss dokumentiert werden, wie viel Dünger ein Betrieb ausgebracht hat.

Vor allem Deutschland hat an dieser Stelle dennoch ein Problem: Laut aktuellem Nitratbericht der Bundesregierung wird der Grenzwert von 50 Milligramm Nitrat pro Liter Grundwasser nämlich noch immer an mehr als einem Viertel der Messstellen des EU-Nitratmessnetzes überschritten. Dieses Messnetz ist speziell zur Überwachung der Stickstoffausträge aus der Landwirtschaft konzipiert. Wohlgemerkt: Die Überwachung des *Trink*wassers ist eine andere Geschichte. Da glänzen Österreich und Deutschland mit zumindest guter und oft sogar ausgezeichneter Wasserqualität.

WIE LASSEN SICH STICKSTOFFVERLUSTE VERMEIDEN?

Es gibt eine Vielzahl von Schrauben, an denen sich zur Vermeidung von Stickstoffverlusten drehen lässt. Zu den wichtigsten zählen innovative technische Werkzeuge und praktisches Wissen rund um den Boden, die Düngung und das Wachstum von Pflanzen. Dies kann Verluste erheblich verkleinern, ohne Einbußen beim Ertrag hinnehmen zu müssen. „Bio-Methoden" wie das ständige Bedeckthalten des Bodens mit Pflanzenresten bzw. einer *Mulchschicht* schützen vor Erosion und damit auch vor dem Abschwemmen von Nährstoffen.

Der vermehrte Anbau (und Konsum) von Hülsenfrüchtlern (Leguminosen) bringt Luftstickstoff mithilfe von Bakterien auf natürliche Art in den Boden. Zwar schützt diese *biologische Stickstofffixierung* nicht zwangsläufig vor einer Verschmutzung – Nitrat ist Nitrat, ganz gleich über welchen Weg es in den Boden gelangt – aber die abgestorbenen Reste der Leguminosen speichern Stickstoff zunächst in organisch gebundener Form und schützen ihn so eine Zeitlang vor Abbau und Auswaschung. Nebenbei lassen sich durch diese Form der *Gründüngung* energieaufwendig produzierter synthetischer Stickstoffdünger einsparen und das Klima schützen.

Geradezu genial wäre es in dieser Hinsicht, könnte man die Leguminosen-Fähigkeit zur biologischen Stickstofffixierung auch auf andere Kulturpflanzen wie Weizen oder Mais übertragen, sodass diese keinen von außen zugeführten Stickstoff mehr benötigen. Erste Erfolge kann die Wissenschaft dank moderner Gentechnik-Werkzeuge bereits verbuchen.

Was allerdings in keinem Fall hilft, ist die unüberlegte Pauschalkritik speziell an „Kunstdünger", die von Teilen der Öffentlichkeit regelmäßig zu hören ist. Dünger macht den Boden fruchtbar, *nicht* seine Abwesenheit, wie manche TV-Dokus glauben machen wollen. Und trotzdem muss die Landwirtschaft Dünger dringend einsparen, wo er im Übermaß oder nicht gezielt genug zum Einsatz kommt. Auf der anderen Seite müssen manche Länder ihren „Kunstdünger"-Einsatz dringend erhöhen. Vor allem südlich der Sahara steht Bauern oftmals zu wenig oder gar nichts davon zur Verfügung. Mit jeder Ernte zehren sie ihre Böden aus, ohne ausreichend Nährstoffe nachzuliefern. Dies macht Böden langfristig unfruchtbar und fördert die Ausbreitung von Wüsten sowie die Rodung von Naturflächen zur Gewinnung neuer landwirtschaftlicher Flächen. Die „nachhaltige Intensivierung", die u. a. der Weltklimarat fordert, spiegelt sich auch in der Notwendigkeit einer ausgewogenen Düngung wider. Mit dem Dünger ist es wie mit vielem anderem: Zu viel davon ist ebenso schädlich wie zu wenig.

ZUSAMMENFASSUNG: WAS WIR ÜBER DÜNGER WIRKLICH WISSEN SOLLTEN

1. Das Düngen gehört zur Landwirtschaft wie das Säen und das Ernten. Stickstoff gehört zu den wichtigsten Nährelementen.

2. Ohne die großindustrielle Umwandlung von Luftstickstoff in „Kunstdünger" wäre jeder zweite Mensch nicht am Leben.

3. Ein zu großer Teil des Düngers erreicht die Pflanzenwurzeln nie und entweicht in die Umwelt. Dort führt er zu Gewässerverschmutzung, Artenarmut und Klimaerwärmung.

4. Es kommt auf die Dosierung an. Digitale, satellitenunterstützte Maschinen schaffen die punktgenaue Ausbringung von Mineraldüngern, während Kleinbauern vor allem in Asien häufig überdosieren.

5. Auch der Anbau von Zwischenfrüchten oder eine schonende Bodenbearbeitung helfen, Erosion und die Auswaschung von Nährstoffen einzudämmen. Leguminosen sammeln Stickstoff „kostenlos" und energieneutral aus der Luft.

8

GIFT UND GESUNDHEIT – DIE ROLLE DER PESTIZIDE

Die Gesundheit ist uns Menschen eines der allerhöchsten Güter. Es verwundert daher nicht, dass wir uns sorgen, wenn sie bedroht zu sein scheint. Ob wir solche Bedrohungen aber immer realistisch einordnen können, ist eine ganz andere Frage.

Global betrachtet sind die größten Bedrohungen im Zusammenhang mit unserer Ernährung der Mangel und der Überfluss – und zwar mit riesigem Abstand zu allen anderen ernährungsbedingten Risiken. Zu viel Essen begünstigt Herzinfarkt, Schlaganfall, Diabetes und Krebs. Zu wenig Essen führt zielsicher zu Mangelerscheinungen, körperlicher und geistiger Fehlentwicklung oder Hungertod.

Während die Hungerproblematik für Europäer weit weg ist und, wohl auch aus Mangel an Betroffenheit, selten emotional diskutiert wird, bekommen Fragen rund um das Zuviel schon deutlich mehr Aufmerksamkeit. Schließlich betreffen sie viele unter uns: Die Zahl jener Menschen, die *ab morgen* (dieses Mal wirklich!) gesund und maßvoll essen wollen, dürfte in die Zigmillionen gehen. Weil das eigene Essverhalten jeder für sich selbst verantwortet, laufen Gespräche darüber eher in stiller Betroffenheit ab.

Ganz anders bei jenen Risiken, die wir nicht in der eigenen Hand haben. Wenn uns jemand etwas unterzujubeln droht, das auch nur im leisesten Verdacht einer Gesundheitsgefährdung steht, werden wir hellhörig. Sobald es um Antibiotika oder Hormone im Fleisch, Nitrat in Trinkwasser und Gemüse, Ammoniak in der Atemluft oder Gentechnik im Essen geht, gerät manchem das Blut in Wallung. Am schlimmsten erscheint vielen allerdings die Vorstellung, unser Essen sei „mit chemischen Pestiziden belastet".

Dass wir diese Angst mit uns herumschleppen, hat mehrere Gründe. Zum einen haben Pestizide tatsächlich das Potenzial, uns zu schaden. Zum anderen suggerieren tägliche Medienberichte,

Dauerkampagnen von NGOs und regelmäßige Politiker-Statements, dass „gespritzte" Lebensmittel ein ernstzunehmendes Gesundheitsrisiko darstellen, und dass Essen im Grunde nur dann sicher ist, wenn es vom Hof eines Biobauern kommt. Dass auch der nicht immer ohne Spritzen auskommt, bleibt meist unerwähnt. Noch viel seltener wird die Frage gestellt, wie hoch das Gesundheitsrisiko durch Pestizide *tatsächlich* ist. Das Thema weckt starke Emotionen, eine nüchterne Betrachtung ist oft unmöglich. Ich möchte trotzdem versuchen, ein paar für Sie hoffentlich spannende Gedanken ins Spiel zu bringen.

PFLANZENSCHUTZMITTEL ODER PESTIZID – KAMPF UM DIE DEUTUNGSHOHEIT

Einige Kritiker des Einsatzes von „Chemie" in der Landwirtschaft sagen, es sei ein Akt der Beschönigung oder Verschleierung, bei den Substanzen von „Pflanzenschutzmitteln" zu sprechen. *Pestizide* sei die wahre Bezeichnung. Korrekt sind aber beide.

Pestizid ist eine Entlehnung vom englischen *pesticide*, wobei der Begriff *pest* nicht für die Pest (engl. *plague*), sondern für Schädling steht. Die korrekte Übersetzung von *pesticide* lautet daher Schädlingsbekämpfungsmittel.

Eine der Aufgaben von Schädlingsbekämpfungsmitteln ist es, Kulturpflanzen vor anderen Organismen zu schützen. In diesem Fall handelt es sich um Pflanzenschutzmittel: Unkrautvernichtungsmittel *(Herbizide)* schützen etwa vor anderen Pflanzen (Unkraut), Antipilzmittel *(Fungizide)* schützen vor Pilzen, und Insektenvertilgungsmittel *(Insektizide)* vor Insekten.

Der Begriff Pflanzenschutzmittel kann also schwerlich falsch sein. Die bekannteste Form der Anwendung sind die Spritzmittel, die gleichmäßig auf dem Feld versprüht werden. Weniger bekannt sind die Saatgutbeizen, also die Behandlung von Samenkörnern vor der Aussaat, die wir schon beim Thema Bienen besprochen haben.

Neben dem Schutz von Pflanzen gibt es weitere Anwendungsbereiche für Pestizide (Schädlingsbekämpfungsmittel), die uns viel weniger bewusst sind und die wir als selbstverständlich annehmen. Diese Chemikalien dienen dem Schutz von Menschen oder deren Produkten außerhalb des landwirtschaftlichen Bereichs. Auf dem Wiener Naschmarkt ausgelegte Rattenköder, Hand-Desinfektionsmittel, die seit Beginn der Corona-Pandemie an jeder Ecke stehen, oder Holzschutzlasuren sind nur einige Beispiele aus dieser Pestizid-Untergruppe der *Biozide*. Auch wenn Sie ein Antibiotikum nehmen, um Bakterien in Ihrem Körper abzutöten, schlucken Sie im Grunde ein Pestizid.

CHEMIEKEULEN – EINE KURZE GESCHICHTE VON KRANKEN PFLANZEN

Wie bei vielen anderen „Umweltübeln" möchte man auch bei den Pflanzenschutzmitteln gerne glauben, deren Wurzeln lägen im Zeitalter der Industrialisierung. Dabei berichtet schon der antike Dichter Homer von der Bekämpfung von Pflanzenkrankheiten mit Schwefel.[122] Demokrit zufolge war im antiken Griechenland die Saatgutbeizung mit dem Saft des Dickblattgewächses *Sedum* bekannt. Und die Römer nutzten Persisches Insektenpulver, ein aus pflanzlichem *Pyrethrum* bestehendes Insektizid, zur Bekämpfung von Läusen und Flöhen. Außerdem Nieswurzextrakt zur Fliegenbekämpfung, diverse Öle gegen Bodenschädlinge – oder Arsen.[123]

Auch im Mittelalter wurden die Menschen von Schädlingen und Pflanzenkrankheiten geplagt. Gefürchtet waren zum Beispiel die regelmäßigen Einfälle riesiger Schwärme von Wanderheuschrecken, die innerhalb kurzer Zeit die Ernten ganzer Landstriche vernichten können. Meist stand man diesen Plagen hilflos gegenüber, was sich auch in abergläubischen Praktiken zeigt, die von der katholischen Kirche betrieben wurden. Eine ihrer „Pflanzenschutz"-Maßnahmen war zum Beispiel, Insekten „den Prozess zu machen" und sie, wie 1481 in Basel geschehen, mit einem „Bann" zu belegen. Auch von Vertreibungsversuchen mit Glockengeläut, Trommelwirbel oder Kanonenschüssen wird berichtet.

In der Neuzeit widmeten sich Naturforscher, vor allem dank der Erfindung des Mikroskops, der Erforschung und Bekämpfung von Pflanzenkrankheiten und Schädlingen. Julius Kühn (1825 – 1910) veröffentlichte 1858 das weltweit erste Lehrbuch der Pflanzenpathologie mit dem Titel *Die Krankheiten der Kulturgewächse, ihre Ursachen und ihre Verhütung.* Zu den Verhütungsmaßnahmen zählten um das Jahr 1800 herum Substanzen wie Kochsalz, Salpeter, Schwefel oder Salzsäure.

Trotzdem war man von einem verlässlichen Pflanzenschutz im 19. Jahrhundert noch weit entfernt. Es gab kaum etwas, was die Bauern wütenden Schädlingen entgegensetzen konnten. Die Folgen waren oft fatal. Was ein einziger Erreger anrichten konnte, zeigte sich u. a. in einem besonders schrecklichen Ereignis, das sich Mitte des 19. Jahrhunderts in Irland ereignete. Der Erreger der Kraut und Knollenfäule, der Pilz *Phytophthora infestans,* vernichtete zwischen 1845 und 1849 mehrere Jahre hintereinander große Teile der Kartoffelernte und löste so eine verheerende Hungersnot aus. Mitverschuldet durch die britischen Herrscher, die das Land zuvor in eine gefährliche Abhängigkeit von der Kartoffel geführt hatten und während der Hungersnot weiter Lebensmittel exportierten. Schätzungsweise eine Million Iren starben, weitere zwei Millionen versuchten dem Elend durch Auswanderung in die USA, nach Australien oder Kanada zu entkommen.

Es ist heute kaum noch begreiflich, welches Leid ein einzelner Pflanzenschädling nur wenige Generationen vor uns verursachen konnte. Es erklärt aber, warum die ersten künstlich hergestellten

Pestizide von den Bauern dankend angenommen wurden. Für sie waren die Mittel eine Erlösung.

Der Schweizer Paul Hermann Müller bekam 1948 sogar einen Nobelpreis für Medizin dafür, dass er neun Jahre zuvor die insektizide Wirkung einer Substanz mit dem Kürzel DDT entdeckt hatte. Unter dem Handelsnamen *Gesarol* wurde DDT ab 1942 vielseitig verwendet: Die US-Armee puderte ihre Soldaten im Südpazifik damit ein und nutzte es unter anderem als Entlausungsmittel. In Deutschland kam DDT gegen den Kartoffelkäfer zum Einsatz, die Schweiz führte ihren „Maikäferkrieg" und versprühte das Mittel per Flugzeug. Auf dieselbe Weise kam DDT auch gegen Malariafliegen in Afrika und Asien zum Einsatz. Länder wie Indien verzeichneten große Erfolge bei der Malariabekämpfung, indem man die Innenwände von Wohnhäusern, wo sich die Fliegen absetzen, mit DDT behandelte.

Die Chemikalie wirkt auf Säugetiere, inklusive Menschen, nicht akut giftig. Allerdings stellte man fest, dass sie sich im Körper und damit in der gesamten Nahrungskette anreichert und nur sehr langsam abgebaut wird. Es besteht der (nicht abschließend geklärte) Verdacht, dass DDT bei Menschen Krebs verursacht. Sicher scheint, dass das Mittel im Körper wie ein Hormon wirken kann. Die wohl bekannteste Nebenwirkung von DDT ist die Verringerung der Schalendicke von Greifvogeleiern, was ab der Mitte des 20. Jahrhunderts zu teils dramatischen Bestandseinbrüchen in vielen Ländern führte.

DDT wurde in den USA verboten, nachdem das 1962 veröffentlichte Werk *Silent Spring* der US-Biologin Rachel Carson heftige Debatten über Pestizide und deren Auswirkungen ausgelöst hatte. *Der stumme Frühling* war ein Sachbuchbestseller und gilt heute als eine der Initialzündungen der globalen Umweltbewegung.

Auch das Insektenvertilgungsmittel E 605 mit dem Wirkstoff *Parathion* kannte noch in der Generation meines Vaters fast jedes

Kind. Es wurde 1944 vom deutschen Chemiker Gerhard Schrader entwickelt und fand nach dem Krieg breite Verwendung in der Landwirtschaft, vor allem im Wein-, Obst-, Gemüse- und Kartoffelanbau. Im Gegensatz zu DDT wirkt E 605 allerdings auf Menschen akut toxisch und kann durch Kontakt mit der Haut zu Erbrechen, Muskelzuckungen, Atemlähmung, Krämpfen und schließlich zum Tod führen, weshalb beim Anwenden durchaus Vorsicht angebracht war.

Als Mordwaffe erstmals nachgewiesen wurde es, nachdem die Wormserin Christa Lehmann Anfang der 1950er Jahre zunächst ihren tyrannischen Ehemann mit E 605 in der Frühstücksmilch, später ihren Schwiegervater mit dem Gift im Joghurt sowie zuletzt die Mutter einer Freundin und einen Hund mit vergifteten Pralinen umgebracht hatte. Erst der letzte Fall erregte den Verdacht des herbeigerufenen Arztes, der die Polizei rief, sodass die Morde schließlich aufgeklärt werden konnten.[124]

Offenbar wurde nicht selten die Mutter eines Ehepartners zum Mordopfer, jedenfalls war E 605 im Volksmund auch als *Schwiegermuttergift* bekannt. Traurige Bekanntheit erlangte das Insektizid auch im Zusammenhang mit Suiziden. Wenn es in den 50er Jahren hieß „Er hat Gift genommen", handelte es sich dabei meist um E 605. Die relativ häufigen Vergiftungen führten zu verstärkten Sicherheitsmaßnahmen. Unter anderem musste die eigentlich farb- und geruchlose Substanz nun braun eingefärbt und mit einem knoblauchartigen Gestank vergällt werden, sodass man sofort merkte, womit man es zu tun hatte.

E 605 ist seit dem Jahr 2002 in der EU verboten. DDT verschwand schon in den 1970er Jahren vom europäischen Markt. Es kommt in manchen Ländern aber immer noch gegen Malaria zum Einsatz.

Die Beispiele zeigen: Es gibt unter den Pestiziden Substanzen, die sehr gefährlich sind und Menschen töten oder krankmachen können. Aber ist das schon der Beweis dafür, dass wir von *allen* Pestiziden die Finger lassen sollten?

KOFFEIN UND ANDERE NATÜRLICHE PESTIZIDE

Was den allerwenigsten Menschen bewusst ist: Der Löwenanteil aller Pflanzenschutzmittel alias Pestizide kommt nicht aus der Chemiefabrik, sondern aus den Pflanzen selbst. Sie haben im Lauf der Evolution „gelernt", Toxine zu produzieren, um damit natürliche Feinde abzuwehren. Schon 1990 kam eine im renommierten US-Journal *Proceedings of the National Academy of Sciences* veröffentlichte Studie[125] zu der Erkenntnis, dass 99,99 Prozent der gesamten Pestizidmenge, die US-Bürger mit dem Essen aufnehmen, aus pflanzeneigenen Inhaltsstoffen bestehen, von denen etliche das Potenzial haben, in hoher Dosierung bei Versuchstieren Krebs zu verursachen. Immerhin 1,5 Gramm solcher natürlicher Pestizide nimmt ein Durchschnittsamerikaner demnach täglich zu sich, rund 10.000-mal so viel wie synthetische Pestizide.

Eines der bekanntesten pflanzlichen Pestizide genießen Sie jeden Morgen zum Frühstück. Jedenfalls dann, wenn Sie, so wie ich, ohne Kaffee keine Chance haben, jemals richtig wach zu werden. Besonders hohe Konzentrationen von Koffein finden sich nämlich im Samen des Kaffeestrauchs. Dort schützt es die auskeimenden Blättchen, indem es Insekten lähmt oder sogar tötet, sobald diese versuchen, an den jungen Trieben zu fressen. Zehn Gramm Koffein auf einmal, also rund 100 Tassen Kaffee, sind für Menschen tödlich.

Kartoffeln enthalten die Verbindung Solanin. Sie dient den Knollen im Boden zur Schädlingsabwehr und kann in zu hohen Mengen bei Menschen Übelkeit und Erbrechen auslösen. Ältere Kartoffelsorten wiesen höhere Solanin-Gehalte auf, vor allem im Bereich der Schale. Daher kommt die alte Küchenregel, Kartoffeln vor dem Verzehr zu schälen. Bei modernen Sorten ist das eigentlich nicht mehr notwendig. Wenn die Knollen allerdings zu lange liegen und sich bereits grün färben, kann der Solanin-Gehalt auf bedenkliche Konzentrationen ansteigen. Eine Familie aus dem Raum Stuttgart erlitt 2015 schwere Vergiftungserscheinungen. Das deutsche Bundesinstitut für Risikobewertung (BfR) sah sich daraufhin veranlasst, vor dem Verzehr grüner und stark keimender Knollen zu warnen.[126]

Auch die Chemikalien aus der Gruppe der *Cucurbitacine* gehören zu den pflanzlichen Pestiziden. Mit ihrer Hilfe wehren sich etwa Gurken und Kürbisgewächse gegen Insekten und Pilzbefall. Ebenfalls 2015 starb ein 79-jähriger Mann aus Heidenheim (Baden-Württemberg) an einer schweren Vergiftung, nachdem er eine Zucchini-Mahlzeit mit erhöhtem Cucurbitacin-Gehalt zu sich genommen hatte. Die Bitterstoffe sind aus modernen Zucchini-Sorten eigentlich züchterisch entfernt worden. Der Mann hatte das Gemüse allerdings von einem Nachbarn bekommen, der die Pflanze mit eigenen Samen selbst gezogen hatte. Dabei war es zu einer unentdeckten Rückmutation gekommen, sodass die Pflanze, wie ihre wilden Verwandten, das Gift wieder in größeren Mengen produziert hat. Besonders tragisch: „Der Mann hat berichtet, es hat furchtbar bitter geschmeckt. Und er hat es trotzdem gegessen", erzählt ein Arzt des Klinikums Heidenheim.[127]

Der Muskatnussbaum schützt seine Samen unter anderem mit den Verbindungen *Safrol* und *Myristicin*. Muskat eignet sich wunderbar zum Würzen von Kartoffelgerichten oder Glühwein, aber es dient auch als Rauschdroge, wurde früher für Schwangerschaftsabbrüche oder zum Desinfizieren verwendet, schädigt in hohen Dosen Leber und Niere und ist krebserregend. Nur ein oder zwei Muskatnüsse können ausreichen, um ein Kind zu töten.

Die Liste der pflanzlichen Gifte ließe sich nahezu endlos fortsetzen. Sie macht deutlich, dass die Natur selbst unzählige Substanzen hervorbringt, die für Menschen oder andere Lebewesen akut giftig, krebserregend, erbgutschädigend oder anderweitig schädlich sein können. Sie widerlegt Ansichten, wonach der menschliche Körper im Laufe der Evolution „gelernt" habe, mit den natürlichen Giften umzugehen und deshalb ausschließlich die neuen, synthetischen Gifte ein Problem seien.

Zwar vertragen wir die von unserem Obst und Gemüse hergestellten Verbindungen tatsächlich gut. Aber das liegt eher daran, dass der Gehalt problematischer Inhaltsstoffe über Jahrtausende der Züchtung auf ein verträgliches Maß reduziert wurde. Heutige Kultursorten sind viel bekömmlicher als ihre zum Teil ungenießbaren wilden Verwandten. Selbst bei ihnen müssen die Gift-Konzentrationen nur ausreichen, um Insekten und dergleichen abzuschrecken, sodass wir Menschen – im Normalfall – lediglich geringe Mengen abbekommen.

GEFAHR UND RISIKO –
DIE DOSIS MACHT DAS GIFT

Dies führt uns zu einer oft vergessenen, aber wichtigen und unumstößlichen Wahrheit. Sie wurde bereits vor über 500 Jahren vom Schweizer Arzt Theophrastus Bombast von Hohenheim, genannt *Paracelsus*, festgestellt: „*Alle Dinge sind Gift, und nichts ist ohne Gift; allein die Dosis macht's, dass ein Ding kein Gift sei.*" Daraus lässt sich schlussfolgern, dass es schlicht nichts gibt, was nicht tödlich wirken *könnte*, wenn man zu viel auf einmal davon abbekommt – nicht einmal reinstes Wasser.

Es kommt tatsächlich immer wieder vor, dass Menschen an einer Wasservergiftung (Hyperhydratation) sterben. Zum Beispiel Sportler, die während eines Wettbewerbs zu viel natriumarmes Leitungswasser trinken. Dies führt zu einem Anschwellen der Körperzellen, unter anderem im Gehirn. Kopfweh, Verwirrtheit und Erbrechen können die ersten Symptome sein. 2015 kam beim Ironman in Frankfurt ein 30-jähriger Brite auf diese Weise ums Leben.

All diese Feststellungen haben nichts mit einer Verharmlosung oder Relativierung jener Pestizide zu tun, die aus der Chemiefabrik kommen. Es wird immer wichtig bleiben, den Einsatz dieser Mittel strengen Kriterien und Kontrollen zu unterwerfen. Wer aber das größte Risiko in puncto Ernährung in Rückständen von Pflanzenschutzmitteln vermutet und aus lauter Angst all seine Aufmerksamkeit auf sie richtet, der läuft Gefahr, viel größere Risiken zu übersehen.

Tatsache ist, dass von synthetischen Stoffen grundsätzlich kein größeres Risiko ausgeht als von natürlichen. Bei der Vorstellung von der „sanften Natur" als Gegenstück zur „bösen Chemie" handelt es sich um eines der größten Missverständnisse unserer Zeit. Die Dosis macht das Gift. Daher geht von jedem Stoff eine *potenzielle* Gefahr aus. Trotzdem wäre es unsinnig zu versuchen, jeder einzelnen dieser Gefahren aus dem Weg zu gehen.

Im Alltag sind wir uns der unterschiedlichen Bedeutung der Begriffe *Gefahr* und *Risiko* meist nicht bewusst und nutzen sie synonym. Bei der wissenschaftlichen Bewertung von möglichen Schäden für die Gesundheit wird hingegen streng unterschieden: Eine *Gefahr* bzw. ein *Gefährdungspotenzial* wird einem Stoff zugeschrieben, wenn er Eigenschaften besitzt, die *prinzipiell* schaden *könnten*. Also zum Beispiel, wenn er das Vermögen besitzt, giftig, ätzend, reizend, erbgutschädigend oder krebserregend zu wirken.

Das *Risiko* steht dagegen für die Wahrscheinlichkeit, mit der ein Schaden tatsächlich eintritt. Damit von einem bestimmten Stoff irgendein Risiko für meine Gesundheit ausgehen kann, muss ich damit in Kontakt kommen. Das giftigste Gift bringt null Risiko mit sich, solange es meinem Körper fernbleibt. Tut es das nicht, kommt Paracelsus ins Spiel – und die Frage nach der Menge des Stoffs, mit der ich in Kontakt komme. Dieser Kontakt bzw. dieses Ausgesetztsein wird in der Toxikologie als *Exposition* bezeichnet. Ein bestimmtes Risiko errechnet sich als Produkt aus Gefährdungspotenzial und Exposition.[128] Anders ausgedrückt: Muskatnüsse können Menschen töten. Das ist eine reale *Gefahr*. Aber solange Sie keine ganzen Nüsse schlucken und lediglich eine Prise davon über Ihr Kartoffelgratin streuen, geht das *Risiko* gegen null.

Besonders wichtig ist allerdings, dass es ein *absolutes* Null-Risiko nicht geben kann. Rein theoretisch könnten ausgerechnet Sie über eine ausgeprägte Muskat-Unverträglichkeit verfügen. Genauso könnten die Inhaltsstoffe der Muskatnuss über einen bislang unbekannten *Cocktail-Effekt* in Kombination mit anderen Stoffen wirken, die Sie zuvor über fünf Dosen Energydrink oder eine große Portion Erdnussbutter aufgenommen haben. Außerdem wäre es denkbar, dass die Köchin im Restaurant, aus welchen Gründen auch immer, das Hundertfache der üblichen Menge verwendet hat und Ihnen deshalb übel wird.

Egal was wir betrachten, es sind immer Konstellationen denkbar, bei denen wir einen Schaden davontragen. Es muss also immer um eine Risiko-*Abwägung* und angemessene Reaktionsweisen gehen.

Im Hinterkopf zu behalten, dass unser Essen theoretisch bedenkliche Konzentrationen schädlicher Substanzen enthalten kann, bleibt dennoch hilfreich. Dieses Wissen sollte uns zum Beispiel davon abhalten, etwas vollständig aufzuessen, obwohl es grässlich bitter schmeckt.

IST GLYPHOSAT KREBSERREGEND?

Auch wenn es um Pestizidrückstände geht, lohnt sich der Versuch einer vernünftigen Risikoabwägung. Was, wenn ein komplettes Verbot bestimmter Wirkstoffe viel größere Risiken birgt als ihr wohldosierter Einsatz?

Von allen 449 Wirkstoffen, die derzeit (Stand Jänner 2022) auf EU-Ebene als Bestandteil von Pflanzenschutzmitteln zugelassen sind, ist *Glyphosat* derjenige, der mit Abstand für die meisten Schlagzeilen sorgt. Das dürfte mehrere Gründe haben: etwa den Umstand, dass Glyphosat das weltweit meistverwendete Unkrautvernichtungsmittel ist. Oder dass es der von vielen verhasste US-amerikanische Agrarkonzern Monsanto war, der es 1974 unter dem Markennamen *Roundup* auf den Markt brachte. Inzwischen gehört Monsanto zum deutschen Chemieunternehmen Bayer, die Patente auf Glyphosat sind seit Jahrzehnten abgelaufen, und das Mittel wird von zig Unternehmen auf der ganzen Welt hergestellt und vertrieben. Seine Eigenschaften als Wirkstoff tragen zu seiner Beliebtheit unter Anwendern ebenso bei, wie sie für Gegner Anlass zur Kritik liefern.

Zum einen tötet Glyphosat in der Regel *alle* Pflanzen ab, die damit besprüht werden. Diese Wirkung als sogenanntes *Totalherbizid* unterscheidet es von den allermeisten anderen Herbiziden, die jeweils „nur" Gräser oder ganz bestimmte Unkräuter beseitigen. Zudem ist Glyphosat kostengünstig, wird in Pflanzen und im Boden schnell abgebaut, nur schwer ins Grundwasser ausgewaschen und ist obendrein, im Vergleich zu anderen Pestiziden, wenig giftig für Menschen und andere Lebewesen.

Letzteres liegt auch daran, dass die Wirkung von Glyphosat darauf beruht, dass es ein ganz bestimmtes Enzym im pflanzlichen Stoffwechsel blockiert. Dieses Enzym gibt es sonst nur noch in Mikroorganismen, aber nicht in Tieren. Glyphosathaltige Pflanzenschutzmittel sind von den deutschen Zulassungsbehörden daher als *nicht bienengefährlich*, *nicht schädigend für Populationen relevanter Nutzinsekten* und *nicht schädigend für Populationen relevanter Raubmilben und Spinnen* eingestuft.[129]

Soll das heißen, Glyphosat ist völlig harmlos? Nein, wenn selbst reines Wasser töten kann, dann wäre es mehr als verwunderlich, wenn ausgerechnet ein Unkrautvernichter es nicht könnte. Aber zwischen *völlig harmlos* und *sofort tödlich* liegen Welten.

Um sich der Frage der Giftigkeit eines Stoffs anzunähern, haben Forschende in Laborversuchen mit Ratten und anderen Versuchstieren die mittlere Dosis ermittelt, bei der nach einmaliger Verabreichung die Hälfte der Tiere stirbt. Je niedriger dieser als *LD50 (LD = letale Dosis)* bezeichnete Wert ist, desto größer ist die akute Giftigkeit der Substanz.

Vorsicht: Was für Ratten gilt, ist nicht 1:1 auf Menschen übertragbar. Außerdem sind LD50-Werte eben Mittelwerte, was heißt, dass manche Tiere schon bei niedrigeren Dosen sterben und andere sogar höhere aushalten. Vor allem aber sagt der Wert nichts über die chronische Giftigkeit, also die Langzeitwirkung einer Verbindung aus. Wenn ich an einem Abend pro Jahr sieben Biere trinke, überlebe ich ziemlich sicher. Trinke ich dieselbe Menge täglich, vergifte ich mich schleichend.

Trotzdem lohnt sich der Vergleich der akuten Giftigkeit verschiedener Chemikalien. Ihre LD50-Werte finden sich zum Beispiel im Gefahrenstoffinformationssystem (GESTIS) der Deutschen Gesetzlichen Unfallversicherung.[130] Dort erfährt man, dass die Hälfte der Ratten nach einer oralen Aufnahme von durchschnittlich 4.870 Milligramm Glyphosat pro Kilogramm Körpergewicht stirbt. Zum gleichen Resultat kommt man mit ...

4.220 mg/kg	Natriumhydrogencarbonat (Backpulver)
3.000 mg/kg	Natriumchlorid (Kochsalz)
368 mg/kg	Koffein
200 mg/kg	Pyrethrum (Grundstoff für Bio-Insektizid)

177 mg/kg	Acrylamid
	(entsteht beim Braten/Frittieren aus Stärke)
87 mg/kg	DDT
50 mg/kg	Nikotin
2,35 mg/kg	Strychnin
2 mg/kg	E 605 (das „Schwiegermuttergift")
0,000.004 mg/kg[131]	Botulinumtoxin (Handelsname *Botox*)

Angesichts dieser Daten verwundert es nicht, dass Geheimdienste und Mörder bei der Wahl einer Chemikalie als Mordwerkzeug mit Sicherheit nicht an Glyphosat denken. Das Herbizid ist nicht das Horror-Gift, als das es viele Gegner darstellen wollen. Allerdings rechtfertigt seine eher geringe akute Giftigkeit nicht, völlig sorglos damit umzugehen. Glyphosat ist als *augenreizend* eingestuft, man sollte es also von seinem Gesicht fernhalten. Und selbstverständlich sollte man, schon aus Prinzip, auch keinen Schluck davon trinken. Auch wenn man mit entsprechenden Aufforderungen rechnen muss, wenn man das Vergiftungspotenzial des Mittels öffentlich relativiert.

Glyphosat gilt auch als *fischgiftig* sowie *schädlich für Wasserorganismen*. Das bedeutet für Anwender, dass sie Reste des Mittels keinesfalls in die Kanalisation oder den nächsten Straßengraben entsorgen dürfen.

Aber wenn Glyphosat eine relativ geringe Giftigkeit zeigt, woher kommen dann die vielen hitzigen Diskussionen? Grund dafür ist die seit Jahren aufrechterhaltene Behauptung, die Substanz könne auch in geringen Dosen langfristige Gesundheitsschäden verursachen, also chronisch giftig sein. Als Hauptargument dafür gilt eine Entscheidung der Internationalen Krebsforschungsagentur (IARC), einer Unterorganisation der WHO. Sie stufte Glyphosat im Jahr 2015 als *wahrscheinlich krebserregend für Menschen* ein, und seitdem haben Gegner ein gewichtig erscheinendes

Argument für ihre Verbotsforderungen. Schaut man aber auf die Bedeutung und den Kontext dieser Einstufung, erscheint alles in einem ganz anderen Licht.

Die IARC prüft alle möglichen Dinge (Stoffe, Strahlungen und sogar Berufe) anhand vorhandener Studien auf ihr Potenzial, beim Menschen Krebs zu verursachen. Stand heute (Januar 2022) wurden 1.031 Substanzen[132] untersucht und einer von vier Kategorien zugeordnet. 121 Untersuchungsgegenstände landeten in Kategorie 1 *(krebserregend für Menschen)*. Darunter Sonnenstrahlung, passiv eingeatmeter Tabakrauch, Bräunungsgeräte, die Antibabypille, Holz- und Lederstaub, der Beruf des Malers, Wurst und alkoholische Getränke.

In der Kategorie 2A *(wahrscheinlich krebserregend für Menschen)* landeten 90 Dinge: Neben Glyphosat auch die Verbrennung von Biomasse (vor allem Holz) in Innenräumen, beim Frittieren entstehende Emissionen, der Friseurberuf, Nachtschichtarbeit, rotes Fleisch, sehr heiße Getränke, Acrylamid oder DDT.

Weitere 322 Stoffe finden sich in der Kategorie 2B *(möglicherweise krebserregend f. M.)*, und 498 landeten nach Auswertung der Studienlage durch die IARC-Wissenschaftler in der letzten von vier Kategorien: der Kategorie 3 *(nicht klassifizierbar)*.

Wenn erbitterte Gegner diese IARC-Einteilung für Glyphosat ins Feld führen, vermeiden sie stets zu erwähnen, in welcher Gesellschaft sich das Herbizid dort befindet. Der Stempel *wahrscheinlich krebserregend* wirkt nämlich viel weniger schrecklich, wenn man erfährt, dass Rindfleisch-Burger, Pfefferminztee oder der Aufenthalt in einem gemütlichen kachelofenbeheizten Raum dieselbe Eigenschaft aufweisen. Auch die Tatsache, dass Sonnenlicht und Wurst laut IARC nicht nur *wahrscheinlich*, sondern ganz sicher *krebserregend* sind, dürfte bei manch einem Zweifel an der Relevanz dieser Zuordnung für unseren praktischen Alltag aufkommen lassen.

Die Einteilung verrät außerdem absolut nichts darüber, mit welchen Mengen eines Stoffs man über welche Zeiträume in Kontakt kommen muss, damit Krebs entstehen kann. Das Einzige, was sich ableiten lässt, ist: Die IARC interpretiert den aktuellen Stand der Forschung zu Stoff XY so, dass er entweder mit einer gewissen Krebsgefahr verbunden oder nicht klassifizierbar ist. Anders ausgedrückt: Die IARC macht eine Aussage über mögliche Gefahren, sagt aber nichts über tatsächliche Risiken.

Bemerkenswert ist zudem, dass die IARC ein Krebsrisiko bei keinem von den mehr als 1.000 untersuchten Stoffen definitiv ausschließen will. Weniger als *möglicherweise krebserregend* (2B) geht offenbar nicht.

Sehr wohl führt Glyphosat in vielen Studien bei hohen Dosierungen zu Verdauungsproblemen, Gewichtsabnahme, Augenirritationen oder anderen Gesundheitsproblemen. Verdauungsprobleme kann allerdings selbst das reinste aller Lebensmittel verursachen, wenn man zu viel auf einmal davon isst. Das alles Entscheidende ist aber: Selbst wenn wir davon ausgingen, Glyphosat sei krebserregend – um Paracelsus kommt auch dann niemand herum: Die Dosis macht das Gift.

Tatsache ist, dass die EFSA als zuständige Behörde in Europa zum Schluss kommt, dass Glyphosat nicht krebserregend ist. Dasselbe gilt für die Prüfbehörden der USA, Kanadas, Neuseelands und vieler anderer Industrienationen.

Wie können wir sicher sein, dass gelegentlich auftretende Rückstandsspuren in Lebensmitteln wirklich so gering sind, dass sie uns in keiner Weise schaden?

In Europa gibt es dazu ein gesetzlich exakt definiertes Prüf- und Zulassungsverfahren. Pestizidwirkstoffe werden im Auftrag ihrer Hersteller von staatlich überwachten und zertifizierten Laboren auf ihre Wirksamkeit bei der Anwendung (Hilft es tatsächlich gegen Unkraut?) sowie auf ihre Auswirkungen auf Umwelt und

Gesundheit geprüft. Dabei entstehen zigtausende Seiten wissenschaftlicher Arbeiten, die als Gesamtpaket von der Europäischen Behörde für Lebensmittelsicherheit (EFSA) in Zusammenarbeit mit den EU-Mitgliedstaaten geprüft und beurteilt werden. Am Ende entscheiden die politischen Gremien der EU über die Zulassung des reinen Wirkstoffs. Die Mitgliedstaaten sind dagegen für die Zulassung des kompletten Pflanzenschutzmittels zuständig.

In beiden Fällen bilden Fütterungsstudien mit unterschiedlichen Dosierungen die Grundlage für die Abschätzung des Risikos für die menschliche Gesundheit sowie für die Ermittlung verschiedener Grenzwerte. Als Grenzwert für die Langzeitaufnahme dient z. B. der *ADI-Wert*. ADI steht für *acceptable daily intake*, also die duldbare tägliche Einnahme. Er gibt an, welche Menge eines Stoffes ein Mensch pro Kilogramm seines Körpergewichts an jedem einzelnen Tag seines gesamten Lebens aufnehmen kann, ohne dass gesundheitliche Auswirkungen zu erwarten sind.

Bei der Festlegung dieser Grenzwerte kommen Sicherheitsfaktoren zum Einsatz. Damit wird der Tatsache Rechnung getragen, dass sich Tierversuche nicht 1 : 1 auf Menschen übertragen lassen. Selbst wenn es unwahrscheinlich ist, dass der Mensch empfindlicher als das empfindlichste Versuchstier reagiert: Sicher ist sicher. Deshalb wird die im Tierversuch ermittelte sichere Dosis durch die Einbeziehung von Sicherheitsfaktoren weiter herabgesetzt, zum Beispiel auf ein Hundertstel des Ausgangswerts (Sicherheitsfaktor: 100). Unterm Strich steht der festgelegte Grenzwert für die Aufnahme durch den Menschen. Das bedeutet, dass selbst dann nicht gleich mit gesundheitlichen Auswirkungen zu rechnen ist, wenn der Grenzwert kurzfristig überschritten wird.

Wir haben es mit einem ziemlich hohen Maß an Sicherheit zu tun, das wir außerhalb des Lebensmittelbereichs bei weitem nicht erreichen. Der österreichische Autobahnbetreiber ASFINAG empfiehlt zum Beispiel einen Sicherheitsabstand von zwei Sekunden zum vorausfahrenden Auto, was bei 130 km/h 72 Metern entspricht. Bei Einhaltung der Regel geht man davon aus, dass Autofahrer rechtzeitig reagieren und bremsen können, sodass nichts passiert. Würde man auch hier einen zusätzlichen Sicherheitsfaktor von 100 einbauen, dann müsste der Abstand 7,2 Kilometer betragen. Ein Brückenpfeiler, der mit vier Metern Durchmesser als standfest gilt, müsste – sicherheitshalber – 400 Meter dick sein. Wer beim Felsklettern sein Leben einem einzigen Seil anvertraut, müsste stattdessen an 100 Seilen hängen. Und in Passagierflugzeugen müssten statt zwei 200 Piloten an Bord sein. Sie merken: In vielen Bereichen wären derart hohe „Sicherheitsabstände" völlig unrealistisch. Bei Pestizid-Spuren in Lebensmitteln sind sie Standard.

Die Grenzwerte für die Aufnahme in den Körper werden anhand statistischer Verzehrmodelle in Rückstandshöchstwerte für jedes einzelne Lebensmittel umgerechnet. Schlussendlich geht es darum sicherzustellen, dass Menschen selbst bei maximal vorstellbarem Konsum von Rückständen weit unterhalb jeder theoretisch vorstellbaren Schadwirkung bleiben. Und das wird innerhalb der EU mit großer Sicherheit gewährleistet.

SPURENSUCHE IM ESSEN – GLYPHOSAT ALS PHANTOM

Wer nach Pestizidspuren in Lebensmitteln sucht, wird früher oder später fündig. Dazu muss man wissen: Die Analysewerkzeuge der Wissenschaft sind heute noch sehr viel feinfühliger, als sie es vor ein paar Jahrzehnten waren. Dioxine können z.B. schon in Konzentrationen nachgewiesen werden, die einem einzigen Roggenkorn „in einem Güterzug voll mit Weizen von 20.000 km Länge"[133] entsprechen. Es darf einen daher nicht verwundern, dass man in Lebensmitteln *Spuren* von Pflanzenschutzmitteln finden kann.

Trotzdem gibt es sehr starke Indizien für die Sicherheit unserer Lebensmittel. Dazu gehören die per EU-Verordnung geregelten jährlichen Kontrollberichte nationaler und europäischer Instanzen. In den jüngsten Bericht[134] der EFSA flossen die Daten von 96.302 Proben ein, die insgesamt auf 799 Wirkstoffe getestet wurden. Inkludiert waren Lebensmittel von außerhalb der EU sowie Pestizid-Wirkstoffe, die in Europa verboten sind. Ergebnis: 96,1 Prozent aller Proben lagen innerhalb der gesetzlichen Grenzwerte für Pestizid-Rückstände, Bei 3,9 Prozent der Proben kam es zu einer Rückstandshöchstwert-Überschreitung. Zieht man davon jene ab, bei denen wegen einer nur geringfügigen Überschreitung eine Messtoleranz zum Tragen kam, dann blieben noch 2,3 Prozent aller Proben, bei denen rechtliche Schritte eingeleitet oder Lebensmittel aus den Regalen genommen wurden.

Ich will Sie nicht mit allzu vielen Zahlen langweilen, aber dennoch auf einige bemerkenswerte Sachverhalte hinweisen. Etwa auf die Tatsache, dass der Anteil der Grenzwertüberschreitungen weiter sinkt (von 3,9 auf 2,7 Prozent), wenn man nur auf die Produkte schaut, die von Bauern in Europa produziert wurden. Lebensmittel aus Drittstaaten übersteigen die Grenzwerte dagegen in 7,8 Prozent der Fälle. Schaut man nur auf Österreich und Deutschland, sinkt der Anteil weiter auf 2,0 bzw. 2,1 Prozent. Wahr ist allerdings auch, dass Ländervergleiche stets hinken: In Nordeuropa schrumpfen die Überschreitungen gegen null. Nicht weil dort die umweltbewussteren Bauern leben, sondern weil im Norden so gut wie kein Obst und Gemüse wächst, das ungleich viel schädlingsanfälliger ist als Getreide oder gar das Gras auf einer Weide.

Der EFSA-Bericht zeigt auch, dass das vielgefürchtete Glyphosat in mehr als 13.000 Proben zwar gesucht, aber nur in 364 Proben überhaupt nachgewiesen werden konnte, wobei der geltende Grenzwert in gerade mal zwölf Proben (0,1 Prozent) überschritten wurde.

Ebenso interessant: Unter allen mehr als 96.000 Proben waren auch 6.048 Produkte der Biolandwirtschaft. Die große Mehrheit davon, genau gesagt 86,9 Prozent, enthielt keinerlei bestimmbare Pestizidrückstände – ein deutlich höherer Anteil als bei konventionellen Produkten.

Die oft wiederholte Behauptung, wonach Bio völlig pestizidfrei sei, wird allerdings von den Zahlen der EFSA als Unwahrheit enttarnt: Immerhin 11,8 Prozent der Bio-Proben enthielten Rückstände, 1,3 Prozent sogar oberhalb des jeweils zulässigen Rückstandshöchstgehalts. Noch bemerkenswerter ist die Tatsache, dass unter allen Proben tierischer Produkte (Fleisch, Milch, Eier etc.) der Anteil mit bestimmbaren Rückständen unter den biologischen mit 15 Prozent deutlich höher war als unter den konventionellen mit 6 Prozent. Ziemlich überraschend, nicht?[135]

Wie kann das sein? Es gibt mehrere denkbare Erklärungen: Zum Beispiel könnte es sich bei den entsprechenden Proben in Wirklichkeit um konventionell produzierte Lebensmittel handeln, die illegal als bio ausgezeichnet wurden. Oder Biokulturen kamen von einem konventionellen Nachbarfeld aus mit Pestiziden in Kontakt, die ein Landwirt bei zu starkem Wind mit schlechter Technik versprüht hat.

Derartige Überlegungen sind aber längst nicht immer plausibel, denn just bei den zwei am häufigsten bei Bioprodukten nachgewiesenen Wirkstoffen *Kupfer* und *Spinosad* handelt es sich um Pestizide, deren Einsatz in der Biolandwirtschaft regulär erlaubt ist. Mit dem Schwermetall Kupfer bekämpfen Biolandwirte etwa Pilzkrankheiten im Weinbau oder bei Kartoffeln. Spinosad ist ein nichtselektives Insektizid, das auch Bienen tötet.

Eine Studie aus dem Jahr 2018 kommt zum Schluss, dass die von der dänischen Bevölkerung konsumierten Pestizid-Rückstände in etwa dasselbe Gesundheitsrisiko bedingen, das dem Konsum von einem Glas Wein in drei Monaten entspricht.

Trotzdem bleiben Pestizide ein Schreckgespenst, das von vielen Seiten gefüttert wird. Als die österreichische Umweltschutzorganisation Global 2000 in mehreren österreichischen Bieren Rückstände von Glyphosat gefunden hatte, war die Aufregung darüber groß. Der Bericht der NGO verriet, dass die größte gefundene Glyphosat-Menge 7 Mikrogramm pro Liter Bier betrug. Die meisten von uns haben keine intuitive Vorstellung davon, welche Dimension die Einheit Mikrogramm verkörpert. Global 2000 hätte die Rückstandswerte auch in die weitaus kundenfreundlichere Einheit Gramm umrechnen können. Allerdings hätte dann jeder erkannt, dass es sich bei 0,000007 Gramm um eine sehr, sehr kleine Mengen handelt.

Auch im Fall des Bieres ist es ein anderer Inhaltsstoff, der Anlass zur Sorge bietet: der Alkohol. Laut IARC und vieler anderer Quellen hat Alkohol nicht nur wahrscheinlich, sondern ohne Zweifel das Potenzial, krebserregend zu sein. In dem Bier mit den 7 Mikrogramm Glyphosat ist das Krebsgift Alkohol mit 41,6 Gramm pro Liter vertreten. Das ist die 5,9-millionenfache Menge des Glyphosat-Gehalts.

Laut EFSA beträgt der ADI für Glyphosat 0,0005 Gramm pro Kilogramm Körpergewicht und Tag. Das heißt, ein 70 Kilogramm schwerer Mensch kann ohne Folgen lebenslang täglich 0,035 Gramm Glyphosat zu sich nehmen. Das entspricht exakt 5.000 Litern des besagten Bieres.

Übrigens: Heimische Lebensmittel werden in der Regel nicht mit Glyphosat besprüht, auch wenn Pressefotos dies häufig suggerieren. Da es alle Pflanzen absterben lässt, kommt es zur Unkrautbekämpfung *vor* Aussaat der Kulturpflanze zum Einsatz. Es ist daher unwahrscheinlich, dass hiesige Bauern für die seltenen Funde in Bier oder Nudeln verantwortlich sind.[136]

PESTIZIDE IM WASSER

Selbst wenn uns Pestizide in Speisen und Getränken keine großen Sorgen bereiten müssen, was ist mit den Resten, die ins Trinkwasser gelangen? Trinkwasser ist schließlich mit Abstand unser wichtigstes Lebensmittel. Wasser genießt einen noch höheren Schutzstatus, als es Nahrungsmittel ohnehin schon tun. Das Regelwerk von EU und Nationalstaaten umfasst die regelmäßige und standardisierte Kontrolle inklusive Berichterstattung an die EU-Kommission und die Öffentlichkeit. Für einzelne Pestizid-Rückstände in Grund- und Trinkwasser gilt innerhalb der EU ein Schwellenwert von 0,1 Mikrogramm (μg oder 0,0000001 Gramm) pro Liter (0,5 μg in Summe).

Was erzählen die Kontrollberichte? Schauen wir dazu auf die Situation in Deutschland, wo Landwirtschaft häufig intensiver und in größeren Maßstäben als in Österreich betrieben wird. Bestätigen die Daten den Eindruck, der sich bei vielen festgesetzt hat, wonach die Landwirtschaft „alles vergiftet" und außerdem „alles immer schlimmer" wird?

Die Bund/Länder-Arbeitsgemeinschaft Wasser (LAWA) kommt zu folgender Bewertung: „Bei der Gegenüberstellung der nunmehr vorliegenden sechs Zeiträume [...] wird deutlich, dass sich die Gesamtsituation hinsichtlich der Grundwasserbelastung durch Pflanzenschutzmittel im Laufe der Zeit deutlich verbessert hat." Zuletzt lag der Anteil der Messstellen, wo der Schwellenwert überschritten wurde, bei 3,8 Prozent von über 14.000. Bei mehr als 80 Prozent konnten gar keine Wirkstoffe nachgewiesen werden.[137] Wenn doch etwas zu finden war, dann betraf dies häufig eine Altlast: das Herbizid *Atrazin,* das seit 2004 EU-weit verboten ist.

Mit Pestiziden im Grundwasser gibt es also kaum Probleme. Dennoch bleibt es essenziell, dass staatliche Stellen ein Auge auf diese lebenswichtige Ressource haben, den Ursachen einzelner

Überschreitungen nachgehen und dafür sorgen, dass die Schwellenwerte überall eingehalten werden.

Aber was ist eigentlich mit dem Trinkwasser, das sich in Deutschland zu fast 70 Prozent aus dem Grundwasser speist? Dafür gibt es einen eigenen Kontrollbericht[138], dessen jüngste Ausgabe aus dem Jahr 2021 festhält: „dass das Trinkwasser [...] von guter bis sehr guter Qualität ist.“

Der Bericht lässt zudem wissen: „Selten sind Schadstoffe der Auslöser für Unterbrechungen der Trinkwasserversorgung, da sie in der Regel selbst bei Störfällen nicht in kurzfristig gesundheitsgefährdenden (d. h. akut toxischen) Konzentrationen im Trinkwasser vorkommen.“ Ein weit häufigeres Problem sind Mikroorganismen. Bei ihnen sei „stets von einer mitunter akuten Gesundheitsgefährdung auszugehen“.

Übrigens: In Österreich ist die Trinkwasserqualität nicht nur „gut“ oder „sehr gut“, sondern „durchwegs ausgezeichnet“, wie der aktuelle *Österreichische Trinkwasserbericht 2017* verrät.

Häufiger lassen sich Pflanzenschutzmittel in Flüssen oder Seen nachweisen. Dorthin können sie von Äckern mit dem Regen ausgewaschen werden. Laut EU schwankt der Anteil der Messstellen mit Grenzwertüberschreitungen in Europa von Jahr zu Jahr und bewegte sich zuletzt zwischen 13 und 30 Prozent.[139] Andererseits zeigen Untersuchungen an Stellvertreterorganismen wie Algen oder Wasserflöhen, dass das tatsächliche Risiko für das Leben in Gewässern in Deutschland seit den 1990er Jahren rückläufig ist.[140] Dies dürfte u. a. daran liegen, dass Pestizide heute spezifischer wirken und weniger toxisch sind als früher.

KANN MAN CHEMIEKONZERNEN TRAUEN?

Einer der häufigsten Kritikpunkte beim Thema Pestizide ist die Tatsache, dass die Studien, die es für die Zulassung der Mittel braucht, von den Chemiefirmen selbst beauftragt und bezahlt werden. Wer zahlt, hat Einfluss auf das Ergebnis, so ein naheliegender Gedanke. Kann man den Chemiekonzernen diesbezüglich trauen?

Nun, *blind* vertrauen kann man ihnen natürlich nicht. Aber das tut auch niemand. Ähnlich wie bei der Zulassung von Medikamenten ist auch die Genehmigung von Pflanzenschutzmitteln und ihren Inhaltsstoffen einem detaillierten Regelwerk unterworfen, das sich fortlaufend weiterentwickelt und verbessert. Erforschung, Entwicklung und Zulassung eines neuen Pflanzenschutzmittels dauern oft zehn Jahre oder länger und verschlingen hunderte Millionen Euro. Logischerweise muss dieses Geld von jenen investiert werden, die am Ende das Mittel auch verkaufen wollen.

Die Erforschung passiert nicht in irgendwelchen verborgenen Giftküchen, sondern in staatlich zertifizierten und kontrollierten Laboren, die von den Chemiefirmen beauftragt werden. Die dabei auf zigtausenden DIN-A4-Seiten generierten wissenschaftlichen Daten werden in einem aufwendigen Prüfprozess der EFSA und nationaler Kontrollinstanzen wie dem Bundesamt für Ernährungssicherheit (BAES) in Österreich oder dem Bundesamt für Verbraucherschutz und Lebensmittelsicherheit (BVL) in Deutschland unter der Mithilfe weiterer staatlicher Stellen kontrolliert und überwacht.

Dennoch bietet die komplexe Thematik viele Ansatzpunkte zur Skandalisierung. Wachsendes Misstrauen in staatliche Institutionen der Wissenschaft ist die Folge.

Schlimme Einzelereignisse, wie die in Kapitel 6 beschriebenen Vergiftungsunfälle bei Bienen 2008 in Baden-Württemberg oder der Brand beim damaligen Chemiekonzern Sandoz 1986 in Basel, als mit dem Löschwasser Pflanzenschutzmittel in den Rhein gelangten und ein großes Fischsterben auslösten, sind unglücklicherweise vorgekommen.

Skandale und Fehlentwicklungen gab es allerdings auch in der Medizin. Jeder in meiner Generation kennt den Begriff *Contergan*, ein Medikament, das gegen Schwangerschaftsübelkeit eingesetzt wurde und weltweit bei bis zu 10.000 Kindern zu schweren Fehlbildungen bis hin zu fehlenden Gliedmaßen und außerdem zu einer unbekannten Zahl an Fehlgeburten führte. Für die Betroffenen und ihre Angehörigen ein furchtbares Schicksal. Aber würde irgendjemand daraus ein allgemeines Verbot für Medikamente ableiten?

Dass wir Pflanzenschutzmittel in einer modernen Gesellschaft ebenso brauchen wie Medikamente, ist wenigen Menschen bewusst. Viele, darunter nicht wenige Journalisten, neigen dazu, in den Mitteln eine ständige Bedrohung zu sehen. Nachrichten, die diese Sichtweise ins Wanken bringen können, haben es schwer durchzudringen.

Dies gilt auch für ein Urteil, das der Europäische Gerichtshof (EuGH) 2019 zu der Frage fällte, ob die EU-Pflanzenschutzmittelverordnung streng genug sei, um die Gesundheit der Menschen zu schützen. Das Gericht stellte fest: „Es gibt nichts, was die Gültigkeit der Verordnung über das Inverkehrbringen von Pflanzenschutzmitteln in Frage stellen könnte."[141]

Im Grunde schmetterte das Gericht damit sämtliche Bedenken hinsichtlich der strengen EU-Zulassungsregeln für Pflanzenschutzmittel ab. Wäre der Urteilsspruch gegenteilig ausgegangen, hätten ihn Umwelt-NGOs und Medien über alle Kanäle verbreitet und ausgeschlachtet. So aber hat kaum jemand davon Notiz genommen.

Umgekehrt wird jede Nachricht begierig verbreitet, wenn sie eine „steigende" und „massenhafte" Ausbringung von Pestiziden zu belegen scheint. Dabei fallen Medien regelmäßig auf einen statistischen Trick herein, der darauf beruht, dass man die Gesamtmengen der verkauften Pestizidwirkstoffe seit dem Jahr 2016 nicht mehr direkt mit jenen aus den Jahren zuvor vergleichen kann. Seit 2016 ist nämlich CO_2-Gas als natürliches Insektizid zur Schädlingsbekämpfung in Vorratslagern offiziell zugelassen und taucht erst seitdem in den Statistiken auf. Es wird aber weder auf Äckern ausgebracht noch zeigt es überhaupt eine Wirksamkeit im Sinne eines Umweltgifts. Schließlich ist CO_2 ein natürlicher Bestandteil der Luft und genau deshalb auch im Bio-Bereich zugelassen. In der Statistik macht es aber einen gewaltigen Unterschied, ob man es hinzuzählt oder weglässt. In Österreich zum Beispiel fielen im Jahr 2020 von insgesamt 5.600 Tonnen verkaufter Wirkstoffe knapp 2.200 in diese Kategorie, also rund 40 Prozent.[142] Durch das stillschweigende Inkludieren des CO_2 an der passenden Stelle stützen einige Pestizid-Kritiker ihre Argumentation vom angeblich ausufernden Pestizideinsatz auf den Feldern. So geschehen zuletzt rund um die Veröffentlichung des *Pestizidatlas* für Österreich im Jänner 2022. Lässt man CO_2 weg, zeigt der Verlauf der Absatzmengen seit den 1990er Jahren keinerlei Trends nach oben oder unten.

Ein anderer Teil der österreichischen Statistik wird hingegen gerne unter den Teppich gekehrt: der Umstand, dass zuletzt – ohne CO_2 betrachtet (!) – 43 Prozent der Pestizidwirkstoffmenge auf Mittel entfielen, die *auch* für den Einsatz in der Biolandwirtschaft zugelassen sind.

DER DRAHTWURM UND ANDERE APPETITVERDERBER – BRAUCHEN WIR PESTIZIDE?

Selbstverständlich gibt es viele Möglichkeiten, den Einsatz von Pflanzenschutzmitteln zu reduzieren. Würden wir weniger Essen verschwenden, könnten wir mit den eingesparten Nahrungsmittelmengen auch die zu ihrer Produktion eingesetzten Spritzmittel sparen.

Auch der Einsatz von Nützlingen, also Organismen, die Schädlinge fressen, ist vor allem in Gewächshäusern eine verbreitete Methode. Selbst im konventionellen Maisanbau ist die Ausbringung von Schlupfwespeneiern per Drohne seit Jahren etabliert. Die winzigen Wespen schlüpfen und legen ihre Eier in den Gelegen des Maiszünslers ab. Die Schlupfwespenlarven töten anschließend die Brut des Schädlings – eine elegante Lösung ohne Nebenwirkung. Leider funktioniert das längst nicht bei jedem Schädling in jeder Kultur oder ist oft viel zu aufwendig und teuer. Unkraut lässt sich auch von Hand ausreißen, und manche Insekten kann man absammeln. Noch in den 1950er Jahren schickte man Schulklassen auf die Felder, um Kartoffelkäfer einzusammeln. Kinder, die ohne Lohn stundenlang in gebückter Haltung über schattenlose Äcker gehen? Vermutlich hätte der Vorschlag auf Wiedereinführung der Methode wenig Chancen. Aber selbst wenn: Was tun mit Läusen? Von einzelnen Gartenpflanzen kann man sie mit den Fingern abstreifen. Aber bei Millionen Halmen auf einem Getreidefeld?

Effektiven Nutzen bringt dagegen die Wahl standortangepasster Fruchtfolgen. Je diverser die Auswahl an Kulturpflanzen, die in räumlicher und zeitlicher Abfolge in einem für sie geeigneten Boden und Klima angebaut werden, desto weniger haben Schädlinge die Chance, sich massenhaft zu vermehren. Dennoch bleiben Schädlinge selbst in der schönsten Fruchtfolge nicht aus. Und wer schon einmal einen zwei Zentimeter langen Drahtwurm beobachtet hat, wie er sich durch eine Kartoffelknolle frisst und dabei seinen Kot hinterlässt, dem dürfte der Appetit schnell vergehen. Auch in einen faulen Apfel oder eine Zwetschke mit Wurm möchte niemand gern hineinbeißen. Zu den verbreitetsten Schädlingen zählen auch Pilze, die etwa Getreide mit Schimmel überziehen und starke Gifte produzieren. Darauf komme ich gleich zurück.

De EU-Kommission hat sich im Rahmen ihres Green Deals vorgenommen, den „Einsatz und das Risiko von chemischen Pestiziden" bis zum Jahr 2030 um 50 Prozent zu reduzieren. Zudem soll die Landwirtschaft auch weniger Dünger (–20 Prozent), Antibiotika (–50 Prozent) und Land (–10 Prozent) nutzen. 25 Prozent des EU-Agrarlands sollen außerdem bis 2030 biologisch bewirtschaftet werden. All dies soll die Landwirtschaft klima- und umweltfreundlicher machen. Ist dieses wünschenswerte Ziel tatsächlich mit solchen pauschalen Reduktionszielen zu erreichen?

Auch Medikamente haben Nebenwirkungen: Sie werden als Suchtmittel missbraucht, landen mit dem Abwasser in Flüssen und Seen und können bei zu hoher Dosierung tödlich sein. Sollten wir uns vornehmen, den Einsatz von Medikamenten bis 2030 um 50 Prozent zu reduzieren?

Dass die Maßnahmen, die der Green Deal für die Landwirtschaft vorsieht, Umweltprobleme nicht so sehr reduzieren, stattdessen aber vor allem in Drittländer exportieren würden, haben wir schon im beim Thema Artenvielfalt besprochen.

Eine Studie des US-Landwirtschaftsministeriums USDA[143] nahm die EU-Pläne ebenfalls unter die Lupe. Sie schätzt die Folgen des Green Deals auf die landwirtschaftliche Produktion, die Nahrungsmittelpreise und die globale Ernährungssicherheit ab. Das Ergebnis muss beunruhigen: 49 Prozent weniger Weizen, 61 Prozent weniger Ölsaaten (Raps, Soja etc.), 11 Prozent weniger Milchprodukte usw. Insgesamt, so schätzen die Forschenden, würde die landwirtschaftliche Produktion der EU im Vergleich zum Ist-Zustand um 12 Prozent schrumpfen – gemessen an ihrem Wert in US-Dollar. Die Preise würden innerhalb der EU um 17 Prozent ansteigen.

Das mag nicht nach viel klingen, aber weil (fast) die ganze Welt über Handelsströme miteinander verknüpft ist, reduzierten sich durch die EU-Maßnahmen auch die Exporte und ließen die globalen Preise für Essen um 9 Prozent ansteigen. Die Folge: Auf der Erde würden 22 Millionen Menschen mehr in den Zustand der Ernährungsunsicherheit *(Food Insecurity)* rutschen. Er definiert Menschen, die Zugang zu weniger als 2.100 Kilokalorien pro Tag haben.

Noch gravierender wären die Auswirkungen, wenn die Reduktionspläne der EU-Politiker von allen Staaten der Welt übernommen würden. Dies ließe die globalen Preise für Essen rechnerisch um 89 Prozent steigen, was nahezu einer Verdoppelung gleichkäme. Die Zahl der Menschen in Ernährungsunsicherheit würde sich um 185 Millionen erhöhen.

Andere Wissenschaftler kritisieren die Studie als übertrieben und viel zu unsicher. Dennoch erscheint es ratsam, wiederholte Warnungen seriöser und anerkannter Institutionen der Wissenschaft irgendwann einmal ernst zu nehmen. Wer dem wissenschaftlichen Mainstream in Sachen Klimawandel vertraut – trotz ebenso großer Unsicherheiten bei den Prognosen –, wäre gut beraten, dies auch beim Thema Welternährung zu tun. Zumal sogar eine Studie[144] der EU-Kommission selbst, genauer gesagt ihres Wissenschaftsdienstes *JRC (Joint Research Center)*, in dieselbe Kerbe schlägt.

WAS ESSEN TÖDLICH MACHT – DER VERGESSENE BIO-SKANDAL VON 2011

Im Mai 2011 meldeten Kliniken und Ärzte in Hamburg eine auffällig hohe Zahl an Erkrankungen, die auf bestimmte Stämme des Darmbakteriums *Escherichia coli* zurückgeführt wurden. Diese EHEC-Bakterien waren Experten schon lange bekannt, jedes Jahr verursachen sie durch die Produktion von Zellgiften in Deutschland rund 900 Fälle von teils schweren Durchfallerkrankungen. Allerdings schien dieser Erregerstamm nun besonders aggressiv.

Die Fallzahlen stiegen rasant, und das Robert-Koch-Institut (RKI) erhielt erste Meldungen von Todesfällen. Mehrere Patienten gaben an, vor der Erkrankung Salat gegessen zu haben, worauf RKI und das Bodeninstitut für Risikobewertung (BfR) vor dem Verzehr roher Tomaten, Gurken und grünem Salat warnten. Als dann EHEC-Erreger auf Gurken aus Spanien nachgewiesen wurden, war der mediale Aufruhr groß, und Spekulationen schossen ins Kraut. Weil EHEC auch in Rindern und anderen Wiederkäuern vorkommt, allerdings ohne Krankheiten zu verursachen, gerieten schnell die „industrielle Lebensmittelproduktion" und die „Massentierhaltung" in Verdacht, schuld am Krankheitsausbruch zu sein. Speziell die Düngung mit Rindergülle wurde ins Spiel gebracht, obwohl diese bei der Gemüseproduktion in Folienhäusern nicht praktiziert werden kann. Im Nachrichtenportal NTV wurde gemutmaßt, dass die Misere mit kleinbäuerlicher Landwirtschaft wohl zu verhindern gewesen wäre.[145]

Aber dann stellte sich heraus: Das Massenprodukt spanische Gurke war zu Unrecht in Verdacht geraten. Analysen hatten gezeigt, dass der EHEC-Stamm auf den Gurken nicht mit jenem übereinstimmte, der für die massenhaften Krankheitsfälle in Norddeutschland (und Frankreich) verantwortlich war. Vielmehr konnte der Ausbruch im weiteren Verlauf auf ägyptische Bockshornkleesamen zurückgeführt werden, die ein teils nach veganen Richtlinien arbeitender Biogemüsebetrieb in Niedersachsen zur Produktion von Sprossen nutzte. Gemüsesprossen waren zu diesem Zeitpunkt vor allem unter ernährungsbewussten Menschen beliebt.

Für die ausführliche Aufarbeitung des Falls, unter anderem durch einen 153-seitigen Bericht des BfR,[146] interessierten sich weit weniger Journalisten als für die wilden Spekulationen zum Zeitpunkt des Ausbruchs. Bis zum heutigen Tag wurde der spezielle

Erregerstamm nicht in Tieren nachgewiesen. Zwar ist eine Übertragung durch tierische Dünger theoretisch denkbar, aber wie er tatsächlich auf die Sprossen kam, bleibt im Dunkeln.

Bewiesen ist allerdings, dass ein Bakterium, das überall auf der Welt vorkommt, innerhalb weniger Wochen 3.842 Krankheits- und 53 Todesfälle verursachte. Durch keinen anderen Lebensmittelskandal in jüngster Vergangenheit gab es hierzulande annähernd so viele Opfer, bei den meisten gab es gar keine. Dass der Ursprung ausgerechnet auf ein Bioprodukt zurückgeht, dürfte Zufall sein und ist dennoch nicht frei von Ironie. Wären 53 Menschen durch ein Produkt aus der Chemiefabrik ums Leben gekommen, hätte man die Firma (zu Recht) in Grund und Boden geklagt, und Medien hätten das „Ende des Chemiezeitalters" gefordert. Aber es war eben nur ein Mikroorganismus aus einem Biobetrieb, der schnell wieder in Vergessenheit geriet.

Es entspricht dem modernen Zeitgeist, dass sich Menschen in den westlichen Industrieländern meist vor den falschen Dingen fürchten. Wenn es ums Essen geht, grassiert die Angst vor Gentechnik, Antibiotika, Hormonen, Zusatzstoffen und Pestiziden. Nichts davon sollte mit völliger Gleichgültigkeit betrachtet werden, das Problem ist aber: Die Gewichtung der Ängste entspricht nicht den realen Risiken.

Alles, was als künstlich oder als von außen hinzugefügt wahrgenommen wird, bereitet vielen Sorge. Dabei liegt die viel größere Gefahr darin, der Natur freien Lauf zu lassen. Denn dann befällt sie unser Essen mit Bakterien, Pilzen und Viren oder überwuchert Nahrungspflanzen mit Unkraut, das ihnen nicht nur Licht, Luft, Wasser und Nährstoffe raubt, sondern selbst gefährliche Giftstoffe produziert.

Die stark verzerrte Risikowahrnehmung zeigt sich auch beim Blick auf die Statistik des Europäischen Schnellwarnsystems für Lebensmittel und Futtermittel (RASFF). Mithilfe dieses Systems warnen sich die Staaten der EU gegenseitig, sobald irgendwo potenziell gesundheitsgefährdende Lebens- oder Futtermittel auftauchen. So sollen Produkte im Notfall schnellstmöglich aus dem Verkehr gezogen werden können. Für Deutschland hat das BVL eine Statistik[147] erstellt, nach der im Jahr 2019 insgesamt 1.029 Meldungen zu Produkten registriert wurden, die in Deutschland hergestellt oder nach Deutschland geliefert wurden.

An der einsamen Spitze liegt mit 359 Meldungen (33 Prozent aller Meldungen) die Gruppe der Mikroorganismen, darunter vor allem Salmonellen, Listerien oder *Escherichia-coli*-Bakterien. Dahinter folgen mit 126 Meldungen (12 Prozent) die Mykotoxine, also jene Schimmelpilzgifte, die Nüsse, Feigen, aber auch Getreide und andere Pflanzen befallen. Erst an fünfter Stelle liegen mit 72 Meldungen Überschreitungen von Pestizid-Höchstmengen. Knapp 7 Prozent aller Warnungen gehen also auf die vielgefürchtete Agrarchemie zurück, während „die Natur" mit ihren Mikroorganismen und Schimmelpilzgiften für rund 47 Prozent der Warnungen verantwortlich ist.

Wohlgemerkt: Der Verzehr geringer Mengen keines dieser von Warnungen betroffenen Produkte führt in der Regel zu Gesundheitsschäden. Das EU-Kontrollsystem führt ja gerade dazu, dass bedenkliche Chargen schnell aus den Regalen genommen werden, und vor allem zur ständigen Sensibilisierung aller beteiligten Stellen, die den Verunreinigungen nachgehen, ihre Quellen aufspüren und eindämmen oder ganz abstellen.

Im Gegensatz zu den Rückstandsspuren von Pestiziden haben die Gifte aus der Natur eine endlos lange Todesliste zu verzeichnen.

MYKOTOXINE – DIE UNTERSCHÄTZTE GEFAHR AUS DER NATUR

Sollten Sie einmal das elsässische Städtchen Colmar und dort das Museum Unterlinden besuchen, sehen Sie sich den weltberühmten Isenheimer Altar mit den opulenten Malereien des Renaissance-Künstlers Matthias Grünewald ganz genau an! Eines der Flügelbilder zeigt den Einsiedler Antonius, umringt von schreckenerregenden Fabelwesen, gegen die sich Antonius zur Wehr setzt. Ein menschenähnliches Wesen mit Schwimmhäuten kauert neben ihm an der linken unteren Ecke des Gemäldes. Das Wesen hat eine grau-grünliche Haut, einen aufgeblähten Bauch und reckt, schmerzverzerrt, seinen linken Stummel-Arm in die Höhe. Das Wesen zeigt Symptome der Pest und des sogenannten *Antoniusfeuers*.

Das Antoniusfeuer, auch Ergotismus genannt, bereitete unzähligen Menschen im Mittelalter Höllenqualen und kostete Hunderttausende das Leben. Die Krankheit zeigt sich laut BfR[148] in Symptomen wie brennenden Schmerzen, Übelkeit, Krampfanfällen, absterbenden Gliedmaßen oder Psychosen. Durch Atemlähmung und Kreislaufversagen führt sie zum Tod. Die Ursache der Vergiftung liegt im Verzehr von Mutterkorn. So heißen Teile eines Pilzes, der in feuchten Jahren vor allem die Ähren des Roggens befällt. Der Pilz produziert Gifte, genauer gesagt die Mutterkorn-Alkaloide. Unter anderem geht es dabei um Abkömmlinge (Derivate) der Lysergsäure, die wiederum die Ausgangssubstanz der Hippiedroge LSD darstellt. Ihr Entdecker, der Schweizer Chemiker Albert Hofmann, stieß am 19. April 1943 im Rahmen seiner Forschung an Mutterkorn auf die halluzinogene Wirkung von Lysergsäurediethylamid, kurz LSD.

Mutterkorn löst auch Kontraktionen der Gebärmutter aus und wurde im Mittelalter gezielt als Abtreibungsmittel eingesetzt.

Die meisten Menschen wussten allerdings nichts von seiner Wirkung, der Pilz wurde einfach zusammen mit dem Getreide vermahlen. Von der Antike bis ins 20. Jahrhundert hinein verursachte er regelmäßig größere Krankheitsausbrüche, zuletzt 1926 in Russland und Ende der 1970er Jahre in Äthiopien und Indien.[149] Allerdings ist das Gift aus der Natur kein reines Relikt vergangener Zeiten.

Wer im Sommer aufmerksam an einem Roggenfeld vorbeigeht, kann die bräunlich-schwarzen, wie mutierte Körner aussehenden Sklerotien auch heute noch aus manchen Ähren herausragen sehen. Nur 5 bis 10 Gramm frisches Mutterkorn können für einen Erwachsenen tödlich sein. Zum Glück lässt sich der Befall mit dem Pilz durch ackerbauliche Maßnahmen eindämmen, und in den Getreidemühlen werden die giftigen Körner heutzutage mit Sieben oder Technologien wie Farbscannern aussortiert.

Die Mutterkornalkaloide gehören zu einer ganzen Gruppe von insgesamt rund 400 *Mykotoxinen*, also Schimmelpilzgiften, von denen etliche weitere ebenfalls ein beträchtliches Risiko für Menschen und Tiere bergen. Und das schon in vergleichsweise geringen Mengen.

Die Gruppe der *Aflatoxine* zum Beispiel wurde entdeckt, nachdem es im Frühjahr 1960 im Südosten Englands plötzlich zu einem rätselhaften Massensterben unter Truthähnen gekommen war. Mehr als 100.000 Tiere zeigten nervöse Symptome, fielen ins Koma und verendeten in kurzer Zeit. Bei Untersuchungen der Tiere stellten Wissenschaftler starke Leberschäden fest, die auf eine Vergiftung hinwiesen. Schließlich kam heraus, dass alle Tiere Erdnuss-Schrot von derselben Schiffsladung aus Südamerika gefressen hatten. Weitere Tests führten schließlich zur Entdeckung der Ursache für das Truthahnsterben: ein Gift, das vom Pilz *Aspergillus flavus* produziert wird und später unter dem Namen Aflatoxin bekannt wurde.

Heute weiß man, dass Aflatoxine nicht nur akut töten, sondern auch in geringeren Konzentrationen schwere Schäden verursachen können. Für Menschen am gefährlichsten ist das Aflatoxin B1. Es gilt als eines der stärksten Krebsgifte überhaupt und wirkt zudem erbgutschädigend. Die Pilze, die Aflatoxine produzieren, wachsen besonders gut unter tropischen Bedingungen, auf Mais, Erdnüssen, Sojabohnen, Sonnenblumen, Gewürzen und vielen anderen Nahrungspflanzen.

Aber auch auf europäischen Feldern stellen Mykotoxine eine von der breiten Öffentlichkeit völlig unterschätzte Gefahr dar. Von Bedeutung sind hierzulande vor allem die beiden von verschiedenen Pilzen aus der Gattung *Fusarium* produzierten Mykotoxine *Deoxynivalenol*, kurz DON, sowie *Zearalenon* (ZEN). Jeder Getreidebauer kennt diese beiden Abkürzungen. Das liegt daran, dass Landwirte vor allem in feuchten Jahren darum bangen müssen, ob ihnen die Mühlen ihr Getreide überhaupt abnehmen. Wenn ein Schnelltest vor der Ablieferung zu hohe Werte der Gifte anzeigt, müssen sie ihr Getreide wieder mit nach Hause nehmen.

DON sorgt für Übelkeit, Durchfall, Fieber und Erbrechen und ist auch als *Vomitoxin* (Brechgift) bekannt. Bei Tieren führt die Aufnahme zu reduziertem Wachstum und einer Schwächung des Immunsystems. ZEN hingegen wirkt wie ein Östrogen und spielt eine Rolle bei der Tumorbildung in hormonell empfindlichen Geweben. Außerdem zeigten Tierversuche u. a. Schäden am Embryo, am Erbgut und am Immunsystem.

Das große Problem mit den Mykotoxinen ist die Tatsache, dass sie sich durch Kochen oder Braten nicht zerstören lassen, einzig die Verdünnung mit unbelasteten Chargen hilft. Jeder von uns konsumiert sie in einem gewissen Ausmaß. Einer Studie aus dem Jahr 2019 zufolge dürften 20 bis 25 Prozent des global erzeugten Getreides mit Konzentrationen von Mykotoxinen belastet sein, die über den in der EU geltenden Grenzwerten liegen.

Schimmelpilze attackieren unser Essen auf Feldern, Plantagen und Obstgärten, genau wie nach der Ernte in schlecht belüfteten Getreidelagern oder unserem Kühlschrank. Wir müssen uns trotzdem kaum Sorgen um unsere Gesundheit machen. Unsere Getreidelager sind gut belüftet, und was im eigenen Kühlschrank schimmelt, können wir wegwerfen. Vor allem verhindert das EU-System der Überwachung durch EFSA und nationale Behörden in der Regel, dass stark mit Mykotoxinen belastete Lebens- oder Futtermittel in Umlauf kommen. Oder sie rufen sie im Notfall zurück. So wie im Jahr 2013, als tausende Bauernhöfe in Niedersachsen mit Aflatoxinen verseuchten Mais aus Serbien auch an Milchkühe verfüttert hatten. Das Krebsgift wurde in der Milch gefunden und betroffene Betriebe per Lieferstopp vom Markt ausgeschlossen.

In anderen Teilen der Welt gibt es weniger Kontrollen, und die Menschen müssen essen, was da ist. Vor allem in feucht-heißen und ärmeren Gefilden stellen Mykotoxine ein massives Gesundheitsrisiko dar. So könnten Schätzungen zufolge pro Jahr bis zu 155.000 neue Fälle von Leberkrebs auf Aflatoxine zurückzuführen sein. Andere Pilzgifte verursachen Nierenschäden, Schäden bei der Fortpflanzung oder im Verdauungstrakt. Überdies berichten Forschende auch über Kombinationseffekte unterschiedlicher Mykotoxine, die in Zusammenhang mit Wachstumsstörungen bei Kindern in Ländern mit unterem und mittlerem Einkommen stehen.[150] Keinem in der EU verwendeten Pestizid lassen sich auch nur ansatzweise derart gravierende Gesundheitsschäden zuschreiben.

Wie können wir uns gegen Mykotoxine schützen? Es gibt verschiedene Werkzeuge, mit denen die Ausbreitung von Schimmelpilzen schon beim Pflanzenbau eingedämmt wird. Dazu zählen u. a. die Züchtung resistenter Pflanzensorten, ein gesunder Boden mit angepasster Bodenbearbeitung und vielfältigeren

Fruchtfolgen: Je mehr Jahre zwischen dem Anbau derselben Kulturpflanzenart auf demselben Feld liegen, desto weniger wahrscheinlich kann der Pilz bis zum nächsten Anbau im Boden überleben. Schließlich zählen zu diesen Werkzeugen auch die Fungizide, also die gegen Pilze wirksamen Pflanzenschutzmittel. Von vielen Kritikern werden regelmäßig Gesundheitsgefahren durch ihre Anwendung heraufbeschworen, und nicht selten sprechen Aktivisten und Politiker von einem kompletten Verbot aller Pestizide. Im Juni 2021 stand in der Schweiz ein Totalverbot aller synthetischen Pflanzenschutzmittel zur Abstimmung. Es wurde mit 61 Prozent der Stimmen abgelehnt. Wäre es anders ausgegangen, hätten nach zehn Jahren alle synthetischen Mittel verschwinden müssen. Zudem wäre der Import von Lebensmitteln verboten worden, die mithilfe solcher produziert wurden. Selbstverständlich wären auch die Gegenmittel der Mykotoxine, also die Fungizide, betroffen gewesen.

Ähnliche Ziele verfolgen bestimmte NGOs überall in Europa. Wäre der menschlichen Gesundheit damit ein Gefallen getan? Folgender Vergleich lässt starke Zweifel aufkommen: Einer der in der EU, zumindest derzeit noch, zugelassenen Fungizid-Wirkstoffe ist die Verbindung *Tebuconazol*. Sie steckt unter anderem im Pflanzenschutzmittel *Ampera,* mit dem sich verschiedene Fusarium-Pilze im Weizen bekämpfen lassen.

Zur Behandlung eines Hektars Weizen (10.000 m²) mischen Landwirte 1,5 Liter des Mittels in 300 Liter Wasser.[151] Das bedeutet, dass die Ähren eines Quadratmeters mit 30 Millilitern Wasser und den darin enthaltenen 0,15 Millilitern des Pflanzenschutzmittels benetzt werden. Da weniger als die Hälfte des Mittels aus aktiven Wirkstoffen besteht, landet schlussendlich sehr, sehr wenig Tebuconazol auf dem Weizen. Trotzdem reicht die Menge, um eine Wirkung zu entfalten. Die Frage ist: Was wollen wir auf unserem Weizen eher tolerieren – das von den Fusarien produzierte Schimmelgift oder die Rückstandsspuren des Bekämpfungsmittels?

Gehen wir davon aus, dass es sich um Hartweizen zur Herstellung von Pasta handelt. Laut EU-Verordnung darf ein Kilogramm Hartweizen maximal 1.750 Mikrogramm des Fusarium-Gifts DON enthalten. Der Grenzwert für Rückstände von Tebuconazol ist bei 300 Mikrogramm pro Kilogramm Hartweizen festgelegt. Ein deutlich größerer Unterschied zeigt sich bei der akuten Toxizität: Während der LD50-Wert für DON bei 46 Milligramm pro Kilogramm (Maus) liegt, wurde der LD50 für Tebuconazol bei 3.350 Milligramm pro Kilogramm (Ratte) ermittelt. Das bedeutet vereinfacht gesagt: Die EU toleriert in Hartweizen sechsmal mehr Schimmelgift als Tebuconazol. Und das, obwohl das Gift aus der Natur 73-mal giftiger ist als das Fungizid, das es bekämpfen soll.

Erklären lässt sich diese offensichtliche Widersinnigkeit wohl nur dadurch, dass mit niedrigeren Grenzwerten für DON viel zu viel Getreide nicht als Lebensmittel zu gebrauchen wäre. Denn trotz der Fungizide lässt sich der Schimmel nicht komplett vermeiden. Der Grenzwert ist somit schlicht eine Anpassung an die Realitäten, mit denen wir leben müssen, und die sich durch den Klimawandel und seine steigenden Temperaturen noch verschärfen werden. Experten beobachten nämlich, dass sich etliche Schadpilze mit steigenden Temperaturen von Süden nach Norden ausbreiten.

DAS GIFT IN DEN UNKRAUTSAMEN

Mykotoxine sind nicht die einzigen natürlich vorkommenden Substanzen, vor denen Landwirte uns zu schützen versuchen. Im Giftschrank der Natur lauern zusätzlich mehrere tausend Vertreter der sogenannten *Alkaloide*. Das sind hauptsächlich von Pflanzen produzierte Substanzen mit einer Wirkung auf den menschlichen oder tierischen Organismus. Zu den bekanntesten Alkaloiden zählen Koffein, Nikotin oder Kokain. Dass diese drei Substanzen zum Teil eine verheerende Wirkung haben können, weiß fast jeder. Das Wissen darum müsste eigentlich genügen, um sämtliche Vorstellungen von einer grundsätzlich sanften Natur aus der Welt zu schaffen. Es gibt aber viele weitere, weniger bekannte Verbindungen, die uns enorm schaden können und deren Langzeitwirkungen oft noch gar nicht erforscht sind.

Wer Nachrichten über Produktrückrufe oder die Meldungen des Magazins *Öko-Test* verfolgt, findet immer wieder Hinweise darauf. So berichtet das Magazin im Spätsommer 2021 über seinen Kräutertee-Test und die dabei gefundenen teils sogar „stark erhöhten" Mengen von *Pyrrolizidin*-Alkaloiden (PA) und *Tropan*-Alkaloiden (TA).

Die Gifte können über versehentlich mitgeerntete Unkräuter wie Jakobskreuzkraut oder Bilsenkraut ins Erntegut gelangen und so Teemischungen kontaminieren. Über längere Zeit in geringen Mengen verzehrt, können PA die Leber schädigen und sind potenziell krebserregend und erbgutschädigend. TA sind akut giftig und verursachen Kopfschmerzen und Benommenheit.

Umso mehr muss es verwundern, dass erst ab dem 1. Juli 2022 ein gesetzlicher Grenzwert für PA in Tee, Borretsch und einigen Gewürzen in Kraft tritt.

Giftige Alkaloide gelangen in Einzelfällen auch über Unkrautsamen in Lebensmittel. Dabei treten besonders häufig die Samen des Stechapfels in Erscheinung. Der Stechapfel ist eine Wildkrautgattung, die mit mehreren Arten fast überall auf der Welt vertreten ist. Alle sind stark giftig. Die AGES berichtet unter anderem von Vergiftungen aus Slowenien, wo im Jahr 2003 mehr als 70 Menschen mit Stechapfelsamen verunreinigte Buchweizenprodukte gegessen hatten und anschließen über teils heftige Symptome klagten. Diese reichten bis zu Seh- und Sprachstörungen, Desorientierung sowie Halluzinationen. Ähnlich erging es sieben Personen in Österreich 2006. Bei ihnen war es ein Hirsegericht, in das Stechapfelsamen hineingeraten waren.

Wichtig ist: Das allgemeine Risiko für Gesundheitsschäden durch Bakterien, Pilze, Unkrautsamen und andere natürliche Giftquellen ist in Gesellschaften mit einer modernen Agrar- und Lebensmittelwirtschaft überschaubar. Aber man kann erahnen, welche körperlichen Leiden alle möglichen Naturgifte in der Vergangenheit verursacht haben. Heutzutage lässt sich das in der Regel vermeiden. Auch dank einer modernen Landwirtschaft und ihres überwiegend verantwortungsvollen Umgangs mit Pflanzenschutzmitteln. Wer also „weniger Gift" in seinem Essen haben möchte, sollte sich lieber kein allgemeines Verbot von Pflanzenschutzmitteln herbeiwünschen.

Das Gesundheitsrisiko durch Lebensmittel mit Pestizid-Rückstandsspuren geht in Europa praktisch gegen null. Wer seinen Fokus darauf legt, vergisst leicht jene Risiken, die ein langes und gesundes Leben tatsächlich ernsthaft gefährden: Rauchen, übermäßiger Alkoholkonsum, wenig Bewegung und einseitige Ernährung ohne Obst und Gemüse.

GLYPHOSAT: WAS, WENN EIN VERBOT DAS GRÖSSERE PROBLEM WÄRE?

Kommen wir noch einmal zurück zum derzeit meistdiskutierten Pflanzenschutzmittel Glyphosat. Selbstverständlich würde es auch ohne Glyphosat noch Ackerbau geben, genau wie es ihn auch zuvor gegeben hat.

Das ist allerdings gar nicht die Frage. Jede Maßnahme, die mit der Notwendigkeit von Umwelt- und Klimaschutz begründet wird, muss sich einzig daran messen lassen, ob Umwelt und Klima nach Vollzug der Maßnahme tatsächlich besser geschützt sind als davor. Wer Glyphosat nur deshalb verbieten möchte, weil er darin ein Symbol für eine aus seiner Sicht fehlgeleitete Landwirtschaft sieht, betreibt eben Symbolpolitik. Und wer das tut, riskiert den Verlust von Nachhaltigkeit. Das bedeutet konkret, dass niemand die Auswirkungen eines Glyphosat-Verbots beurteilen kann, ohne sich die Frage zu stellen, was danach kommt. Was würden jene morgen tun, die heute noch Glyphosat spitzen?

In Österreich ist einer der größten Einzelverbraucher des Herbizids weder ein „Großbauer" noch eine „Agrarfabrik", er hat nicht einmal etwas mit Landwirtschaft zu tun. Es handelt sich um die Österreichischen Bundesbahnen (ÖBB). Sie sind dazu verpflichtet, ihre mehr als 5.600 Kilometer Bahngleise frei von Bewuchs zu halten. Bislang wird das durch einen einmal pro Jahr fahrenden Glyphosat ausbringenden Spritzzug gewährleistet. Das Verfahren verhindert, dass Pflanzenwurzeln und sich mit der Zeit ansammelndes organisches Material das Gleisbett instabil und Zugfahren damit unsicherer machen.

Das Grünzeug muss also vom Bahndamm – auch in Zukunft. Kein Mensch kann daher beurteilen, ob ein Verzicht der ÖBB auf Glyphosat mehr oder weniger Nachhaltigkeit mit sich bringt, solange er nicht weiß, mit welchem anderen Werkzeug die ÖBB stattdessen arbeiten werden. Trotzdem hat das Unternehmen 2017 NGOs und anderen Glyphosat-Gegnern klein beigegeben und verkündet, es werde bis 2022 aus der Verwendung des Herbizids aussteigen. Wie das Unkraut künftig beseitigt werden solle, blieb offen. Stattdessen gab es die vage Ankündigung, man werde gemeinsam mit Global 2000 nach Alternativen suchen. Dabei lagen mögliche Alternativen schon zum Zeitpunkt der Ankündigung auf dem Tisch. Sollte es nicht kurzfristig zu bahnbrechenden Innovationen kommen, dann gibt es im Prinzip nur folgende Möglichkeiten:

Zum einen die Verwendung alternativer Herbizide wie z. B. Pelargon- oder Essigsäure. Erstere ist zwar natürlichen Ursprungs, wirkt aber wie Glyphosat als Totalherbizid. Um eine ausreichende Wirkung zu entfalten, muss sie in deutlich höheren Mengen bzw. öfter ausgebracht werden und ist zudem deutlich teurer. Sie ist laut Zulassungsbehörden, wie Glyphosat, als „giftig für Wasserorganismen mit langfristiger Wirkung", aber zusätzlich auch noch als „schädigend für Populationen relevanter Nutzinsekten", genau wie „für Raubmilben und Spinnen" eingestuft.[152] In Sachen Toxizität liegt sie im Bereich von Glyphosat. Natürlich ist auch die Alternative Essigsäure. Trotzdem kann sie schwere Augenreizungen verursachen und ist immerhin noch „schädigend" für Raubmilben und Brackwespen. Ihr Einsatz entlang von Bahnstrecken dürfte aber vor allem an ihrem stechenden Geruch nach Essig scheitern.

Zum anderen kämen an Bahnstrecken als Glyphosat-Alternative auch das Abflammen des Unkrauts oder die Behandlung mit heißer Luft, heißem Wasser, Dampf, Schaum oder gar elektrischem Strom infrage. Allerdings müssten die Züge mit den entsprechenden Apparaturen an Bord sehr langsam und mehrfach pro Jahr fahren, was zu Behinderungen im Zugverkehr führen könnte. Alle mit Hitze oder Flammen in Berührung kommenden Kleinlebewesen würden getötet, im Gegensatz zu einem Kontakt mit Glyphosat. Geradezu grotesk wären diese „Alternativen" in puncto Klimabilanz, schließlich muss dazu Wasser erhitzt oder ein Treibstoff verbrannt werden, was insgesamt zu einem höheren Energieverbrauch führen würde, allein schon wegen der notwendigen häufigeren Überfahrten. Und in trockenen Sommern mit einem Flammenwerfer durch Österreichs Wälder zu fahren, ist möglicherweise auch nicht die beste Idee aller Zeiten.

Den Bewuchs von Hand auszureißen, dürfte bei tausenden Kilometern Schotterbett auch niemand ernsthaft in Erwägung ziehen.

Alle diese Alternativen führen übrigens zum selben Ergebnis wie die Behandlung mit Glyphosat: einem Gleisbett, das vorübergehend ohne Bewuchs daliegt. Es ist mir schleierhaft, wie man darin einen Gewinn für die Artenvielfalt erkennen kann. Von Glyphosat-Gegnern wurde die Ankündigung der ÖBB dennoch gefeiert.

SCHLAMM IM KELLER: WIE GLYPHOSAT VOR ÜBERSCHWEMMUNGEN SCHÜTZT

Auch Äcker sind nach dem Pflügen genauso unkrautfrei wie nach dem Glyphosatspritzen. Allerdings bringt der Pflug andere Probleme mit sich.

Ich kann mich noch sehr gut erinnern, wie das Schlammwasser über unseren Hof und in den Keller meiner Großeltern rauschte. Als ich ein Kind war, passierte das mehr als einmal. Gefahr war immer dann im Verzug, wenn die Felder oberhalb unseres Hofes gerade frisch gepflügt waren und ein heftiges Gewitter für Starkregen sorgte. Die schweren Tropfen platschten dann auf die feinen Krümel des Ackerbodens, der das Wasser nicht so schnell aufnehmen konnte, wie es vom Himmel fiel. Also suchte es sich, wie es Wasser eben tut, den kürzesten Weg nach unten, fruchtbaren Ackerboden mit sich reißend. Es schoss direkt über unseren Hof, wo die Abwasserkanäle schnell überfordert waren, sodass sich kleine Seen bildeten, bis das Wasser-Erde-Gemisch schließlich über eine Treppe im Keller landete.

Den Schlamm dort wieder herauszubekommen, bevor er steinhart wurde, war eine ziemlich mühsame Arbeit, und irgendwann war es genug: Zum Schutz vor Erosion machte mein Vater einen vielleicht 20 Meter breiten Streifen unseres Feldes am betreffenden Hang zu Wiese. Zudem wurde unterhalb davon eine Pflugfurche angelegt, die das Wasser im Ernstfall hinter dem Hof direkt zum Straßengraben umleiten sollte. Seitdem schaffte es kein

Schlamm mehr in eines unserer Gebäude. Trotzdem waren die wiederkehrenden Überschwemmungen des Hofes, zusammen mit den teils gewaltigen Erosionsrinnen, die nach einem starken Regen draußen auf den Feldern Spuren hinterließen, der Anlass dafür, den Ackerbau umzustellen.

Was hat das Ganze mit Glyphosat zu tun? Dazu braucht es eine kurze Ausführung zum Stichwort Erosion. Die ist nämlich ein gewaltiges Problem in der globalen Landwirtschaft, das oft viel zu wenig berücksichtigt wird. Erosion bedeutet für Agrarland, dass Wind oder Wasser kleinste Bodenteilchen davontragen, die für das jeweilige Feld für immer verlorengehen. Mit dem Boden verschwinden auch Nährstoffe und der so wichtige Humus.

Weltweit gehen durch Erosion jährlich viele Milliarden Tonnen Boden verloren. Besonders gravierend macht sich das Phänomen dort bemerkbar, wo sie Folge einer generellen Übernutzung durch zu viele Weidetiere oder nicht nachhaltigen Ackerbau ist. In etlichen Weltregionen, wie der Sahelzone oder Teilen Chinas, trägt Erosion zur Ausbreitung von Wüsten und zum Verlust produktiven Agrarlands bei. Sie zählt somit zu den wesentlichen Bedrohungen für die Ernährung der Menschheit. Experten schätzen, dass allein in Österreich 840.000 Hektar, also die 20-fache Fläche Wiens, prinzipiell erosionsgefährdet sind.[153]

Einen großen Einfluss haben u. a. der Zustand des Bodens bzw. die Art und Weise seiner Bewirtschaftung. Erosionsanfällig ist in erster Linie Ackerland, vor allem dann, wenn es mit Kulturen bebaut wird, die aufgrund ihres Wärmebedarfs nicht vor April ausgesät werden können und deren dann noch kleine Blätter den Boden im Mai und Juni, einer Zeit häufiger Starkregen, weitgehend ungeschützt lassen. Zu diesen Kulturen zählen Mais, Soja, Ackerbohnen, Kürbisse oder Hirse.

Dennoch gibt es Möglichkeiten, auch auf einem hügeligen Feld Mais oder Soja anzubauen, ohne den Boden völlig schutzlos den Kräften der Erosion auszuliefern. Mit dem *Mulchsaat*-Verfahren versuchen Landwirte, ihr Land so zu bewirtschaften, dass sich der Zustand des Ackerbodens zumindest ein Stückweit dem Zustand eines Wiesen- oder Waldbodens annähert. Das heißt, seine Oberfläche soll möglichst das ganze Jahr über mit organischem Material bedeckt sein und nur wenige Störungen von außen erfahren.

Eine der wichtigsten Maßnahmen, um das zu erreichen, ist der Verzicht auf das Pflügen. Sie ist der Kern der konservierenden Bodenbearbeitung, die wir in Kapitel 5 bereits als Klimaschutzmaßnahme kennengelernt haben.

Die sogenannte *Direktsaat* ist eine besonders konsequente Variante der konservierenden Bodenbearbeitung. Bei der Direktsaat gibt es im Grunde überhaupt keine Bodenbearbeitung mehr, weder eine flache und schon gar keine tiefe mit dem Pflug. Die Samen von Mais, Raps oder Zuckerrüben kommen dabei – direkt – in das unbearbeitete, mit Zwischenfrüchten oder Getreidestoppeln bedeckte Feld. Dafür verwendete Sämaschinen mit speziellen Sägcharen ziehen lediglich schmale Schlitze, in die sie das Saatgut ablegen und die sie anschließend wieder zuschütten.

Vorteil des Verfahrens sind nicht nur die Unempfindlichkeit gegenüber Erosion und eine enorme Ersparnis an Arbeitszeit und Energiekosten in Form von Treibstoff, sondern auch eine relativ natürlich gewachsene Bodenstruktur, in der sich das Bodenleben mehr oder weniger ungestört entfalten kann.

Die Vorteile der reduzierten Bearbeitung des Bodens sind also klar: Schutz vor Nährstoffauswaschung, Förderung von Bodenleben inklusive Regenwürmer, Erhöhung der Humus- und Kohlenstoffgehalte und schließlich Kostenreduktion durch Zeit- und Energieeinsparung. Vor allem aber ist sie ein sehr wirksames Mittel zur Vermeidung von Erosion und für den Erhalt der Bodenfruchtbarkeit.

Dieses Konzept bringt aber auch Nachteile: Einer der folgenreichsten ist der, dass die unkrautdezimierende Wirkung des Pflügens entfällt.

An dieser Stelle kommt Glyphosat ins Spiel. Sein mit Abstand bedeutendster Einsatzzweck ist hierzulande die Bekämpfung von Unkraut vor dem Säen einer neuen Hauptkultur. Auch nach milden Wintern nicht abgefrorene Zwischenfrüchte lassen sich mit dem Mittel austrocknen, sodass sie verrotten können. Glyphosat ist also ein zentrales Element eines Anbausystems mit reduzierter, sprich erosionsmindernder Bodenbearbeitung.

In Zukunft wird das Problem Bodenerosion durch den Klimawandel noch verschärft. Wissenschaftler erwarten, dass Starkregen öfter vom Himmel kommen. Extreme Starkregen, wie sie im Sommer 2021 Teile Westdeutschlands zerstörten, bleiben hoffentlich auch weiter die Ausnahme. Die Ereignisse haben aber verdeutlicht, wie wichtig es ist, Böden als Schwamm zu sehen, der Regen im günstigsten Fall aufnimmt und speichert und so das Risiko von Erosion und Überschwemmungen vermindert.

Vielleicht denken Sie jetzt: Ja, aber früher mussten die Böden ja auch ohne Herbizide bewirtschaftet werden, das musste ja auch irgendwie funktionieren. Leider hat es das nicht immer. Erosion und Überschwemmungen haben im Lauf der Geschichte immer wieder für kleinere und größere Katastrophen gesorgt. Ein dramatisches Beispiel ist das sogenannte Magdalenen-Hochwasser, das Deutschland im Juli des Jahres 1342 heimsuchte und in etlichen Städten entlang von Rhein, Main, Donau und Elbe Pegelstände erreichte, die bis heute nicht übertroffen wurden.

Wegen der geringen Erträge musste damals viel mehr Land beackert werden als heute, Wald wuchs auf maximal 15 Prozent der Landesfläche, weniger als die Hälfte des heutigen Ausmaßes. Auf vielen Hängen lagen die gepflügten Wölbäcker der Kleinbauern mit dauerhaften Furchen, die das Wasser geradezu einluden.

Als tagelanger Dauerregen kam, rissen die Wassermassen wahre Canyons von über zehn Meter Tiefe in die Landschaft. Sie sind mancherorts noch heute zu erkennen. Der Ökosystemforscher Hans-Rudolf Bork schätzt,[154] dass sich damals in Mitteleuropa innerhalb nur einer Woche ein Drittel der Erosion der vergangenen 1.500 Jahre vollzog. Vermutlich starben Zehntausende direkt durch das Hochwasser, aber viele mehr durch die Spätfolgen der zerstörten landwirtschaftlichen Flächen, die sich in Missernten und Hungersnöten niederschlugen und durch das Auszehren und Schwächen der Menschen wohl auch der fünf Jahre später folgenden Pest-Epidemie den Weg bereitet haben dürften.

Bitte verstehen Sie mich jetzt nicht falsch: Selbstverständlich ist Glyphosat kein Wundermittel, dessen Einsatz eine Jahrtausendflut verhindern könnte. Klar ist aber die Tatsache, dass das Mittel ein tragender Baustein der erosionsmindernden, energiesparenden und gleichzeitig ertragreichen Bewirtschaftung von Ackerland ist.

Wer diese Zusammenhänge nicht kennt, mag in einem allumfassenden Glyphosat-Verbot einen wichtigen Schritt Richtung nachhaltigere Landwirtschaft erkennen. In Wirklichkeit entpuppt sich das Ganze eher als ein typisches Beispiel von *gut gemeint, aber schlecht gemacht*. Ähnliches gilt für Forderungen nach einem generellen Verbot aller Pestizide.

ZUSAMMENFASSUNG: WAS WIR ÜBER PFLANZENSCHUTZMITTEL WIRKLICH WISSEN SOLLTEN

1. Pflanzenschutzmittel / Pestizide schützen Kulturpflanzen vor Wildpflanzen, Schimmelpilzen, Schadinsekten und anderen Lebewesen. Sie bringen uns höhere und vor allem verlässlichere Erträge.

2. Der größte Teil der Pestizide in unserer Nahrung wird von den Pflanzen selbst produziert. Koffein etwa schützt den Samen des Kaffeestrauchs im Boden vor Insekten.

3. E 605 und DDT sind heute in der EU verboten. Ihre Verwendung war gefährlich und hatte zum Teil schlimme Nebenwirkungen.

4. Glyphosat hilft beim Schutz vor Erosion und ist weniger giftig als Kochsalz oder Backpulver. Das Krebsgift im Bier heißt Alkohol.

5. Ähnlich wie Medikamente haben Pestizide potenzielle Nebenwirkungen. Ihr Einsatz muss mit Bedacht und im Rahmen wissenschaftsbasierter Gesetze und Kontrollen erfolgen.

6. Auch die Biolandwirtschaft nutzt Pestizide. Vor allem bei Obst, Wein, Kartoffeln und Gemüse.

7. Unsere Lebensmittel sind so gesund und sicher wie nie zuvor. Wenn sie vergiftet werden, dann durch die Natur in Form von Mikroorganismen oder giftigen Alkaloiden. Wir fürchten uns vor dem Falschen.

8. Die Dosis macht das Gift. Moderne Analysemethoden finden ein Roggenkorn in einem 20.000 Kilometer langen Zug voller Weizen.

9

GENTECHNIK – WOVOR FÜRCHTEN WIR UNS EIGENTLICH?

Gentechnik – das ist für viele Menschen das schlimmste aller Reizwörter im Zusammenhang mit unserer Ernährung. Selbst für jene, die für die Verwendung von Pflanzenschutzmitteln oder Mineraldünger vielleicht gerade noch Verständnis aufbringen, ist beim Thema Gentechnik eine rote Linie überschritten. So sehr hat sich das negative Image dieser Technologie in den Köpfen vieler Europäer festgefressen. Zu Recht?

Diese Frage lässt sich eigentlich nur dann beantworten, wenn man zuvor eine andere Frage stellt: Wozu brauchen wir Pflanzenzüchtung überhaupt?

THE MAN WHO SAVED A BILLION LIVES: NORMAN E. BORLAUG

Wenn die Mäuse satt sind, schmeckt das Mehl bitter, pflegte mein Großvater Gustav zu sagen. Es liegt wohl in der Natur des Menschen, dass unsere Wertschätzung für viele Errungenschaften kleiner wird, sobald das Erreichte erstmal selbstverständlich geworden ist.

Haben Sie schon einmal den Namen Norman Ernest Borlaug (1914 – 2009) gehört? Wahrscheinlich eher nicht. Dabei wird ihm zugeschrieben, mindestens eine Milliarde Menschenleben gerettet zu haben. Für dieses Verdienst wurde Borlaug noch zu Lebzeiten mit Auszeichnungen und Ehrungen überhäuft. Sie reichen von der vergleichsweise bescheidenen Ehrendoktorwürde der Universität Hohenheim bis hin zur vermutlich ehrenvollsten Auszeichnung, die ein Mensch bekommen kann, dem Friedensnobelpreis (1970).

Borlaug wurde 1914 im US-Bundesstaat Iowa geboren und erlangte als Agrarwissenschaftler, Pflanzenpathologe und -züchter Weltruhm. Er gilt als Vater der sogenannten *Grünen Revolution*, also jener landwirtschaftlichen Modernisierungsphase, die in den

1950er und 60er Jahren zu enormen Ertragssteigerungen führte und damit viele Millionen Menschen in aller Welt von Hunger und Armut befreite. Die Revolution basierte in erster Linie auf der Entwicklung verbesserter Pflanzensorten, die, in Kombination mit der Verwendung von Mineraldüngern, Pflanzenschutzmitteln und mechanisch unterstützten Anbaumethoden, auf gleicher Fläche ein Vielfaches der ursprünglichen Erträge lieferte.

Als Borlaug und seine Mitstreiter 1945 in Mexiko, im Auftrag der Rockefeller-Stiftung und der mexikanischen Regierung, mit ihrer Arbeit begannen, war das Land stark von Nahrungsmittelimporten abhängig. Weizen wurde kaum angebaut, da die lokalen Sorten stark anfällig für den Getreideschwarzrost, eine Pilzkrankheit, waren und schlechte Erträge lieferten.

Borlaug revolutionierte und beschleunigte die Züchtung, u. a. indem er Zuchtgärten in zwei verschiedenen Höhenlagen Mexikos anlegte. Dadurch ergaben sich zwei Anbausaisonen pro Jahr (Sommer- und Wintersaison), was den Zuchtfortschritt auf einen Schlag verdoppelte. Dabei musste die zweite Zuchtstation zunächst unter erschwerten Bedingungen betrieben werden. Borlaug und sein enger Mitarbeiter Joseph Rupert übernachteten auf einem Dachboden, „den sie mit Ratten, Mäusen, Stechmücken und von Rüsselkäfern befallenem Getreide teilten". So dokumentiert es Borlaugs Heimat-Uni, die Universität von Minnesota.[155] „Empfindsamere Menschen hätten aufgegeben, nicht so Rupert, ein gefechtserfahrener Zweiter-Weltkriegs-Veteran, und Borlaug, ein hartgesottener Bauernjunge."

Dank Borlaugs und Ruperts persönlichen Einsatzes, Fleißes und wissenschaftlichen Talents schaffte es die Gruppe, zu der allmählich auch neu ausgebildete mexikanische Nachwuchsforscher hinzustießen, jedes Jahr tausende Elternlinien des Weizens miteinander zu kreuzen und deren Nachkommen auf ihre Eigenschaften zu prüfen. Die meisten anderen Züchter kreuzten weniger als 200. Nach und nach entwickelten sie rostresistente Sorten wie *Yaqui 48* oder *Yaqui 50* und verteilten sie an mexikanische Bauern, zusammen mit Anbauinstruktionen, u. a. zur Anwendung von Dünger. Die Bauern vermehrten die Sorten und verteilten sie weiter, die Erntemengen wuchsen.

Allerdings war Borlaug damit längst noch nicht am Ziel. Der Weizen brachte zwar grundsätzlich bessere Erträge, aber seine Halme waren lang und instabil. Vor allem bei Sturm konnten sie die prallen Ähren nicht mehr halten, knickten ein und fielen zu Boden. Ernteverluste waren die Folge. Schließlich erfuhr Borlaug von einer japanischen/US-amerikanischen Weizenkreuzung, deren Stängel statt der damals üblichen 150 Zentimeter nur noch 60 bis 100 Zentimeter in die Höhe wuchsen (heutige Sorten sind noch kürzer). Borlaug ließ sich Saatgut-Proben schicken. Wieder waren tausende Kreuzungsversuche notwendig, um die gewünschte Kurzstrohigkeit in die vorhandenen mexikanischen Sorten einzukreuzen, ohne deren Rostresistenz, Ertragsfähigkeit und Backqualitäten zu verlieren. Aber es gelang.

Als *Mexikanischer Wunderweizen* – rostresistent, ertragreich und mit kurzen, dicken Stängeln – gingen die neuen Sorten in die Geschichte ein. Ihnen und ihren Nachfahren ist es zu verdanken, dass Mexiko seine Weizenerträge zwischen 1950 und 2004 um das Viereinhalbfache steigern und sich schon ab 1956 aus eigener Kraft mit Weizen versorgen konnte! Und Mexiko blieb nicht das einzige Land, das profitierte: Borlaugs Weizen eignete sich für tropische und subtropische Gefilde. In den 1960er Jahren bereiste Borlaug im Auftrag der FAO und der Rockefeller-Stiftung Nordafrika, den Nahen Osten, Indien, Pakistan und Afghanistan. Züchter aus diesen Ländern kamen zur Ausbildung nach Mexiko. Und so verbreitete sich nicht nur Borlaugs Weizen über den Globus, sondern auch sein Know-how für Züchtung und Anbau. Dies war eine der Grundlagen für enorme Erfolge im Kampf gegen Hunger und Armut.

Der Beitrag der Grünen Revolution zur Entwicklung der Menschheit zeigt sich auf beeindruckende Weise auch in der Statistik: So lebten im Jahr 1945, als Borlaug in Mexiko seine Arbeit als Weizenzüchter aufnahm, 2,42 Milliarden Menschen auf der Erde. Im Jahr 2019 waren es 7,71 Milliarden, also mehr als dreimal so viele. Um einen Menschen zu ernähren, mussten 1950 noch durchschnittlich 15.200 m² landwirtschaftlich genutzt werden, bis 2016 schrumpfte diese Fläche um mehr als die Hälfte auf 6.600 m².[156]

DIE ANGST VOR DER GENTECHNIK

Züchtung ist also das Werkzeug, das Erträge steigert oder sichert, indem es in Pflanzen günstige Eigenschaften kombiniert. Heute ist das durch Eingriffe auf molekularer Ebene möglich, der Ebene der Gene.

Bei Genen handelt es sich um definierte Abschnitte der DNA. DNA ist die englische Abkürzung für *Desoxyribonukleinsäure,* ein riesiges Molekül, das in allen Zellen eines jeden Organismus vorhanden ist und den Träger der Erbinformation darstellt. Alle körperlichen Merkmale eines Lebewesens sind als chemisch codierte Bauanleitung in Form vieler verschiedener Gene innerhalb der DNA festgeschrieben – beim Menschen sind es etwa 30.000 bis 40.000, beim Weizen mehr als 100.000. Man könnte Gene also auch als Merkmalsanlagen bezeichnen. Es gibt keine Lebewesen ohne Gene.

Menschen beeinflussen, verändern bzw. „manipulieren" die Merkmale ihrer Nutzpflanzen und -tiere und somit deren genetische Zusammensetzung seit 10.000 Jahren. Diesen Prozess nennt man Züchtung. Bereits dieses bisschen Basiswissen entlarvt Propaganda-Begriffe wie *Gen-Pflanzen* oder *Genmanipulation* als das Vokabular ganz besonders wissenschaftsferner Aktivisten.

Es sind vor allem drei Argumente, die gegen die Verwendung gentechnischer Methoden in der Pflanzenzüchtung hervorgebracht werden. Zum einen, so die Mahnung, könne man Pflanzen „nicht zurückholen", wenn sie einmal in die Umwelt ausgebracht worden seien. Damit könnte es unbeabsichtigt zu unkontrollierbaren negativen Auswirkungen für die menschliche Gesundheit oder die Umwelt kommen. Zum anderen sei die Gentechnik ein Instrument, das ausschließlich den großen Agrarkonzernen zur „Steigerung der Profite" diene und auf der anderen Seite Kleinbauern in eine nicht näher definierte Abhängigkeit führe. Und schließlich würde Gentechnik von den Verbrauchern abgelehnt.

Letzteres ist jedenfalls korrekt, wie Umfragen regelmäßig bestätigen. Allerdings dürften die meisten Menschen die Technologie in erster Linie deshalb ablehnen, weil Greenpeace und andere seit Jahrzehnten Un- und Halbwahrheiten verbreiten, mit denen die Argumente 1 und 2 unterstützt werden sollen.

Greenpeace & Co. haben die Angst vor „Gentechnik auf dem Teller" jahrzehntelang gefördert und gepflegt. Inzwischen sitzt das Misstrauen in der Bevölkerung so tief, dass sich die NGO nur noch auf den „Willen des Verbrauchers" berufen muss.

Als Mitte der 2000er Jahre in Deutschland einige Hektar mit einer gentechnisch veränderten Maissorte eingesät wurden – was damals für kurze Zeit erlaubt war – trampelten 50 Greenpeace-Aktivisten über ein Feld in Brandenburg und installierten einen Drachen mit einem 16 Meter breiten Transparent. Darauf zu sehen: ein gigantischer Maiskolben mit schrecklicher Fratze und düsterem Blick, das *Gen-Mais-Monster*.[157] Begriffe wie *Monster-Mais, Franken-Food* – in Anspielung auf Frankensteins Monster – oder *genverseucht* markieren seither eine Debatte, die den Boden des Faktischen schnell verlassen hat. Die Etablierung einer Angst vor dem Unbeherrschbaren, eines dem Labor entsprungenen

Schreckgespensts samt einer allumfassenden Lebensgefahr ist vollständig gelungen.

Das zweite mächtige Argument gegen Gentechnik liegt in der Behauptung, die Technologie nutze ausschließlich finsteren Agrarkonzernen und deren Bemühen, Kontrolle über unser tägliches Essen zu erlangen sowie Kleinbauern in Abhängigkeit bzw. in den Ruin zu treiben. Um diese nachweislich falsche Behauptung aufrechtzuerhalten, ignorieren Anti-Gentechnik-Aktivisten konsequent alle Fakten, die ihre Geschichte infrage stellen würden. Zum Beispiel die Tatsache, dass auch zahlreiche von öffentlichen Geldern finanzierte und staatliche Forschungsinstitute in aller Welt Pflanzen mittels Gentechnik verbessern und Kleinbauern davon profitieren.

Ich werde in den folgenden Abschnitten darlegen, warum es sich bei den beiden Hauptargumenten gegen Gentechnik im besten Fall um Fehlinterpretationen handelt, die vor allem durch Auslassungen glänzen. Wer Gentechnik in der Landwirtschaft allerdings pauschal und in jeder Form ablehnt, arbeitet nicht selten mit astreinen Lügen. Bei keinem anderen landwirtschaftlichen Thema ist die Entfernung zwischen Wissenschaft und den tonangebenden Umweltgruppen krasser und eindeutiger belegt als beim Thema Gentechnik. Greenpeace und auch viele Politiker machen sich bei diesem Thema jahrzehntelanger Wissenschaftsleugnung schuldig. Das Erstaunliche ist: Von der Medienöffentlichkeit wird dies kaum thematisiert. Ganz im Gegensatz zum Thema Klimawandel, wo zum Teil schon die geringsten Abweichungen von Detailaussagen des wissenschaftlichen Mainstreams ausreichen, um jemanden als Klimawandel-*Skeptiker* mit waschechten Klimawandel-*Leugnern* in einen Topf zu werfen und ihm blanke Dummheit oder böse Absichten zu unterstellen.

Beim Thema Gentechnik gilt eine zentrale Aussage als wissenschaftlich eindeutig gesichert: Mittels Gentechnik gezüchtete

Pflanzen bergen kein größeres Risiko in sich als herkömmlich gezüchtete. Aber was heißt das nun genau?

REISE NACH BANGLADESCH

Bangladesch ist eines der am dichtesten bevölkerten Länder der Erde. Es ist gerade mal doppelt so groß wie Österreich, beherbergt aber sage und schreibe 166 Millionen Menschen (Stand 2021), also mehr als 18-mal so viele wie Österreich! Bis zum Jahr 2050 werden voraussichtlich weitere 25 Millionen dazugekommen sein. All diese Menschen satt zu bekommen, ist die größte Herausforderung des Landes. Durch den Klimawandel, regelmäßige Überschwemmungen und die zunehmende Versalzung von Ackerböden wird diese Mammutaufgabe zusätzlich erschwert.

Im Jahr 2018 hatte ich Gelegenheit, das Land für Filmaufnahmen zu bereisen. Es war eine der faszinierendsten und abenteuerlichsten Reisen meines Lebens. Und das nicht nur, weil ich heilfroh bin, den halsbrecherischen Straßenverkehr überlebt zu haben, der in Bangladesch zum Alltag gehört. Mehr als spannend war es zum Beispiel auch, die Landarbeiter Bangladeschs bei der Reisernte zu beobachten. Diese funktioniert dort heute noch immer ähnlich wie die Getreideernte in Europa vor hundertfünfzig Jahren.

Mit einer Sichel in der rechten Hand bewegen sich die Schnitter in gebückter Haltung durch das Reisfeld. Bündelweise legen sie die geschnittenen Halme auf einer ebenfalls aus Halmen zusammengeknoteten Strohschnur ab, mit der schließlich mehrere Bündel Reishalme zu einer Garbe gebunden werden. Mehrere dieser Garben werden schließlich an einer über die Schultern gelegten Holzstange zum Dreschplatz getragen. Dort „dreschen" die Männer die Bündel aus Reishalmen, einen Bogen über den eigenen Kopf schlagend, mit voller Wucht auf einen mit Holzstangen lückenhaft belegten Tisch. Dabei fallen die Körner zu

Boden, wo sie eingesammelt und zum Trocknen ausgelegt werden. Was mehrere Männer an einem Tag voll schweißtreibender Arbeit leisten, schafft ein moderner Mähdrescher innerhalb weniger Minuten, bedient von nur einer Person in einer klimatisierten Kabine mit Getränkekühler.

Während Reis der wichtigste Kalorienlieferant Asiens ist, gehören Auberginen (österr. Melanzani) zu den bedeutendsten Gemüsearten Bangladeschs. Das Problem: Das Gemüse schmeckt nicht nur den Menschen, sondern auch Insekten, vor allem dem sogenannten *Auberginenfruchtbohrer*. Die Schmetterlingsraupe frisst sich durch den Stängel und die Früchte der Auberginen, hinterlässt dabei Kot und macht sie ungenießbar. Um nicht den allergrößten Teil der Ernte an den Schädling zu verlieren, bringen die Kleinbauern rund zweimal wöchentlich mit der Rückenspritze Pflanzenschutzmittel aus – barfuß und ohne jede Schutzkleidung. Pro Anbausaison können so 50 bis 80 Spritzungen[158] zustande kommen.

Derartige, aus unserer Sicht wenig zeitgemäße, Methoden sind aber nicht das Einzige, was Bangladeschs Landwirtschaft auszeichnet. In einem Punkt ist das Land sogar deutlich fortschrittlicher und mutiger als Deutschland und Österreich zusammengerechnet. Die Regierung hat nämlich im Jahr 2013 den Anbau von gentechnisch veränderten (GV) Auberginensorten erlaubt.

GV-Auberginen wachsen unter anderem auf den Feldern von Bauer Milon Mia, den ich zusammen mit meinem Kameramann Roman im Mai 2018 nahe der Stadt Bogra, rund 200 Kilometer nordwestlich von Bangladeschs Hauptstadt Dhaka, besucht habe. Milon und sein Vater Ashraf Ali pflückten die reifen, leuchtend violetten Früchte und legten sie in eine rote Plastikschüssel. Roman filmte sie dabei, und 20 oder 30 Menschen beobachteten das Ganze hinter unseren Rücken stillschweigend. Am nächsten Morgen war das Gemüse in zwei handgeflochtene

Körbe aus Bast umgefüllt. Ashraf Ali trug sie, per Schulterstange, mit flinken kurzen Tippelschritten zum Markt, wo sich im Handumdrehen ein Abnehmer fand.

Wir waren im wahrsten Sinn des Wortes irgendwo im Nirgendwo, 6.700 Kilometer vom Wiener Stephansdom entfernt, zwischen unzähligen winzig kleinen Äckerchen, die in allen möglichen Grüntönen schimmerten. Wir sahen uns an Hochglanzfotos aus dem Asien-Reiseführer erinnert. Aber was ist das Besondere an diesem Gemüse, wegen dem wir die weite Reise angetreten sind?

In erster Linie widerlegen die Auberginen aus Bangladesch sämtliche europäische Anti-Gentechnik-Aktivisten gleich in mehrfacher Hinsicht. Nicht Konzerne, sondern Kleinbauern profitieren hier von der Gentechnik. Es geht um ein Genkonstrukt, das die indische Saatgutfirma *Mahyco*, ehemals Partner von Monsanto, dem staatlichen Agrarforschungsinstitut von Bangladesch (BARI) zur Verfügung gestellt hat. Das Konstrukt enthält ein ganz bestimmtes Gen aus dem Bodenbakterium *Bacillus thuringiensis (Bt)* und wurde von den Forschenden vor Ort in vier lokale Auberginen-Sorten eingekreuzt. Das Gen bringt die Auberginen-Pflanzen dazu, einen Eiweißstoff zu produzieren, der auf den Auberginenfruchtbohrer tödlich wirkt, wenn er den Stoff aufnimmt.

Um seine Giftwirkung zu entfalten, muss das Bt-Toxin zunächst durch ganz bestimmte enzymatische Reaktionen aktiviert werden. Entsprechende Bedingungen sind ausschließlich im Darm von Insekten vorhanden, nicht aber in Wirbeltieren wie dem Menschen. Im menschlichen Körper findet dieses Bt-Toxin keinerlei Anknüpfungspunkte und bleibt wirkungslos. Bt-Toxine sind außerdem vollständig biologisch abbaubar und in Form von Spritzmitteln sogar in der Biolandwirtschaft zugelassen.

Der Vorteil der Bt-Technologie ist also, dass ein wirksames Schädlingsbekämpfungsmittel von den zu schützenden Kulturpflanzen selbst hergestellt wird, und zwar auf rein biologische Weise. Vor allem aber beschränkt es seine Giftwirkung nahezu ausschließlich auf jene Schmetterlingslarven, die aktiv von den Nutzpflanzen fressen. Andere Insekten bleiben unbehelligt, ganz im Gegensatz zu einem insektiziden Spritznebel, der sich auf dem gesamten Feld verteilt. Eigentlich also eine elegante „Biomethode".

Den entscheidenden Vorteil bringen die Bt-Pflanzen allerdings für die Bauern, die sie anbauen, und zwar in Gestalt höherer Erträge und reduzierter Aufwandmengen für Insektizide. Bauer Milon erzählte mir an diesem Tag, dass früher ein Großteil seiner Auberginen so stark insektenverseucht war, dass er sie wegwerfen musste. „In die Bt-Pflanzen können keine Insekten eindringen, und deshalb schmecken sie auch besser", erzählte uns Milon in die Kamera.[159] „Die Kosten sind drastisch gesunken. Früher musste ich ein Viertel der Einnahmen nur in Insektizide investieren. Seit wir die Bt-Auberginen anbauen, haben wir weniger Kosten und mehr Gewinn."

Milons ganz persönliche Erfahrungen werden durch wissenschaftliche Untersuchungen bestätigt. Eine 2020 im *American Journal of Agricultural Economics* veröffentlichte Studie[160] untersuchte die Auswirkungen der Bt-Auberginen anhand von knapp 1.200 bangladeschischen Kleinbauern-Haushalten. Die Hälfte davon baute die gentechnisch veränderten Pflanzen an, die andere Hälfte herkömmliche. Ergebnis: Jene Bauern, die Bt-Pflanzen kultivierten, erzielten auf den Hektar umgerechnet durchschnittlich mehr als dreieinhalb Tonnen mehr Ertrag als jene, die herkömmliche Auberginen angebaut hatten. Das entspricht einem Mehrertrag von 51 Prozent. Zusätzlich reduzierten sich die Kosten für Pestizide um satte 38 Prozent. Weil das Gemüse frei von Insektenfraß, also von besonders guter Qualität war, konnten die Bauern damit höhere Preise erzielen. Mehr Ertrag, bessere Preise und geringere Kosten führten insgesamt zu einem um 128 Prozent gesteigerten Gewinn für die Bauern, was weit mehr als einer Verdoppelung entspricht.

Das Saatgut für die GV-Sorten wurde den Bauern zunächst kostenlos zur Verfügung gestellt. Zudem ist ihnen erlaubt, es zu vermehren und auch im Folgejahr wieder auszusäen oder an andere Bauern weiterzugeben. Wer jedoch damit nicht zufrieden ist, verwendet bei der nächsten Aussaat einfach wieder seine alten Sorten, die weiter überall erhältlich sind. Von Zwang oder Abhängigkeit keine Spur.

Während unserer Dreharbeiten hatte ich auch die Gelegenheit, im staatlichen Agrarforschungsinstitut BARI mit der wissenschaftlichen Leiterin der Biotechnologie-Abteilung, Dilafroza Khanam, zu sprechen. Dabei habe ich ihr auch die in vielerlei Hinsicht entscheidende Frage nach den größten Nutznießern dieser Pflanzen gestellt. Ihre Antwort: „Die Bauern profitieren davon, weil sie keine Pestizide brauchen, um das Insekt zu bekämpfen. Und ich glaube, unsere Bauern sind sehr zufrieden damit."

KLASSISCHE GENTECHNIK: BESSER ALS IHR RUF

Zumindest diese Art von GVO (gentechnisch veränderter Organismus) widerlegen also zentrale Argumente ihrer Kritiker. Aber gilt dies auch für andere Gentechnik-Pflanzen? Dazu muss man wissen: Gentechnik ist nicht gleich Gentechnik. Vielmehr gibt es erstens gänzlich unterschiedliche Gentechnik-Verfahren, mit denen sich zweitens viele verschiedene Produkte, sprich Pflanzensorten, züchten lassen.

Wenn es um Gentechnik in der Pflanzenzüchtung *(Grüne Gentechnik)* geht, dann lassen sich die Verfahren ganz grob in *alte* oder *klassische* Gentechnik auf der einen und *Neue Gentechnik* auf der anderen Seite einteilen. Zu Letzterer gehören wiederum mehrere, auch unter dem Begriff *Genome Editing* oder *Neue Züchtungstechniken* zusammengefasste Technologien, von denen in den vergangenen Jahren vor allem *CRISPR/Cas9* für viel Aufmerksamkeit gesorgt hat.

Die bangladeschischen Bt-Auberginen wurden dagegen per klassischer Gentechnik entwickelt.

VON GENKANONEN UND GENFÄHREN

Klassische Gentechnik beruht immer darauf, Gene bzw. Merkmalsanlagen von außen in das Erbgut einzuschleusen. Dazu verwenden Forschende im Labor vor allem zwei Standardwerkzeuge: entweder eine sogenannte „Genkanone" oder bestimmte Bakterien.

Die Bakterien-Methode macht sich die natürliche Fähigkeit von Bodenbakterien der Gattung *Agrobacterium* zunutze, um DNA-Stücke in die DNA von Pflanzenzellen zu übertragen. Normalerweise löst dies das Wachstum von tumorartigen Wucherungen aus, in denen sich die Bakterien vermehren können. Diese Tumorgene lassen sich aus der Bakterien-DNA herausschneiden und durch „Wunschgene" ersetzen. Man nutzt die Agrobakterien also wie eine Art *Genfähre* zur Übertragung ganz bestimmter gewollter Eigenschaften. Zwei belgische Molekularbiologen, Jeff Schell und Marc Van Montagu, gelang dies erstmals zu Beginn der 1980er Jahre in Köln und Gent an einer Tabakpflanze.

Die zweite Standardmethode fußt auf der Genkanone. Mit ihr lassen sich Pflanzenzellen unter hohem Druck mit winzig kleinen Partikeln aus Gold oder Wolfram beschießen, an deren Oberfläche jene Gensequenzen haften, die in das Erbgut der Pflanze integriert werden sollen. Mit etwas Glück bleibt die eingeschossene DNA an der Pflanzen-DNA hängen und wird dauerhaft ins Erbgut eingebaut. Ob das tatsächlich funktioniert und an welcher Stelle des Erbguts, kann niemand vorhersehen. Oft müssen sehr viele Zellen unter Beschuss genommen werden, bis das Vorhaben erfolgreich ist.

Hinzu kommt das Problem, dass man etwaige „Volltreffer" erst einmal unter den äußerst zahlreichen beschossenen Versuchszellen finden muss. Um dies zu erleichtern, werden die Wunschgene zusätzlich mit einem Gen für eine Antibiotika-Resistenz kombiniert. So kann man nach dem Beschuss alle Zellen auf ein Nährmedium aufbringen, das mit einem bestimmten Antibiotikum behandelt wurde. Dies wirkt nicht nur auf Bakterien, sondern auch auf Pflanzenzellen toxisch. Es bringt also alle Versuchszellen zum Absterben – mit Ausnahme derer, bei denen das Genpaket zuvor erfolgreich eingebaut wurde.

Auch wenn die eingebaute Resistenz selbst aus einem Bodenbakterium stammt, in der Umwelt von Natur aus weit verbreitet ist und deren Nutzung durch die EFSA als unbedenklich bewertet wird:[161] Die Verwendung von Antibiotikaresistenzen war vor allem in der Vergangenheit einer der Kritikpunkte an dieser Methode. Dennoch sind seit bald drei Jahrzehnten mehrere Kulturpflanzen-Sorten auf dem Markt, deren Erbgut mit diesen beiden frühen Standardmethoden verändert wurde. Der allererste Versuch gestaltete sich allerdings tatsächlich wenig glorreich.

WIE ALLES BEGANN: DER FLOP DER ANTI-MATSCH-TOMATE

Die weltweit erste jemals für den kommerziellen Anbau und Konsum als Lebensmittel zugelassene gentechnisch veränderte Pflanze war eine Tomate. Das kalifornische Unternehmen *Calgene* brachte sie im Frühjahr 1994 auf den Markt, begleitet von enormem Medienrummel.

Die Pflanze hätte u. a. bei einem Problem helfen können, das heutzutage in aller Munde ist: Lebensmittelverschwendung. Dem Genom der Tomatensorte war nämlich ein Gen hinzugefügt worden, das über die Blockade eines bestimmten Enzyms den Reifeprozess der Früchte verlangsamte. Die Idee war, die Früchte an der Pflanze ausreifen zu lassen, sodass sie ihr volles Aroma ausbilden konnten, ohne beim anschließenden Transport in weiter entfernte Regionen gleich zu verderben. Man wollte damit verhindern, die Früchte noch im unreifen Zustand ernten und später künstlich zur Reife bringen zu müssen, wobei sie nicht das volle Spektrum an Aromen ausbilden können.

Das gelang bei der sogenannten *Flavr Savr,* die auch unter dem Namen Anti-Matsch-Tomate Bekanntheit erlangte: Sie konnte im reifen Zustand geerntet und über weite Strecken zum Kunden gebracht werden. Einem Bericht der *New York Times*[162] zufolge holte sich Calgene für seine neuartigen Tomaten freiwillig eine spezielle Genehmigung, was zum damaligen Zeitpunkt nicht verpflichtend war, kennzeichnete das Produkt voller Stolz als *gentechnisch verändert* und bemühte sich auch sonst um volle Transparenz, etwa durch die Einrichtung einer Info-Hotline. „Die Leute waren begeistert", zitiert der Bericht aus dem Jahr 2013 den ehemaligen Geschäftsführer von Calgene, Roger Salquist. „Und wir verkauften jede einzelne Tomate, die wir jemals in den Laden brachten, für mindestens das Doppelte des üblichen Preises."

Wohlgemerkt: Die US-Behörden brachten keinerlei Gesundheits- oder sonstige Bedenken zur Sprache und sahen keinen Anlass, die Tomate speziell zu kennzeichnen.

Allerdings steuerte das Biotechnologie-Startup Calgene selbst die gesamte Logistik vom Anbau bis zum Transport in die Verkaufsläden und machte dabei viele Fehler, aber keine Gewinne. „Wir waren nur ein Haufen Gentechnik-Verrückter, aber keine Tomatenbauern", erklärt Belinda Martineau, damals eine führende

Wissenschaftlerin der Firma. Die Tomaten gerieten zum wirtschaftlichen Misserfolg, das Startup wurde 1996 an Monsanto verkauft. Der damals noch eigenständige Agrarkonzern nahm die Tomaten bald aus dem Handel.

DIE ERFOLGSMODELLE DER AGRARKONZERNE

Der Fehlschlag eines bestimmten Produkts muss aber kein Hinweis auf die Zukunft einer ganzen Technologie sein. Ebenfalls 1996 startete nämlich die Erfolgswelle mehrerer anderer gentechnisch veränderter Pflanzen. US-amerikanische Farmer säten erstmals transgene Sojabohnen- und Maissorten auf ihren Feldern aus. Kurz danach folgten GV-Baumwolle und -Raps. Die Anbauflächen dieser Sorten wuchsen nahezu kontinuierlich an, allerdings im Wesentlichen beschränkt auf wenige Länder in Nord- und Südamerika, also auf typische Agrarexportländer wie USA oder Brasilien, wo international gehandelte sogenannte *cash crops* im großen Stil kultiviert werden. Dort aber greifen die Landwirte bei der Auswahl ihres Saatguts zu über 90 Prozent zu einer Gentechnik-Variante.

Global betrachtet haben sich bei Gentechnik-Pflanzen vor allem zwei Eigenschaften durchgesetzt: Resistenzen gegen Unkrautvernichtungsmittel und Insektenresistenzen. Sie wachsen auf rund 190 Millionen Hektar weltweit – über 90 Prozent davon in den fünf wichtigsten Anbauländern USA, Brasilien, Argentinien, Kanada und Indien.

Was eine Insektenresistenz bringt, wissen Sie jetzt. Aber warum herbizidresistente Pflanzen? Antwort: Weil sie vereinfachte und kostengünstige Unkrautbekämpfung mit einem Totalherbizid wie Glyphosat erlauben. In Europa kann Glyphosat in der Regel nur vor der Aussaat oder nach der Ernte der Kulturpflanzen ausgebracht werden (da diese ja sonst eingingen), weshalb zwischenzeitlich neu aufkommendes Unkraut gegebenenfalls mit einem Mix aus mehreren anderen, oftmals teureren, Herbiziden bekämpft wird.

Dank glyphosatresistenter Pflanzen kann dieses *eine* Herbizid auch während des Wachstums der Kulturpflanzen zur Bekämpfung *aller* Unkrautarten eingesetzt werden. Das spart Zeit und Kosten für den Landwirt. Das Gen eines Bodenbakteriums verleiht ein paar wenigen Nutzpflanzenarten wie Sojabohnen und Mais diese gewünschte Eigenschaft. Zu Beginn konnten dadurch andere, giftigere Spritzmittel zurückdrängt werden.

Allerdings war das Modell im Grunde zu erfolgreich, denn wegen seiner großflächigen und andauernden Übernahme entwickelten nun Unkräuter ihrerseits Resistenzen gegen Glyphosat. Das hatte zur Folge, dass Landwirte allmählich mehr Glyphosat und schließlich auch wieder andere Herbizide einsetzen mussten, um die Resistenzen zu umgehen. Deswegen steigerte sich zum Beispiel beim Anbau von Sojabohnen in den USA die durchschnittlich ausgebrachte Herbizidmenge pro Hektar von weniger als 20 Kilo zum Zeitpunkt der Einführung 1996 auf knapp 35 Kilo im Jahr 2018.[163] Unterm Strich muss es sich für die Landwirte dennoch auszahlen, die Sorten werden weiterhin angebaut. Ökologisch erscheint dies kaum sinnvoll.

Wahr ist allerdings auch, dass es Resistenzprobleme völlig unabhängig von Gentechnik und Glyphosat geben kann, nämlich immer dann, wenn ständig ein und derselbe Pflanzenschutzwirkstoff benutzt wird. Dann haben durch zufällige Mutationen resistent gewordene Unkräuter den notwendigen Selektionsdruck, um sich durchzusetzen und eine neue, resistente Unkrautpopulation entstehen zu lassen. Herbizidresistentes Unkraut gibt es daher auch in Europa, zum Beispiel Populationen des Ackerfuchsschwanzes.

KONNTE DIE GENTECHNIK IHRE VERSPRECHEN WIRKLICH NICHT HALTEN?

Welches Fazit lässt sich nun insgesamt ziehen? Führt Gentechnik im Allgemeinen zum Einsatz von mehr oder weniger Pestiziden? Welche Wirkung überwiegt? Im Grunde ist diese Art der Fragestellung nicht sehr sinnvoll, da sie versucht, alle aktuellen und künftigen Verwendungsmöglichkeiten der Grünen Gentechnik mit einem pauschalen Urteil als gut oder schlecht zu bewerten. Unsere Sonne verursacht jedes Jahr zig Millionen Fälle von schmerzhaftem Sonnenbrand oder gar tödlichem Hautkrebs. Aber sie sorgt auch für gute Stimmung und regt die körpereigene Produktion des wichtigen Vitamin D an. Ist Sonne nun gesund oder ungesund? Welche Wirkung überwiegt? Sie merken, dass der Versuch, ein Pauschalurteil zu fällen, wenig sinnvoll ist. Und dennoch suchen wir Menschen ständig nach einfachen Erklärungen.

Auf Fragen zur Gentechnik in der Pflanzenzüchtung finden sich Antworten in den tausenden wissenschaftlichen Studien, die in den vergangenen rund vier Jahrzehnten weltweit zu diesem Thema gemacht wurden – allein zu GV-Mais sind es mehr als 6.000! Allerdings kommen einzelne Studien in allen Wissenschaftsfeldern manchmal zu den abenteuerlichsten und nicht selten zu widersprüchlichen Ergebnissen. Deutlich größere Beweiskraft haben deshalb zwei eigene Arten wissenschaftlicher Studien; *Reviews* und *Metaanalysen*. Sie verschaffen uns den Überblick über die Gesamtheit der Studienlage, bewerten die Qualität einzelner Studien und gewichten, im Falle der Metaanalyse, die Einzelergebnisse mittels statistischer Werkzeuge zu einem Gesamtergebnis.

Eine große Metaanalyse[164] aus dem Jahr 2014 hat die Frage der Auswirkungen von Gentechnik auf Erträge, Pestizideinsatz und Gewinne der Bauern beim Anbau von Sojabohnen, Mais und Baumwolle untersucht. Zwei Wissenschaftler der Uni Göttingen werteten dazu die Ergebnisse von 147 Originalstudien aus aller Welt aus. Ihre Berechnungen konnten zeigen, dass Landwirte durchschnittlich 22 Prozent mehr Ertrag ernteten, nachdem sie auf das Saatgut gentechnisch veränderter Sorten umgestiegen waren. Den Einsatz von Pestiziden konnten sie um satte 37 Prozent zurückfahren. Zwar ist GV-Saatgut ein wenig teurer, aber sein Einsatz macht sich bezahlt: Dank der höheren Erträge und viel geringerer Kosten für Pestizide stiegen die Gewinne der Bauern um 68 Prozent. Die Zuwächse bei Ertrag und Gewinn waren in Entwicklungsländern sogar größer als in den Industrienationen. Und die insektenresistenten Gentechnik-Sorten führten zu größeren Ertragsgewinnen und Pestizidreduktionen als die herbizidresistenten Pflanzen.

Solche und ähnliche Ergebnisse kontern manche mit der Mutmaßung, die Studie müsse von der „Gentechnik-Lobby" finanziert worden sein. Der Vorwurf läuft in diesem Fall ins Leere, denn die Kosten für die Studie wurden vom deutschen Entwicklungshilfeministerium sowie mit Mitteln aus einem Forschungsfördertopf der EU beglichen. Zudem prüften die beiden Studienautoren auch, ob sich bei den Ergebnissen der 147 Originalstudien zwischen industrie- und öffentlich finanzierten Studien ein Unterschied zeigte: Sie konnten keinen signifikanten feststellen.

Anders ausgedrückt: Diese in jeder Hinsicht unverdächtige Metaanalyse widerlegt etliche Vorurteile gegenüber der Gentechnik. Statt Kleinbauern in Abhängigkeit zu führen, beschert sie ihnen größere Gewinne. Statt „chemieabhängige" Landwirtschaft zu promoten, konnte der Einsatz von Pestiziden deutlich reduziert werden.

DIE RETTUNG DER PAPAYA-BAUERN

Eine weitere im deutschsprachigen Raum nahezu unbekannte Erfolgsgeschichte[165] der Grünen Gentechnik spielt in Hawaii.[166] In ihrem Mittelpunkt stehen Papayas, die auch als „Melonenbäume" bezeichneten tropischen Gewächse, und ihre süßen Früchte. Bei ihrem Anbau auf Oahu, einer der acht hawaiianischen Hauptinseln, war es bereits in den 1950er und 60er Jahren wegen eines Virus zu starken Einbußen gekommen.

Das Papaya-Ringfleckenvirus oder *Papaya ringspot virus* (PRSV) wird durch Blattläuse oder infizierte Scheren beim Baumschnitt übertragen. Es hemmt das Wachstum der Pflanzen und hinterlässt ringförmige Flecken auf den Früchten. Wenn junge Papaya-Pflanzen befallen werden, kommen sie kaum noch dazu, jemals Früchte auszubilden. Das Lebensalter der Bäumchen, die normalerweise bis zu 20 Jahre alt werden, reduziert sich auf wenige Jahre.

Fatalerweise gibt es keine wirksame Methode der Bekämpfung. Selbst das Roden ganzer Plantagen bringt wenig, da die Viren in anderen Pflanzen überdauern und neu gesetzte Papayas erneut befallen. Verseuchte Gebiete bleiben daher für den Anbau ungeeignet. Die Ausfälle waren Mitte des 20. Jahrhunderts derart gravierend, dass die Papaya-Branche den Anbau von Oahu nahezu komplett in die virusfreie Region Puna auf dem 350 Kilometer entfernten Big Island verlagerte. In den 1970ern lagen dort 95 Prozent der hawaiianischen Anbauflächen.

Aber es kam, wie es kommen musste: Ebenfalls in den 70ern wurde das Virus bereits 19 Kilometer vom Hauptanbaugebiet entfernt in Privatgärten entdeckt. Es war wohl nur eine Frage der Zeit, wann es in den Plantagen ankommen würde.

Im Jahr 1978 begann eine Gruppe Wissenschaftler rund um den in Hawaii aufgewachsenen und an der Cornell-Universität forschenden Pflanzenvirologen Dennis Gonsalves mit der Suche nach einem wirksamen Gegenmittel. Ein Lösungsansatz war die Entwicklung einer transgenen Papaya-Sorte. Dazu ermutigt worden war die Gruppe durch die Ergebnisse anderer Wissenschaftler: Diese hatten transgene Tabakpflanzen dazu gebracht, ein Virusprotein zu produzieren und dadurch Immunität gegen dieses Virus zu erlangen. Könnte dasselbe auch mit Papaya gelingen?

Die Lösung, an der die Forschenden arbeiteten, sollte schon sehr bald händeringend gebraucht werden, denn genau einen Monat, nachdem die Feldversuche im April 1992 auf der Insel Oahu starteten, wurde die Ankunft des Ringfleckenvirus im Papaya-Anbaugebiet auf Big Island entdeckt – mit dramatischen Folgen. Zweieinhalb Jahre später hatte sich das Virus so stark ausgebreitet, dass die verzweifelten Versuche seiner Eindämmung mittels extensiver Rodungen von Papaya-Plantagen aufgegeben wurden, worauf sich das Virus umso schneller verbreitete. Zwischen 1994 und 1999 brach die Papaya-Produktion um mehr als die Hälfte ein. Die gesamte Branche war in einer tiefen Krise.

Die Rettung kam in Form gentechnisch veränderter Papayas. Das Ergebnis des ersten Feldversuchs auf der schon lange „virenverseuchten" Insel Oahu war eindeutig: Alle nicht-transgenen Bäumchen wurden infiziert, den GV-Papayas hingegen konnten die Erreger nichts anhaben, sie erwiesen sich als vollständig resistent. Gonzales und seinem Team gelang es über Zwischenschritte, die rettende Resistenz u. a. in der neuen Sorte *Rainbow* mit guten Geschmacks- und weiteren günstigen Eigenschaften zu kombinieren. Feldversuche der Universität von Hawaii bescheinigten Rainbow die Resistenz gegen das Virus, die auch in beeindruckenden Ertragsunterschieden messbar wurde. Pro Acre (0,4 Hektar) brachten die transgenen Pflanzen einen Fruchtertrag von rund 57 Tonnen ein, die vom Virus befallene Vergleichssorte dagegen nur rund 2 Tonnen.

Kurzum: Die Rainbow-Papayas wurden 1996 offiziell für den Anbau zugelassen und im Frühling 1998 den Bauern kostenlos zur Verfügung gestellt. Auch Handel und Konsumenten akzeptierten die GV-Sorte schnell und übernahmen sie weitläufig. Im Jahr 2019 wurde sie auf 400 Hektar angebaut, was geschätzten 77 Prozent der Anbauflächen Hawaiis entspricht. Seit 2006 ist auch in China eine ebenfalls von einer Universität entwickelte virusresistente GV-Papaya-Sorte zugelassen. Sie wuchs 2019 auf mehr als 12.000 Hektar.

Dennis Gonsalves gilt heute als der Retter der hawaiianischen Papaya-Branche und erhielt für seine Forschung mehrere Auszeichnungen – unter anderem im Jahr 2002 den deutschen Humboldt-Forschungspreis. 2007 wurde Gonsalves in die *Hall of Fame* des *Agricultural Research Service* der USA aufgenommen. Auch wenn „seine" Papayas für die Ernährung der Welt keine entscheidende Rolle einnehmen, so war der heute knapp 80-jährige Forscher doch einer der Ersten, die gezeigt haben, dass sich mittels Gentechnik resistente und gesunde Pflanzensorten züchten und Erträge steigern lassen – auch ohne Beteiligung von Agrarkonzernen. Es sind die Bauern auf Hawaii, die von den Früchten profitieren. Genau wie all jene, die sie zu essen bekommen.

GENTECHNIK UND KREBS: DIE SÉRALINI-AFFÄRE

Aber sind Gentechnik-Produkte nicht ein unbeherrschbares Risiko für die menschliche Gesundheit? Können „Genpflanzen" Krebs verursachen? Diesbezügliche Mutmaßungen schwangen in der Debatte um die Gentechnik jedenfalls von Anfang an immer mit. Und im Jahr 2012 schienen sich entsprechende Behauptungen zu bestätigen. Der französische Molekularbiologe Gilles-Éric Séralini präsentierte eine Studie, die angeblich belegte, dass Ratten an Krebs erkranken, wenn man ihnen GV-Mais mit dem Kürzel NK603 füttert. Die Sorte ist ein Produkt von Monsanto und mit einer Resistenz gegen den Unkrautvernichter Glyphosat versehen. Auf einer Pressekonferenz am 19. September präsentierte Séralini Fotos und Videoaufnahmen seiner Versuchsratten. Sie zeigten dicke Tumore an Hals und Brust, konnten sich kaum noch bewegen und nur schwer atmen. Dies sei das Ergebnis einer zweijährigen Fütterung mit dem von Monsanto gezüchteten Mais, behauptete Séralini. Die Bilder wurden von den Medien dankend übernommen und gingen um die ganze Welt. Der Beweis dafür, dass gentechnisch veränderte Lebensmittel Krebs auslösen und das Leben verkürzen, schien erbracht. Und das, obwohl zu diesem Zeitpunkt bereits Milliarden Rinder und Schweine routinemäßig mit GV-Soja und -Mais gefüttert worden waren, ohne dass irgendwelche Probleme aufgetreten wären.

Obwohl es eine journalistische Grundregel ist, besonders spektakuläre Meldungen auch besonders sorgfältig zu prüfen, stellte kaum jemand kritische Fragen. Stattdessen verkündete das deutsche ZDF in seiner 19-Uhr-*Heute*-Sendung: „Höheres Krebsrisiko durch Genmais[167]“, die Schlagzeile der TAZ[168] lautete: „Genmais und Rattenkrebs – Tod durch manipuliertes Futter“ und die Wissenschafts(!)-Redaktion von ORF.at[169] titelte: „Mit Gentech-Mais gefütterte Ratten sterben früher“. Wie viele andere ließ der ORF keine einzige unabhängige Stimme zu Wort kommen und übernahm die Meldung kritiklos.

Dabei meldeten sich noch am Tag der Pressekonferenz zahlreiche Stimmen aus der Wissenschaft, zum Beispiel das britische *Science Media Centre*[170], die bezüglich der Studie schwere Bedenken anmeldeten. Experten war schnell klar, dass es sich um eine Arbeit handelte, die man heutzutage als *Junk Science* oder *Schrott-*

Studie bezeichnen würde. Später zog das Journal, in dem die Studie zuerst veröffentlicht worden war, die Arbeit zurück.

Was genau war das Problem? Es gibt etliche Gründe, warum die Geschehnisse unter dem Stichwort *Séralini-Affäre* in die Wissenschaftsgeschichte eingegangen sind. Dubios erscheint allein schon die Tatsache, dass Journalisten, die vorab Einsicht in die Studie haben wollten, einen Vertrag unterschreiben mussten, der ihnen verbot, mit unabhängigen Experten über die Ergebnisse zu sprechen! Séralini befürchtete wohl zu Recht, dass diese Experten innerhalb kürzester Zeit auf die schlechte Qualität der Studie und ihre manipulativen Schlussfolgerungen aufmerksam geworden wären. Zur selben Zeit bewarb Séralini übrigens auch sein eigenes Buch sowie einen Film, die sich beide mit derselben Thematik befassten. Die renommierte Fachzeitschrift *Nature* bezeichnete das Ganze als „Public-Relations-" bzw. „streng orchestrierte Medien-Offensive".[171]

Einer der Hauptkritikpunkte betraf die Art und Weise, wie die Studie durchgeführt worden war. So wurden für die zwei Jahre andauernde Fütterungsstudie Ratten von einem Stamm verwendet, die eine durchschnittliche Lebenserwartung von nur zwei Jahren haben. Von jenen Tieren, die älter werden, entwickeln über 80 Prozent[172] ohnehin Tumore, auch wenn sie kein GV-Futter bekommen. Und noch gravierender: Die Gruppen für die Fütterung mit GV-Mais (sowie eine separate Gruppe, die das glyphosathaltige Herbizid Roundup ins Trinkwasser gemischt bekam) bestanden jeweils aus nur zehn Tieren. OECD-Richtlinien schreiben für über zwei Jahre dauernde Krebsstudien dagegen mindestens 50 Tiere vor. Und schließlich wurden auch die statistischen Analysen und die Schlussfolgerungen in Séralinis Arbeit heftig kritisiert. Séralini bestand vehement auf seiner Krebs-These, obwohl man aus den Daten seiner Studie genauso gut das Gegenteil interpretieren könnte. Die männlichen Ratten, die die höchsten Dosen an GV-Mais oder Roundup erhalten hatten, lebten nämlich durchschnittlich sogar länger als die Tiere der Kontrollgruppen, die weder das eine noch das andere[173] erhielten.[174] Verlängern Gentechnik und Glyphosat also männliches Leben? Nein, auch das wäre eine Fehlinterpretation aus den Daten eines schlecht gemachten Experiments. Die Ergebnisse waren in den Augen vieler Experten schlicht Zufall.

An der medialen Verbreitung der Studie änderte sich dadurch nichts. Gentechnik-Gegner trugen Séralinis Arbeit wie eine Monstranz vor sich her, politische Forderungen nach Importverboten und standardmäßigen Langzeitstudien für alle neuen GV-Pflanzen wurden laut. Und schließlich ließ es sich die EU-Kommission 3 Millionen Euro kosten, ein eigenes, unabhängiges und über vier Jahre laufendes Forschungsprojekt ins Leben zu rufen, das Séralinis Ergebnisse überprüfen sollte. Seine Versuche wurden wiederholt, dieses Mal allerdings unter Einhaltung international anerkannter Regeln: u. a. mit größeren Versuchsgruppen eines geeigneten Rattenstamms sowie anerkannten statistischen Methoden. Ergebnis:[175] Die Forschenden konnten keine negativen Effekte des gentechnisch veränderten, glyphosatresistenten Maises auf die Versuchstiere feststellen, schon gar nicht in Form von Krebs.

Im Unterschied zu Séralinis erster Studie wurde die entlastende Studie von den Medien weitgehend ignoriert.

DER GESÜNDERE GENTECHNIK-MAIS

Statt zweifelhaften Außenseitern der Wissenschaft auf den Leim zu gehen, könnten Medien auch seriöse wissenschaftliche Ergebnisse über Gentechnik im Pflanzenbau verbreiten. Zu diesen gehört unter anderem eine in *Nature* veröffentliche Metaanalyse[176] aus dem Jahr 2018, die die Eigenschaften von GV-Mais mit herkömmlichen Maissorten verglich. Forschende in Italien werteten dazu die Daten von 76 Einzelstudien aus. Das Ergebnis deutet darauf hin, dass insektenresistenter Bt-Mais nicht nur gesundheitlich unbedenklich, sondern sogar gesünder als herkömmlicher Mais ist.

Die GV-Sorten zeigten in der Analyse nämlich eine um durchschnittlich 29 Prozent reduzierte Kontamination mit gesundheitsschädlichen Schimmelpilzgiften (Mykotoxinen). Dies erklärt sich dadurch, dass die Pflanzen kaum noch von Insekten angeknabbert werden, die ansonsten häufig entsprechende Pilzsporen in den Mais eintragen. Und die Löcher, die sie hinterlassen, stellen zudem Eintrittspforten für weitere Pilzsporen dar. Der insektenresistente Bt-Mais ist also nicht nur vor Insekten, sondern in gewissem Umfang auch vor Schadpilzen geschützt. Und deswegen ist er für Menschen und Nutztiere sogar gesünder als herkömmlicher Mais.

Natürlich gibt es in und um ein Maisfeld herum nicht nur maisfressende Insekten, sondern auch viele andere Arten, die vielleicht nur zufällig über das Feld fliegen oder krabbeln. Beim Ausbringen von Schädlingsbekämpfungsmitteln werden auch sie getroffen, obwohl sie dem Mais eigentlich gar nichts anhaben können. Die Metaanalyse konnte nun zeigen, dass solche Nicht-Ziel-Organismen durch den Gentechnik-Mais nicht beeinträchtigt werden, mit Ausnahme von Brackwespen. Brackwespen ernähren sich als Parasiten nämlich von jenen Maisschädlingen, deren Vorkommen in einem Bt-Maisbestand ja stark reduziert ist. Ihnen fehlt also die Nahrungsgrundlage, was die Beobachtung wenig überraschend erscheinen lässt.

Gentechnik-Gegner nehmen sich dennoch genau diesen Umstand heraus, um ihre These von den angeblich unkontrollierbaren Nebenwirkungen der Gentechnik zu untermauern. Aber wäre es wirklich besser, viele Nicht-Ziel-Arten zu treffen (wie beim Spritzen von Insektiziden), statt nur eine (wie beim Bt-Mais)?

Die Analyse der italienischen Wissenschaftler zeigte außerdem, dass der GV-Mais um 6- bis 25-fach höhere Erträge einbringt. Auch zwei weitere Beispielstudien sprechen deutlich für positive Effekte des Anbaus von GV-Mais. Die erste wurde ebenso im Jahr 2020 in *Nature*[177] publiziert und untersuchte in den USA den Zusammenhang zwischen dem Anbau von Bt-Mais und den Schäden, die US-Farmer über 15 Jahre hinweg aufgrund der Belastung ihres Ernteguts mit Aflatoxinen an ihre Versicherungen meldeten. Zur Erinnerung: Aflatoxine sind hochgiftig und können Leberkrebs verursachen. Die Studie kommt zum Schluss, dass die jährliche Schadenssumme bei Bt-Mais um 167 Millionen Dollar geringer ausfällt.

Die zweite erschien 2018 im ebenfalls renommierten US-Journal *Proceedings of the National Academy of Sciences* und zeigt einen vielleicht eher unerwarteten Nebeneffekt. Die Wissenschaftler konnten darin zeigen, dass der Anbau von Bt-Mais in den USA nicht nur die Schädlingspopulationen auf Maisfeldern dezimiert, sondern darüber hinaus. Dies führt dazu, dass auch benachbarte Gemüseanbauer, selbst Biobauern, deutlich geringere Schäden an bestimmten, auch auf dem Speiseplan der Maisschädlinge stehenden, Kulturen hinzunehmen hatten und weniger Spritzmittel ausbringen mussten.[178]

GVO SIND NICHT PERFEKT – RESISTENZEN, AUSKREUZUNG UND DIE MACHT DER KONZERNE

All dies bedeutet nicht, dass insektenresistente Gentechnik-Sorten für alle Zeiten unverwundbar bleiben. Der Mechanismus, der GV-Sorten zum Beispiel gegen den Maiszünsler schützt, einen der bedeutendsten Schädlinge im Mais, könnte irgendwann seine

Wirkung verlieren. Unter bestimmten Umständen ist das leicht denkbar, etwa beim großflächigen und über viele Jahre hinweg immer auf denselben Feldern stattfindenden Anbau der Pflanzen. Solche *echten* Monokulturen vergrößern nämlich die Chancen, dass irgendwann ein Maiszünsler auftaucht, der aufgrund einer zufälligen Mutation seiner DNA immun gegen das Bt-Gift ist, das der GV-Mais produziert. Könnte er sich vermehren, käme es zu einer Verbreitung der „Resistenz gegen die Resistenz" innerhalb der Maiszünslerpopulation. Dadurch würde diese spezielle Eigenschaft des GV-Maises nutzlos.

Allerdings gibt es eine Art Trick, der genau diese Entwicklung von Resistenz-Resistenzen verhindern oder zumindest verzögern kann. Landwirten wird empfohlen, zusammen mit ihrem GV-Saatgut einen kleinen Anteil herkömmlichen Mais auszusäen, etwa alle paar Reihen oder in eigenen Streifen am Feldrand. Die in solchen *Refugien* wachsenden Maispflanzen sind nicht giftig für den Maiszünsler und sorgen dafür, dass stets eine kleine Zünsler-Population im Maisbestand überleben kann. Sollten nun resistente Zünsler auftauchen, werden die sich aller Wahrscheinlichkeit nach mit gewöhnlichen Zünslern aus den Refugien paaren, sodass sich ihre Resistenzgene in der Folgegeneration der Maiszünsler wieder ausdünnen.

Global wurden dennoch bereits mindestens 20 Fälle von solchen Resistenzen beobachtet. In Spanien allerdings, wo Bt-Mais seit 1998 angebaut wird, konnten Wissenschaftler in all den Jahren keine resistenten Maiszünsler nachweisen. Offenbar haben sich die Bauern dort an die Empfehlung gehalten.[179]

Selbst wenn die Resistenz des Maises irgendwann endgültig durchbrochen werden sollte, wäre das kein Versagen der Gentechnik. Immerhin hätten Bauern und die Umwelt bis zu diesem Zeitpunkt vom Anbau der Sorte profitiert. Und dass in Pflanzen eingekreuzte Eigenschaften irgendwann einmal nutzlos werden, gehört seit jeher zum Wesen der Züchtung. Keine Sorte bleibt auf ewig *State of the Art*. Auch traditionell gezüchtete Krankheitsresistenzen treffen irgendwann in der Natur auf Gegenspieler, die sie durchbrechen. Spätestens dann braucht es wieder neue Sorten mit neuen oder besseren Resistenzen.

Manche Kulturpflanzen können sich theoretisch mit wilden Verwandten vermischen („auskreuzen"). Auch ist es schon zu Auskreuzungen von Transgenen etwa zwischen GV-Mais und konventionellem Mais in Mexiko gekommen. Theoretisch denkbar ist auch, dass sich dadurch bestimmte Eigenschaften in der Natur verbreiten. Allerdings müssen dazu wilde Verwandte der Kulturpflanze im Freiland heimisch sein. Mais, Kartoffeln oder Tomaten stammen zum Beispiel aus Amerika und haben in Mitteleuropa keine direkten Verwandten. Egal wie gezüchtet, außerhalb eines Ackers und ohne Pflege haben sie in der Regel keine Überlebenschance.

Anders beim Raps, der manchmal über mehrere Generationen abseits von Feldern überleben und sich theoretisch mit Braunem Senf kreuzen kann, woraus aber kaum überlebensfähige Nachkommen entstehen. Andere Arten wie Weizen oder Gerste sind Selbstbestäuber, bei denen die Bestäubung innerhalb einer geschlossenen Blüte abläuft. Fremdbestäubung und Auskreuzungen sind dabei kaum möglich.

Wären Auskreuzungen ein gravierendes Problem, müsste man ganz generell den Anbau von Kulturpflanzensorten infrage stellen. Was, wenn mutierte Gene von Öko-Karotten auf Wilde Möhren überspringen? Wie verhalten sich fremdländische Sojabohnen in heimischer Erde? Und was ist mit all den exotischen Gartenpflanzen, die wir aus fremden Kontinenten importiert haben und deren Pollen überall in der Natur „unkontrolliert" herumfliegen?

Und schließlich gibt es die Befürchtung, GVO könnten unerwünschte Inhaltsstoffe, zum Beispiel Allergene, produzieren und so die Gesundheit gefährden. Das ist theoretisch richtig, gilt aber prinzipiell für jede Züchtungstechnik (Sie werden noch sehen, warum dieses Risiko bei modernen Gentechnik-Methoden viel kleiner ist).

So züchteten Wissenschaftler in den USA in den 1960er Jahren, also lange vor der Gentechnik, die Kartoffelsorte *Lenape*.[180] Diese lieferte zwar perfekte Kartoffelchips. Aber aufgrund einer zunächst unentdeckten Mutation produzierte sie auch viel zu hohe Gehalte des pflanzeneigenen Abwehrstoffs Solanin. Dieses natürliche Pestizid steckt zwar in allen Kartoffeln, bei zu hohen Dosen kann es aber, wie bereits erwähnt, zu heftigen Magenkrämpfen und im Extremfall sogar zum Tod führen.

Solche mahnenden Beispiele sind einer der Gründe dafür, dass heutzutage alle neuen Pflanzensorten – ob Gentechnik oder Ökozüchtung – vor ihrer Marktzulassung auf alle möglichen Inhaltsstoffe geprüft werden.

Wenn wir von der klassischen Gentechnik reden, also von jenen wenigen insekten- und herbizidresistenten Mais-, Soja- oder Rapssorten, die den weit überwiegenden Anteil aller global angebauten Gentechnik-Pflanzen ausmachen, dann sind es vor allem die großen Agrarkonzerne, die Gentechnik verkaufen.

Es ist im Grunde logisch, dass bisher nur die wenigen Großen ins Geschäft mit den Gentechnik-Pflanzen eingestiegen sind. Die finanziellen, technischen und organisatorischen Hürden, die es von der Entwicklung und Erforschung einer neuen GV-Sorte bis zu deren offiziellen Zulassung durch die Behörden zu überwinden gilt, sind für kleinere Firmen viel zu hoch.

Aber sollte man eine Technologie ablehnen, nur weil sie in den Händen großer Konzerne liegt? Auch nahezu alle Werkzeuge der menschlichen Kommunikation oder der Fortbewegung liegen in den Händen von wenigen Großkonzernen. Denken Sie nur daran, wie viele unterschiedliche Hersteller uns beim Kauf eines Mobiltelefons zur Auswahl stehen oder welche der von Ihnen genutzten Social-Media-Plattformen von mittelständischen Anbietern aus der Region betrieben werden. Wenn Sie in ein Flugzeug steigen, vertrauen Sie Ihr Leben Maschinen an, die von wenigen Weltkonzernen zusammengeschraubt werden. Würden Sie sich in einem Flieger aus der lokalen Manufaktur, so es sie gäbe, sicherer fühlen?

Die pauschale Ablehnung von Gentechnik-Sorten mit der Begründung, sie stammen von marktmächtigen Konzernen, ist so wenig sinnvoll, wie es die Ablehnung des Konzernprodukts Aspirin wäre. Trotzdem ist die Frage berechtigt, wer Saatgut unter welchen Bedingungen anbietet.

Über Jahrzehnte hinweg waren durch die fortschreitende Verschmelzung von vielen kleinen Unternehmen die sogenannten Big Six, die *großen Sechs* entstanden: Monsanto, Bayer, BASF, Syngenta, Dow Chemical und Du Pont. Alle sechs waren u.a. Hersteller von Pflanzenschutzmitteln und gehörten – mit der Ausnahme von BASF – gleichzeitig zu den Anbietern von Saatgut. Aber es kam zu weiteren Fusionen. Schlagzeilen machte etwa die Übernahme des US-Konzerns Monsanto durch das deutsche Unternehmen Bayer im Jahr 2018, wodurch nicht nur der Name Monsanto verschwand. Es entstand auch der weltgrößte Anbieter von Agrarchemikalien, Saatgut und Biotechnologie. Die Kartellbehörden erlegten Bayer auf, sein bis dato eigenes Saatgutgeschäft an BASF zu verkaufen, sodass dieser auf einen Schlag zu einem zusätzlichen Saatgutanbieter wurde. Auch Dow Chemical und Du Pont taten sich zusammen, um kurz darauf (2019) das gesamte Agrargeschäft unter dem neuen Namen Corteva (Sitz in den USA) auszugliedern. Bereits 2015 hatte der chinesische Staatskonzern Chem China den Schweizer Chemiekonzern Syngenta übernommen. Inzwischen sind von den Bix Six nur noch vier, nämlich Bayer, BASF, Corteva und Chem

China übrig (auch wenn Syngenta als Firmenname weiterhin präsent ist).

Bedeutet das nun, dass einige wenige sehr große, global agierende Agrarkonzerne mithilfe von Patenten darüber entscheiden, was auf unseren Tellern landet und was nicht, wie es einige NGOs so schön plakativ befürchten? Ergibt sich daraus ein Rückgang an Vielfalt und Biodiversität bei den Nutzpflanzensorten? Sind internationale Konzerne mit hohen Marktanteilen nicht generell kritisch zu sehen? Ich kann diese Fragen nicht abschließend beantworten, möchte aber auf einige Aspekte hinweisen.

Immer wieder werden Zahlen zu den vermeintlichen Anteilen der Großkonzerne am globalen Saatgutmarkt verbreitet. Laut einer Studie der OECD handelt es sich dabei aber meist um grobe Schätzungen, die ein „irreführendes" und „nicht hilfreiches" Bild zeichnen.[181] Wie stark ein Markt konzentriert ist, hängt nämlich sehr stark davon ab, von welchem Land und von welcher Pflanzenart die Rede ist. Klar ist, wie erwähnt, dass speziell „klassisches" GV-Saatgut, das es bislang nur bei wenigen Pflanzenarten gibt, fast ausschließlich von den wenigen Großkonzernen angeboten wird. Auch beim ertragsstarken Hybridsaatgut (mehr dazu weiter unten) dominieren einige wenige Firmen große Teile des globalen Markts.

In Österreich zum Beispiel entfallen laut OECD 77 Prozent des Werts von Maissaatgut auf die vier größten Züchter.[182] Ein Bericht[183] für die US-Organisation *Family Farm Action Alliance* nennt zusammenfassende Zahlen zur globalen Marktkonzentration: Demnach würden die vier größten Anbieter von Saatgut 50 Prozent der globalen Verkaufserlöse einnehmen, und die vier größten Anbieter von Agrarchemie 65 Prozent aller damit erzielten Erlöse. Wobei drei Firmen in beiden Bereichen zu den ersten Vier gehören. Auch dieser Bericht nennt weit höhere Konzentrationen, wenn es um bestimmte Produkte in nationalen Märkten geht.

Gleichzeitig gibt es in Deutschland noch immer fast 60, vor allem kleine und mittelständische, Saatzuchtunternehmen. Selbst im kleinen Österreich sind es mehr als 10. Ihre Namen liest man selten in der Zeitung. Sie reichen von *Ackermann Saatzucht* über *Kärntner Saatbaugenossenschaft* und *Saatzucht Donau* bis zu *ZG Raiffeisen*.

Entscheidend ist die Frage, ob es über eine mangelnde Konkurrenzsituation zu Nachteilen kommt. Könnte sie Züchter dazu veranlassen, weniger neue Sorten auf den Markt zu bringen und stattdessen ihr vorhandenes Angebot zu überteuerten Preisen zu verkaufen? Die erwähnte OECD-Studie brachte „keine klaren Beweise" dafür zutage, dass erhöhte Marktkonzentrationen für sich genommen auch zu steigenden Preisen oder zu weniger Vielfalt in Form von weniger neuen Sorten führt. Trotzdem ist es verständlich, wenn man etwa angesichts weniger dominierender Züchter grundsätzliche Bedenken anmeldet.

SORTENSCHUTZ VS. PATENTE – WEM GEHÖRT DAS SAATGUT?

Alle Saatzuchtunternehmen eint das Bestreben, mit ihrer Arbeit Geld zu verdienen. Für sie ist es daher ein Problem, dass jeder Landwirt Saatgut prinzipiell vermehren und verbreiten kann, genau wie jeder Song leicht kopiert und weitergegeben werden kann. Züchter sind daher ähnlich wie Musiker auf einen gesetzlichen Schutz ihres geistigen Eigentums angewiesen. Nur durch ihn kann sich die jahrelange Arbeit an einer neuen Sorte auch bezahlt machen und ein Teil des Gewinns in neue Sorten investiert werden.

In Medienberichten ist in diesem Zusammenhang häufig von Patenten die Rede. Viel seltener wird dagegen der sogenannte *Sortenschutz* erwähnt. Auch er ist eine Form des Schutzes des geistigen Eigentums an Pflanzensorten. Organisationen wie *Arche Noah* oder *Save our Seeds* kritisieren beide Systeme regelmäßig. Sowohl das Patentrecht als auch der Sortenschutz gehörten demnach zu den Hebeln, mit denen Konzerne Kontrolle über Kulturpflanzen erlangten. Bauern würden durch sie daran gehindert, ihr eigenes Saatgut zu behalten und gebührenfrei neu auszusäen. Dagegen steht die Forderung nach „freiem Saatgut" das jeder nach Belieben anbauen, weiterzüchten oder vermehren darf.

Und was ist nun der Unterschied zwischen Patent-System und Sortenschutz-System? Das Patentrecht kennt man eigentlich aus dem Bereich der technischen Erfindungen. Niemand wundert sich darüber, dass Handys oder Lastenfahrräder aus lauter patentierten Produkten oder mittels patentierter Verfahren zusammengebaut werden. Ein Patent sichert einem Erfinder für einen begrenzten Zeitraum das exklusive Nutzungsrecht für seine Erfindung zu. Gleichzeitig ist der Patenthalter verpflichtet, die Details seiner Erfindung zu veröffentlichen und so andere am technischen Fortschritt teilhaben zu lassen. Möchte jemand anderes die Erfindung nutzen, braucht er das Einverständnis des Erfinders und muss Lizenzgebühren bezahlen.

Grundsätzlich ist auch die Landwirtschaft als ein Gebiet der Technik definiert, auf das die Patentgesetze angewendet werden können. Allerdings gelten dabei zwei entscheidende Ausnahmen. Nicht patentierbar sind laut EU-Biopatentrichtlinie: „a) Pflanzensorten und Tierrassen b) im wesentlichen biologische Verfahren zur Züchtung von Pflanzen oder Tieren." Grob gesagt stellt dies klar, dass es sich zwar bei transgenen, mittels klassischer Gentechnik gezüchteten Pflanzen, *nicht* aber bei normalen Kreuzungszüchtungen oder gar Wildpflanzen um patentierbare Erfindungen handelt. Im Detail gibt es allerdings Auseinandersetzungen darüber, was genau als ein „im wesentlichen biologisches Verfahren" zu betrachten ist und was nicht.

Einzelne Unternehmen nutzten immer wieder die in den Gesetzen auffindbaren Schlupflöcher, um sich auch auf herkömmliche Züchtungen Patente erteilen zu lassen. Etwa indem längst bekannte Eigenschaften durch technische Verfahren „neu" gezüchtet alias „erfunden" wurden. In die Schlagzeilen gerieten etwa Patente auf bestimmte Braugersten[184] und das daraus gebraute Bier oder Salate, die sich länger frisch halten. Initiativen wie *No Patents on Seeds* erheben regelmäßig Einspruch gegen derlei Entscheidungen des Europäischen Patentamts (EPA) in München und haben immer wieder auch Erfolg damit. Manche Patente wurden bereits widerrufen oder Anträge zurückgezogen. Auch hat das EPA inzwischen mehrere Schlupflöcher bei der Gesetzesauslegung gestopft.

Insgesamt spielen Patente bei Pflanzen und Tieren aber eine geringe Rolle. Von mehr als 180.000 im Jahr 2019 vom EPA erteilten Patenten entfielen nur 115 auf landwirtschaftlich genutzte Pflanzen (131 auf Tiere), von denen 78 Prozent GVO betrafen.[185]

Das weitaus dominierende System zum Schutz des geistigen Eigentums bei Pflanzenzüchtungen ist der sogenannte Sortenschutz. Ein wesentlicher Unterschied zum Patentschutz sind das im Sortenschutz fest verankerte *Züchterprivileg* sowie das *Landwirteprivileg*.

Das Züchterprivileg erlaubt jedem Züchter die Verwendung sämtlicher geschützter Sorten anderer Züchter. Jede Sorte darf also ohne Gebühr und ohne um Erlaubnis fragen zu müssen als Ausgangsbasis für neue Sorten genutzt werden. Wenn ein Züchter in Österreich also glaubt, eine ganz bestimmte französische Weizensorte ließe sich gut mit einer eigenen kombinieren, steht dem nichts im Wege. Wenn aus einer Kreuzung beider Sorten eine neue – mit einer bislang unbekannten Kombination von Eigenschaften – entsteht, kann er diese als seine eigene vermarkten. Bei einer Patentierung sieht das, wie beschrieben, anders aus.

Das Landwirteprivileg erlaubt es hingegen den Bauern, einen Teil der Ernte als Saatgut aufzubewahren und im nächsten Jahr erneut auszusäen. Den Züchtern steht dafür lediglich eine geringe *Nachbaugebühr* zu, die in Österreich derzeit nicht erhoben wird, in Deutschland schon. Kleinlandwirte sind von der Zahlungsverpflichtung generell ausgenommen.

Es ist übrigens ein großes Missverständnis zu glauben, Landwirte hätten grundsätzlich immer das Bestreben, eigenes Saatgut wieder auszusäen oder mit anderen Landwirten zu tauschen. Zwar gab es über Jahrtausende gar keine andere Möglichkeit, und auch heute noch wird dies in Form des *Nachbaus* betrieben. Aber selten geschieht dies über viele Jahre hinweg.

Viele Landwirte kaufen gerne jedes Jahr neues Z-Saatgut (zertifiziertes Saatgut), manche bauen ein paar Jahre lang zurückbehaltenes Saatgut an und greifen dann wieder zu Z-Saatgut. Sie tun dies, weil sie ertragreiches und gesundes Saatgut von einer definierten Qualität nutzen möchten.

ALTE SORTEN – VON ZÜCHTERN GESCHÄTZT, VON JOURNALISTEN UNVERSTANDEN

Für die allermeisten Menschen sind die Erfolge der Grünen Revolution längst so selbstverständlich geworden, dass jedes Bewusstsein dafür verloren gegangen ist. Das ist verständlich, denn vor allem in westlichen Industrieländern muss sich seit Jahrzehnten kaum jemand Gedanken darüber machen, wie die Weizenerträge in der aktuellen Anbausaison wohl ausfallen werden.

Ärgerlich ist dagegen, wenn sich selbst Journalisten jedes tiefere Nachdenken ersparen und mit offensichtlich vorgefertigter Meinung an die „Recherche" gehen. Das Ergebnis davon sind regelmäßig erscheinende Dokumentarfilme, in denen einerseits die moderne Pflanzenzüchtung als die Wurzel vielerlei Missstände dargestellt wird und andererseits die sogenannten *alten Sorten* eine zweifelhafte Überhöhung erfahren. Das Getreide, das wir heute essen, sei demnach *hochgezüchtet* oder gar überzüchtet, krankheitsanfälliger und weniger robust. Seine „industrielle Produktion", so wird häufig gemutmaßt, sei für Allergien, Unverträglichkeiten und weit schlimmere Gesundheitsprobleme verantwortlich. Und schließlich habe auch die genetische Vielfalt bzw. die Biodiversität unserer Nahrungspflanzen rapide abgenommen, was die Menschheit großen Risiken aussetze. Was ist an diesem Bild dran?

Um das beantworten zu können, muss man zunächst den Unterschied zwischen einer *Sorte* und einer *Art* kennen: Während es sich bei Sonnenblumen, Kartoffeln oder Weizen um unterschiedliche Pflanzen-*Arten* handelt, bezeichnen *Sorten* die verschiedenen Varianten innerhalb derselben Art. Jede Sorte ist durch eine individuelle und einzigartige Kombination an vererblichen Eigenschaften (Genen) charakterisiert. In Österreich tragen Weizensorten Namen wie *Aurelius*, *Monaco* oder *WPB Calgary*.

Bezogen auf die für unsere Ernährung genutzten Pflanzen*arten*, könnte man in der Tat den Eindruck von mangelnder Vielfalt gewinnen. Laut FAO werden weltweit zwar mehrere tausend Nahrungspflanzenarten kultiviert, aber nur 200 davon leisten einen nennenswerten Beitrag zur gesamten Produktionsmenge. Und gerade einmal neun Arten machen 66 Prozent der globalen Erntemenge aus: Zuckerrohr, Mais, Reis, Weizen, Kartoffeln, Sojabohnen, Ölpalmenfrüchte, Zuckerrüben und Maniok (Cassava).[186]

Die Nutzpflanzenvielfalt in der Landschaft hat sich u. a. wegen der bereits beschriebenen Spezialisierung der Betriebe und ganzer Regionen verkleinert, außerdem dadurch, dass der Bedarf an vielen Produkten eingebrochen ist. Verwenden Sie nicht auch Olivenöl statt eines aus heimischen Ölsaaten?

Andererseits fällt es schwer, beim Gang durch die Frischwarenabteilung eines durchschnittlichen Supermarkts eine mangelnde Artenvielfalt zu erkennen. Innerhalb der Arten trifft das schon eher zu. In der Regel gibt es nur eine oder zwei Sorten Karotten, Blumenkohl oder Orangen, bei Äpfeln oder Tomaten vielleicht eine Handvoll mehr. Diese relative Sortenarmut dürfte auch den Zwängen einer durchgetakteten Logistikkette und dem Einkaufsverhalten der Kundschaft geschuldet sein. Als Kunde in Eile wäre ich von 20 verschiedenen Tomatensorten ohnehin überfordert.

Betrachtet man die großflächig angebauten Ackerkulturen, zeigt sich ein ganz anderes Bild. So finden sich in der EU-Sortendatenbank im Netz über 3.000 verschiedene Weizensorten, rund 580 Sojasorten, fast 6.300 Maissorten und 1.680 Kartoffelsorten.[187] Jedes Jahr kommen neue dazu, andere fallen weg. Speziell beim Blick auf österreichische Sorten zeigt sich keine schrumpfende, sondern vielmehr eine über die Jahrzehnte hinweg wachsende Vielfalt. Während 1960 beispielsweise nur 24 Winterweizen-, 31 Kartoffel- und zwei Ölkürbissorten zugelassen waren, sind es heute 81 bei Winterweizen, 49 bei Kartoffeln und 20 bei Ölkürbissen. Nimmt man alle landwirtschaftlichen Pflanzenarten inklusive Gemüse zusammen, gibt es allein in Österreich derzeit mehr als 1.200 Sorten, die für hiesige Bedingungen gezüchtet und zugelassen sind. In den 1970er Jahren waren es gerade mal 300.[188]

Von dieser aktuellen Vielfalt bekommt man als Konsument nicht viel mit, umso wichtiger ist sie für den Anbau. Sie bietet jedem Landwirt die Möglichkeit, für seine individuellen Zwecke die geeignete Sorte zu finden.

Aber was ist nun mit den von manchen so schmerzlich vermissten *alten Sorten*? Bei ihnen handelt es sich um sogenannte *Landrassen* oder *Landsorten*. Streng genommen waren dies keine genetisch homogenen, echten Sorten, so wie heute, sondern heterogene Gemenge aus verschiedenen Typen. Sie entstanden im Laufe der Jahrhunderte, indem Bauern jedes Jahr einen Teil der Ernte als Saatgut zurückbehielten und teilweise mit anderen Bauern tauschten. Durch diese Auslese entstanden unzählige Varianten, die an die jeweiligen lokalen Gegebenheiten angepasst waren. Allerdings darf man sich keine Illusionen machen: Dass ein großer Teil dieser Vielfalt unwiederbringlich verloren ging, ist zwar schmerzhaft, hatte aber nachvollziehbare Gründe.

Die größten Verluste passierten in der ersten Hälfte des 20. Jahrhunderts. Damals begannen die Bauern nach und nach, auf die neuen, reinrassigen Sorten professioneller Züchtung zu bauen. Diese war unter anderem durch die Forschung von Gregor Mendel ermöglicht worden. Die Bauern wurden von niemandem gezwungen, denn die neuen Sorten überzeugten von ganz allein, indem sie bessere Erträge brachten. Die alten Sorten waren dagegen krankheitsanfällig, knickten wegen viel zu langer Halme leicht um und lieferten, trotz Düngung, nur mickrige Erträge.

Daten wie die der AGES[189] zeigen, dass Nutzpflanzensorten in den vergangenen Jahrzehnten keinesfalls stärker, sondern im Gegenteil weniger krankheitsanfällig wurden. Allerdings sollte uns spätestens seit Corona bewusst sein, dass in der Natur immer wieder neue Krankheitserreger auftreten, die im Laufe der Zeit mutieren und ihre Eigenschaften an die Abwehrmechanismen ihrer Wirte anpassen. Mit demselben Problem haben auch unsere Nutzpflanzen zu kämpfen, und den Züchtern wird die Arbeit genauso wenig ausgehen wie Impfstoffherstellern.

Auch dass diese alten Sorten gesündere Lebensmittel hervorbrachten, dürfte mehr Legende als Wahrheit sein. Oft werden entsprechende Behauptungen mit dem Klebereiweiß *Gluten* in Zusammenhang gebracht. Ein Team des Leibniz-Instituts für Pflanzengenetik und Kulturpflanzenforschung in Berlin fand bei der Untersuchung von 60 Weizensorten aus der Zeit von 1891 bis

2010 allerdings heraus, dass der Glutengehalt der Sorten über die vergangenen 120 Jahre konstant geblieben war. Zudem zeigte sich die Witterung im Anbaujahr als größerer Einflussfaktor auf die Eiweißzusammensetzung als die Sorte.[190] Hinter negativ gemeinten Zuschreibungen wie „hoch-" oder „überzüchtet" steckt also so gut wie keine Substanz. Noch Mitte des 20. Jahrhunderts warben Saatgutfirmen mit dem Attribut „Hochzucht" für die Qualität ihrer neuen Sorten.

Trotz der Vorzüge moderner Sorten sind die alten „Sorten" aber alles andere als nutzlos. In ihnen könnten nämlich, dank ihrer genetischen Vielfalt, für die Zukunft wertvolle Eigenschaften schlummern. Noch existente Landrassen werden heutzutage in Genbanken und Saatgutarchiven gelagert und durch regelmäßige Aussaat erhalten. Der größte und spektakulärste aller weltweit rund 1.400 Saatguttresore befindet sich am Standort einer alten Kohlegrube auf der norwegischen Insel Spitzbergen. Auch private Initiativen wie der Verein Arche Noah setzen sich für den Erhalt dieser genetischen Ressourcen ein, unterstützt von Hobbygärtnern, die köstlich schmeckende, aber für den Supermarkt ungeeignete Sorten mit viel Leidenschaft kultivieren und erhalten. Mithilfe professioneller Züchtung könnten sie moderne Sorten um neue, wertvolle Facetten bereichern.

GENTECHNIK IM BIOLADEN – VON DEN WERKZEUGEN DER PFLANZENZÜCHTUNG

Die Notwendigkeit zu züchten verschwindet nie. So wie in jedem anderen Lebensbereich versucht der Mensch auch im Pflanzenbau immer noch ein bisschen besser zu werden. In den zurückliegenden Jahrzehnten hat die Züchtung das Ertragspotenzial von Kulturpflanzen jedes Jahr um grob 1 bis 2 Prozent gesteigert. Sie hat neue Sorten mit Krankheitsresistenzen oder optimierten

Inhaltsstoffen auf den Markt gebracht. Resistenzen können aber von Krankheitserregern im Laufe der Zeit überwunden werden. Schadinsekten treten plötzlich in Regionen auf, wo sie zuvor nie gesichtet wurden. Auch wenn bestimmte Nutzpflanzen an bestimmten Orten verstärkt angebaut werden, so wie derzeit Soja in Europa, entsteht Bedarf an neuen, standortgerechten Sorten. Eine der größten Herausforderungen diesbezüglich ist der Klimawandel, der nach trocken-, hitze- oder überflutungsresistenten Sorten verlangt.

Auch jede Ertragssteigerung hilft gegen die globale Erwärmung, indem sie den Landbedarf verkleinert und so Regenwälder und Moore schützt. Wichtig zu verstehen ist, dass ein neues, vorteilhaftes Merkmal wie Trockenresistenz wenig bringt, wenn das Ertragspotenzial oder die Qualität der Inhaltsstoffe im Gegenzug dramatisch abfallen. Die große Herausforderung besteht also in der Züchtung neuer Sorten mit einer günstigeren Kombination vieler einzelner Eigenschaften. Welche Werkzeuge stehen zur Bewältigung dieser Herausforderungen überhaupt zur Verfügung?

AUSLESEZÜCHTUNG

Die längste Zeit in der Geschichte der Landwirtschaft haben Menschen Auslesezüchtung betrieben. Beginnend wohl vor rund 12.000 Jahren wurden mit jeder Ernte einige der dicksten oder schönsten Körner von Gräsern oder die Samen der süßesten und größten Früchte von Kräutern und Sträuchern zurückbehalten und wieder ausgesät. Sämtliche dauerhaften Veränderungen basieren dabei auf ständig in der Natur auftretenden zufälligen Genmutationen. War die Mutation mit einer erkennbar positiven Eigenschaft verbunden, wurden entsprechende Pflanzen ausgelesen und vermehrt. So reicherten sich im Erbgut der Pflanzen über Jahrhunderte und Jahrtausende gewünschte Eigenschaften an.

Dabei veränderten sich die Kulturpflanzen äußerlich zum Teil so sehr, dass sie mit ihren wilden Vorfahren heute kaum noch vergleichbar sind. Während etwa die *Teosinte*, also der wilde Vorfahr unseres Maises, aus einer mickrigen Ähre besteht und ihre Samen mit einer harten Hülle schützt, besticht das bekannte Produkt der Auslesezüchtung mit dicken Kolben und vielen engbepackten Reihen freiliegender Samen.

Die Auslesezüchtung war die früheste Form der „Genmanipulation" und erschuf die Grundlage all unserer heutigen Nutzpflanzen.

KREUZUNGSZÜCHTUNG

Die gezielte Kreuzungs- bzw. Kombinationszüchtung beruht auf den Forschungsergebnissen des mährisch-österreichischen Augustinermönchs Gregor Johann Mendel (1822 – 1884). Dieser hatte Mitte des 19. Jahrhunderts im Klostergarten seiner Brünner Abtei St. Thomas mit der Kreuzung von Erbsen experimentiert. Dazu brachte er Blütenpollen der einen Sorte auf die Blütennarbe der anderen Sorte auf. Diese Technik war bereits bekannt, aber Mendel nutzte sie erstmals zur systematischen Erkundung und statistischen Auswertung der Vererbung. Er fand u. a. heraus, dass jeder Elternteil stets nur einen Teil seines Erbguts an die Nachkommen weitergibt und diese jeweils eine Neu-Kombination der elterlichen Eigenschaften vererbt bekommen. Man kann also bestimmte Eigenschaften zweier Pflanzen in deren Nachkommen vereinen.

Seine 1866 veröffentlichte Studie *Versuche über Pflanzenhybriden* blieb zunächst wenig beachtet. Ihre Bedeutung wurde von der Fachwelt bis über Mendels Tod 1884 hinaus nicht erkannt. Sein Nachfolger als Abt ließ sogar den größten Teil von Mendels Nachlass, samt seinen Laboraufzeichnungen, auf dem Klosterhof verbrennen.

Erst im Jahr 1900 wurden sein Werk und die darin formulierten drei *Mendelschen Regeln* wiederentdeckt. Mendels Leistungen erlangten nun endlich die verdiente Anerkennung. Er gilt heute als Vater der modernen Genetik.

Mendels Erkenntnisse legten den Grundstein für die gezielte Verbesserung von Nahrungs- und Futterpflanzen. Konkret konnten nun zum Beispiel die damals vielfach vorhandenen Getreide-Landrassen untereinander gekreuzt werden. Manche dieser alten Sorten brachten etwa dickere Körner hervor, litten aber unter einer Anfälligkeit für eine bestimmte Krankheit. Andere kennzeichneten dünne Körner, zeigten dafür aber eine gute Widerstandsfähigkeit gegenüber der betreffenden Krankheit. Durch gezielte Kreuzung würden sich unter den Nachkommen auch Individuen finden, die resistent waren *und* dickere Körner bildeten. Sie auszulesen und zu vermehren, brachte eine neue, verbesserte Sorte hervor.

In der Praxis ist das natürlich etwas komplizierter und aufwendiger, als es klingt. Bis eine neue Sorte gezüchtet und zugelassen ist, vergehen, je nach Pflanzenart und Zuchtziel, acht bis 15, manchmal 30 Jahre. Trotzdem ist die Kreuzungszüchtung bis heute die meistangewandte Form der Pflanzenzüchtung. Mendels Entwicklung führte dazu, dass kaum noch ein Bauer seine alten Sorten aussäen wollte – die neuen waren schlicht überlegen.

HYBRIDZÜCHTUNG

Produkte der Hybridzüchtung, einer Sonderform der Kreuzung, sorgen manchmal für Verwirrung oder Kritik. Das liegt daran, dass ihre günstigen Eigenschaften nicht erhalten bleiben, wenn man ihre Nachkommen erneut aussät. Man bezeichnet sie deshalb auch als „nicht samenecht".

Hybride entstehen dadurch, dass man zunächst zwei genetisch möglichst weit voneinander entfernte, aber in sich reinerbige *Inzuchtlinien* schafft. Dazu befruchtet man Pflanzen immer wieder mit sich selbst bzw. mit Individuen derselben Linie. Schließlich kreuzt man die zwei Inzuchtlinien miteinander. Dabei entstehen sogenannte Hybride, die einen deutlich besseren Ertrag und eine größere Widerstandsfähigkeit zeigen – allerdings nur in dieser ersten, sogenannten F1-Generation. Schon in der nächsten Generation ist dieser sogenannte *Heterosiseffekt* wieder verpufft. Landwirte und Gärtner müssen also jedes Jahr neues Saatgut kaufen, wenn sie von der Sorte überzeugt sind. Wohlgemerkt: Es handelt sich dabei um ein natürliches Phänomen und nicht etwa um einen gemeinen Trick der Züchtungsunternehmen. Bei manchen Arten wie Mais oder Roggen vertraut ein überwiegender Teil der Anbauer auf Hybridsorten.

MUTATIONSZÜCHTUNG – WARUM BESTRAHLUNG ALS BIO GILT

Begriffe wie *Mutation* oder *Mutant* lösen bei vielen Menschen Argwohn aus. Dabei gäbe es ohne Mutationen keine Evolution und keine Menschen. Solange nämlich Lebewesen leben, teilen sich ihre Zellen. Dabei kommt es ständig vor, dass das DNA-Molekül mit der Erbinformation einen Schaden erleidet, zum Beispiel indem es an einer zufälligen Stelle bricht. Normalerweise sorgt ein zelleigener Reparaturmechanismus dafür, dass die Bruchstelle gleich wieder gekittet und der Schaden behoben wird.

Allerdings funktioniert diese Reparatur nicht immer vollständig, und die DNA wird nicht mehr exakt so zusammengesetzt, wie sie war.

Mutationen, die bei der Bildung der Geschlechtszellen entstehen, werden an die Nachkommen weitergegeben. Jede einzelne Weizenpflanze trägt 100 bis 120 neue, unbekannte und zufällige natürliche Mutationen in sich, die sie von der Vorgängergeneration unterscheidet. Auch wenn zwei Menschen ein Kind zeugen, kommt es im Schnitt zu 45 neuen Mutationen. Die meisten davon bleiben folgenlos und unerkannt, weil sie sich nicht auf innere oder äußere Eigenschaften auswirken. Aber manchmal können selbst winzige Punktmutationen gravierende Folgen haben.

Wenn Mutationen der Geschlechtszellen Gene betreffen, die zum Bauplan eines Organismus gehören, haben seine Nachkommen eine neue Eigenschaft. Diese neue Eigenschaft kann sich neutral auswirken, schlechtere oder bessere Überlebenschancen mit sich bringen oder für mehr oder weniger Nachkommen sorgen. Nützliche Mutationen setzen sich daher im Laufe der Evolution durch und führen über Jahrmillionen sogar zur Bildung neuer Arten. Auch wir Menschen sind also in gewisser Weise „Mutanten", jedenfalls das Produkt unzähliger Mutationen.

Bei der Mutationszüchtung, auch Mutagenese genannt, werden Samen oder junge Keimlinge einer radioaktiven Strahlungsquelle oder Chemikalien ausgesetzt. Dadurch erhöht sich die Anzahl der unkontrollierten Mutationen drastisch. Dabei kann nicht kontrolliert werden, an welchen Stellen der DNA welche Veränderungen passieren. Oft entstehen dabei mickrige, verkrüppelte oder nicht überlebensfähige Pflanzen. Aber wo viele Mutationen auftreten, steigt die Wahrscheinlichkeit, dass sich darunter welche finden, die nützliche Eigenschaften mit sich bringen. Züchter können sie herauslesen und mithilfe herkömmlicher Kreuzung in neue, verbesserte Sorten einbringen. Nach Entdeckung der Röntgenstrahlung 1895 wurde diese Methode in den USA in den 1920er Jahren bereits genutzt.

Einer der Orte, wo Mutationszüchtung betrieben wird, sind die 1962 in Betrieb gegangenen IAEA-Laboratorien in Seibersdorf südöstlich von Wien. Im Rahmen des Programms *Nukleartechnik in Ernährung und Landwirtschaft,* das die Internationale Atomenergiebehörde (IAEA) gemeinsam mit der FAO ins Leben gerufen hat, entstehen noch heute neue Sorten, die in der ganzen Welt angebaut werden. Eine IAEA-Datenbank umfasst derzeit mehr als 3.300 Mutagenesesorten von über 200 Pflanzenarten. Die Registrierungen reichen aktuell vom Jahr 1929 bis zum Jahr 2020. Die jüngsten betreffen etwa neue Sojabohnen-Sorten, die laut IAEA[191] in sauren und trockenen Böden Indonesiens durchschnittlich rund 35 Prozent mehr Ertrag bringen als die lokalen Sorten. Oder mehrere Reissorten, die, ebenfalls für Indonesien gezüchtet, durch mehr Ertrag, Krankheitsresistenzen oder eine kürzere Vegetationszeit glänzen.[192]

Bereits in den 1980er Jahren hat man Exemplare der bekannten Apfelsorte *Golden Delicious* in Seibersdorf mit Gammastrahlen behandelt. Unter den mutierten Nachkommen fand sich eine Variante, deren Früchte nicht nur größer sind und eine glänzendere Schale haben, sondern auch weniger rostanfällig und länger haltbar sind. Die neu entstandene Mutante trägt den Namen *Golden Haidegg.*

Weltweit hat die Mutationszüchtung mit einem Höhepunkt in den 1960er und 70er Jahren zu bedeutenden Ertrags- und Qualitätsverbesserungen beigetragen (aber auch neue Gartenblumen und andere Pflanzen beigesteuert). So trägt der größte Teil aller heutigen Hartweizensorten Genabschnitte in sich, die auf diese Weise erzeugt wurden. Aus Hartweizen werden Nudeln gemacht, und es ist nahezu ausgeschlossen, dass Sie als Nudelesser nicht in aller Regelmäßigkeit „Mutanten-Pasta" verspeisen. Auch die beliebten rosafarbenen Grapefruit-Sorten *Star Ruby* und *Ruby Red* sind Produkte der Mutagenese.

Die globale Bedeutung dieser Art der Mutationszüchtung dürfte die 3.300 in der *IAEA Mutant Variety Database* registrierten Sorten deutlich übersteigen. Zahlreiche Mutationszüchtungen wurden später weitergekreuzt und finden sich heute als eine Art stilles Vermächtnis im Genom vieler aktueller Sorten. Die genaue Anzahl der im Umlauf befindlichen Mutagenese-Sorten kennt niemand, da es keine Kennzeichnungspflicht gibt, Mutantensorten ohne Beschränkung weitergezüchtet werden dürfen und sowieso nicht von spontan auftretenden, „natürlichen" Mutationen zu unterscheiden sind. Klar ist nur, dass ein beachtlicher Teil der heutigen Nahrungspflanzen auf zufälligen Mutationen beruht, die mittels radioaktiver Bestrahlung hervorgerufen wurden.

Das Erstaunliche ist nun: Bei all diesen Mutagenese-Sorten handelt es sich um gentechnisch veränderte Organismen (GVO) im Sinne der EU-Freisetzungsrichtlinie aus dem Jahr 2001. Trotzdem dürfen daraus entstandene Lebensmittel ohne spezielle Prüfung oder gar Kennzeichnung, wie sie für Produkte der oben beschriebenen „klassischen" Gentechnik gelten, in den Handel gelangen. Damit nicht genug: Sie dürfen sich sogar mit einem „Ohne Gentechnik"- oder einem Bio-Siegel schmücken.

Die Begründung findet sich in trockenen, wissenschaftlich längst nicht mehr zeitgemäßen, aber noch immer gültigen Gesetzen. Entscheidend ist dabei die Definition dessen, was überhaupt unter Gentechnik zu verstehen sein soll. Laut der deutschsprachigen Fassung der EU-Freisetzungsrichtlinie 2001/18/EG ist ein „genetisch veränderter Organismus" (GVO) ein Organismus, „dessen genetisches Material so verändert worden ist, wie es auf natürliche Weise durch Kreuzen und/oder natürliche Rekombination nicht möglich ist." Allein das sorgt für gewaltige Verwirrung, denn „genetisch verändert" wurden alle Kulturpflanzen durch Auslese schon vor tausenden von Jahren. Offenbar wurde hier bei der Übersetzung des Gesetzes aus dem Englischen geschlampt. Das englische Wort *genetically* lässt sich nämlich sowohl mit *genetisch* als auch mit *gentechnisch* übersetzen. In den nationalen Gesetzen deutschsprachiger Länder meint das Kürzel GVO korrekterweise einen gentechnisch veränderten Organismus.

Neben einer unpräzisen Begriffsdefinition verwirrt die EU-Richtlinie auch damit, dass sie explizit die Mutagenese als ein Verfahren nennt, das zwar GVO hervorbringt, aber trotzdem nicht unter die Bestimmungen der Richtlinie fällt. Anders ausgedrückt: Mutagenesezüchtung ist nicht natürlich und deshalb Gentechnik, wird aber von den strengen Regeln für Gentechnik ausgenommen.[193] Entsprechende Sorten müssen also weder eine Extra-Sicherheitsprüfung durchlaufen noch als GVO gekennzeichnet werden. Vielleicht dachte der Gesetzgeber: Wir machen das schon so lang, nix ist passiert, also drücken wir bei dieser Art von Gentechnik ein Auge zu. Dass die EU-Richtlinie in dieser Weise zu interpretieren sei, stellte der Europäische Gerichtshof (EuGH) in einem vielbeachteten Urteilsspruch vom Juli 2018 fest.[194]

Wir haben es also längst nicht nur dann mit Gentechnik zu tun, wenn in ein Lebewesen artfremde Gene übertragen werden und so ein *transgener* Organismus gezüchtet wird, oder wenn mittels Methoden wie der Genkanone das Gen eines wilden Verwandten übertragen wird und eine *cisgene* Sorte entsteht. Auch die Nutzung von Radioaktivität oder Chemikalien zur Steigerung der Mutationsrate erzeugt GVO.

Übrigens: Bestätigt wird all dies ausgerechnet vom *Verband Lebensmittel ohne Gentechnik*[195] *(VLOG)*, der in Deutschland u. a. für die Vergabe des „Ohne Gentechnik"-Siegels auf Lebensmitteln verantwortlich ist. Der Verband setzt sich mutmaßlich, genauso wie andere, für volle Transparenz und Wahlfreiheit bezüglich Gentechnik ein. Die Transparenz endet allerdings bei mit Strahlung erzeugten Gentechnik-Sorten. Diese sind zwar so sicher wie alle anderen. Dass bei der Züchtung von Sorten, die auch in „Ohne Gentechnik"- und Biolebensmitteln landen, Radioaktivität im Spiel war, will man aber lieber nicht an die große Glocke hängen. Vollständige Transparenz bleibt den Konsumenten verwehrt.

Nur bei klassischen GVO, die nicht unter die Ausnahme der Richtlinie fallen, wird in der EU ein noch viel aufwendigeres Prüf- und Zulassungsverfahren angewendet, in das die EFSA, nationale Behörden sowie alle Mitgliedstaaten eingebunden sind. In dessen Rahmen müssen die Antragsteller mittels umfangreicher Studien beweisen, dass von der GV-Sorte keine nachteiligen Auswirkungen für Menschen, Tiere oder die Umwelt ausgehen. Dazu müssen auch Fütterungsstudien durchgeführt und Inhaltsstoffe einer ausgiebigen Analyse unterzogen werden. Das GV-Lebensmittel darf sich nicht wesentlich von konventionellen Vergleichsprodukten unterscheiden. Am Ende entscheiden EU-Kommission und Mitgliedstaaten in einem komplizierten demokratischen Prozess über die Zulassung. Das Verfahren kostet die Züchter viele Millionen Euro, weshalb es ausschließlich große Agrarkonzerne sind, die diese Hürde überwinden. Viele Sorten sind heute in Europa für den Import als Futtermittel, aber keinesfalls zum Anbau zugelassen.

Wie selektiv und wissenschaftlich schwer nachvollziehbar die Bewertung unterschiedlicher Züchtungsmethoden innerhalb der EU wirklich ist, zeigt sich ganz besonders seit rund zehn Jahren.

NOBELPREIS FÜR DIE GENSCHERE UND GRÜNE PRO GENTECHNIK

Im Jahr 2020 wurden zwei außergewöhnliche Wissenschaftlerinnen mit dem Nobelpreis für Chemie ausgezeichnet. Die Französin Emmanuelle Charpentier und die US-Amerikanerin Jennifer

Doudna waren bereits seit der Veröffentlichung ihrer bahnbrechenden Entdeckung im Jahr 2012 regelmäßig für diese höchste wissenschaftliche Ehre gehandelt worden.

Die beiden haben die sogenannte Genschere CRISPR/Cas9 entdeckt, die das gesamte Forschungsfeld der Genetik innerhalb weniger Jahre revolutioniert hat. CRISPR (gesprochen: *Krisper*) eröffnet völlig neue Perspektiven in Medizin und Pflanzenzüchtung. Es gibt heute kaum noch ein molekularbiologisches Labor, das nicht mit der Genschere arbeitet.

CRISPR ist die mit Abstand meistgenutzte einer Reihe von neueren Technologien, die unter dem Stichwort *Genome Editing* oder auch *Neue Gentechnik* zusammengefasst werden. Im Gegensatz zur „alten" Gentechnik mit Genkanonen und Genfähren oder dem „Atom-Gärtnern" handelt es sich bei CRISPR um ein echtes Präzisionswerkzeug. Genau wie sich mit einem Textverarbeitungsprogramm einzelne Sätze, Worte oder Buchstaben eines Textes ansteuern, löschen oder verändern lassen, ermöglicht es CRISPR auf relativ simple und kostengünstige Art, DNA punktgenau zu bearbeiten und zu verändern. Forschende vergleichen CRISPR häufig mit einem feinen Skalpell und die frühere Mutationszüchtung mit einer groben Schrotflinte.

Und wie funktioniert das „Skalpell"? Grundlage des Werkzeugs sind kurze, sich wiederholende und symmetrische DNA-Sequenzen, die sich, genau wie der Vorname Anna, von beiden Enden aus ablesen lassen und als *Palindrome* bezeichnet werden. Zwischen den Palindromen sind noch kürzere DNA-Stücke eingebaut, die von Viren stammen. Palindrome und Stücke aus Virus-DNA ergeben zusammen die DNA-Sequenz CRISPR (*Clustered Regularly Interspaced Short Palindromic Repeats,* auf Deutsch: gebündelte, regelmäßig unterbrochene, kurze palindromische Wiederholungen). Beim Molekül Cas (*CRISPR associated* = mit CRISPR verbunden) handelt es sich um ein Protein, das DNA schneiden kann.

Das Konstrukt ist aus Bakterien bekannt, die es als Abwehrmechanismus gegen Viren nutzen. Es funktioniert wie eine Art anpassungsfähiges Immunsystem. Wenn eine Bakterienzelle den Angriff eines Virus überlebt hat, baut sie in ihre CRISPR-Sequenz ein Stück Virus-DNA ein, das bei einer erneuten Attacke zur Wiedererkennung des betreffenden Virenstamms dient – so wie gespeicherte Fingerabdrücke zur Wiedererkennung von Gesetzesbrechern dienen. Wie eine Sonde führt CRISPR das Cas-Protein dann zum angreifenden Virus, das anschließend vom Cas-Protein zerschnitten wird. Das Virus kann dann nichts mehr tun. Es überlebt den Scherenangriff durch das Cas-Protein nicht.

Andere Organismen, wie Menschen, Tiere und Pflanzen, verfügen hingegen über einen DNA-Reparaturmechanismus, der zerschnittenes Erbgut kitten kann (siehe oben). Das ist die entscheidende Grundlage dafür, dass aus CRISPR/Cas9 ein Werkzeug zur gezielten Veränderung von DNA nahezu jeder Lebensform werden konnte. Jennifer Doudna und Emmanuelle Charpentier bekamen den Nobelpreis für den von ihnen erbrachten Beweis, dass sich das Molekül bei seiner synthetischen Herstellung im Labor mittels kleiner, spezifischer Änderungen derart umprogrammieren lässt, dass es die DNA eines jeden Organismus gezielt und präzise an jeder x-beliebigen Stelle schneidet. Der anschließend in Aktion tretende zelleigene Reparaturmechanismus fügt die getrennten DNA-Stränge wieder zusammen. Die dabei entstehenden kleinen „Fehler" führen dazu, dass das Gen an dieser Stelle nicht mehr abgelesen werden kann, wodurch es möglich wird, damit verknüpfte Eigenschaften stillzulegen. Auch einzelne DNA-Bausteine lassen sich in diesem Zuge austauschen. Und schließlich können mit CRISPR/Cas9 auch ganze Gene neu eingefügt oder vorhandene herausgeschnitten werden.

Entscheidend ist: Das Grundprinzip des Zerschneidens von DNA und ihrer anschließenden Reparatur durch zelleigene

Mechanismen ist bei CRISPR genau dasselbe wie bei der Mutationszüchtung oder den natürlichen Mutationen, die die Grundlage jeder Kreuzungszüchtung sind. Der Unterschied liegt einzig darin, dass CRISPR es ermöglicht, den gewünschten Ort der Mutation auf der DNA präzise anzusteuern. Solange es nicht um die dauerhafte Einschleusung artfremden Erbguts geht, kann jede durch Genom-Editierung erzielte Veränderung prinzipiell auch von Natur aus entstehen und ist von natürlichen Mutationen nicht zu unterscheiden. Allerdings ist man mit Genome Editing schneller und präziser unterwegs und kann Änderungen in Genen gezielt herbeiführen, ohne auf den Zufall warten zu müssen. Dies beschleunigt den Züchtungsprozess enorm und macht ihn dadurch auch günstiger.

Zu sogenannten *Off-Target-Effekten,* also unerwünschten Veränderungen, kommt es dabei nur sehr selten. Es kann aber dann passieren, wenn die angesteuerte Genabfolge auch an einer anderen Stelle im Genom vorkommt und die Sonde deshalb an der falschen Stelle andockt.[196, 197]

Gentechnik-Gegner befürchten dadurch „unkalkulierbare" Risiken für Mensch und Natur. Allerdings wäre ein solcher Off-Target-Effekt nichts anderes als eine weitere (zufällige) Mutation, wie sie in der Natur ständig vorkommen und bei der Züchtung mit Strahlung in tausendfach erhöhter Rate erzwungen werden. Wie Sie inzwischen wissen, bleiben Mutationen häufig folgenlos. Aber selbst wenn der äußerst unwahrscheinliche Fall einträte, dass ausgerechnet diese eine oder ein paar wenige zusätzliche Mutationen in einer Pflanze zu negativen Eigenschaften wie etwa der erhöhten Produktion eines allergieauslösenden Stoffs führen würde, dann würde man dies im Laufe des Züchtungsprozesses erkennen und die Pflanze aussortieren. Dass das überhaupt passiert, ist mit CRISPR allerdings wesentlich unwahrscheinlicher als bei jeder anderen Züchtungsmethode. Vielmehr kommt es mit Genome-Editing-Werkzeugen zu 100- bis 1.000-mal weniger Off-Target-Effekten als bei der allseits anerkannten älteren Mutationszüchtung![198]

Vieles, was an der alten Gentechnik stets kritisiert wurde, spielt bei CRISPR keine Rolle, weil es Eigenschaften von Pflanzen ändern kann, ohne Fremdgene einzubauen, auch nicht als Markergen in Form einer Antibiotikaresistenz. Überall in der Welt arbeiten heute Forschungseinrichtungen, staatliche wie private, mit CRISPR an verbesserten Pflanzensorten. Weltweit dürften bereits weit über 400 Anwendungen an Nutzpflanzen in Arbeit sein. Sie reichen von der altbekannten Herbizidtoleranz über verbesserte Geschmacks- oder Lagereigenschaften von Früchten bis zu verbesserter Stresstoleranz gegenüber Hitze, Trockenheit oder Salz (Eigenschaften, die vor allem im Zusammenhang mit dem Klimawandel von Bedeutung sind). Beim Großteil der Projekte geht es allerdings um Krankheits- und Schädlingsresistenzen sowie verbesserte Inhaltsstoffe. In den USA wird bereits eine genomeditierte Sojasorte angebaut, die sich durch einen erhöhten Gehalt gesundheitlich wertvoller Öl-säure auszeichnet.

Trotz der wissenschaftlich unstrittigen Faktenlage hat der EuGH im Jahr 2018 entschieden, dass mit CRISPR gezüchtete Pflanzen wie herkömmliche Gentechnik zu behandeln sind. Sie fallen unter dasselbe strenge Regularium, das für „klassische" GVO gilt. De facto bedeutet dies für fast ganz Europa ein Anbauverbot sowie die Verbannung aus dem Supermarktregal. Die sogenannte „Mutagenese-Ausnahme", die laut EU-Richtlinie mit Strahlung oder Chemikalien gezüchtete Pflanzen von strengen Zulassungs- und Kennzeichnungspflichten befreit, gilt für ge-CRISPR-te Pflanzen ausdrücklich *nicht*.

Diese Regelung ist grotesk. Seit dem Urteil kommen daher aus Wissenschaftskreisen zahlreiche Stellungnahmen mit der dringenden Empfehlung, die europäischen Regeln für Gentechnik an den Stand der Wissenschaft anzupassen.

Experten der Nationalen Akademie der Wissenschaften Leopoldina und der Deutschen Forschungsgesellschaft kritisieren in einer Stellungnahme[199], dass die aktuelle Regelung „nicht mehr rational zu begründen ist". Sie bemängeln zudem: „Das europäische Gentechnikrecht hemmt [...] die Erforschung, Entwicklung und Anwendung dringend erforderlicher verbesserter Nutzpflanzen zur Unterstützung einer produktiven, klimaangepassten und nachhaltigen Landwirtschaft."

Blockiert wird die Freiheit der Wissenschaft zum Beispiel dadurch, dass die genauen Orte sämtlicher Freilandversuche mit GVO in einem Standortregister veröffentlicht werden müssen. Für Aktivisten ist dies die Einladung, Versuchspflanzen unter Billigung von Umweltgruppen niederzutrampeln oder auszureißen. Deswegen gibt es in Deutschland und Österreich seit vielen Jahren überhaupt keine derartigen Versuche mehr, weder von privaten Züchtern noch von öffentlich finanzierten Universitäten.

Die Minimalforderung aus der Stellungnahme der Akademien ist daher, genomeditierte Sorten von den strengen Regeln für Gentechnik auszunehmen, solange keine artfremden Gene eingefügt wurden. Mittelfristig erwarten sich die Experten allerdings, Züchtungsprodukte überhaupt nicht mehr in Gentechnik und Nicht-Gentechnik zu unterteilen. Damit würden auch Pflanzen mit Fremd-DNA allein nach ihren Eigenschaften beurteilt.

Greenpeace dürfte eine der Organisationen sein, die das allgemeine Misstrauen gegenüber der Gentechnik am stärksten gefördert haben. Seine Aktivisten waren es, die im Herbst 1996 die allererste Schiffsladung mit GV-Sojabohnen im Hamburger Hafen mit Schlauchbooten und Transparenten empfangen haben. Seither scheint die fundamentale Totalopposition der Umweltgruppen gegenüber der Gentechnik in der Pflanzenzüchtung wie einzementiert. Als eine der lautesten und weltweit agierenden Gruppen trägt Greenpeace die Hauptverantwortung dafür.

So sieht das auch eine Gruppe von herausragenden Chemikern, Physikern, Medizinern und anderen Wissenschaftlern, allesamt Gewinner eines Nobelpreises. Bereits im Jahr 2016 wandten sie sich mit einem dringenden Appell an Greenpeace.[200] Kern des Appels ist die Aufforderung, die Kampagne gegen GVO und speziell den sogenannten *Goldenen Reis* einzustellen.

Der Goldene Reis ist eine von der ETH Zürich und der Uni Freiburg erforschte und inzwischen vom Internationalen Reisforschungsinstitut IRRI weiterentwickelte Reissorte. Sie trägt unter anderem ein aus Mais übertragenes Gen in sich und soll durch die vermehrte Produktion von Carotinoiden im menschlichen Körper die Verfügbarkeit des lebenswichtigen Vitamin A steigern und so vor allem in armen Regionen Asiens dazu beitragen, den Vitamin-A-Mangel bei Vorschulkindern zu bekämpfen. Dort, wo sich Menschen nur wenig carotinoidreiches Gemüse leisten können, erblinden laut WHO jedes Jahr bis zu 500.000 Kinder, wovon die Hälfte binnen eines Jahres stirbt.[201]

Greenpeace und andere haben die Entwicklung von Goldenem Reis stets kritisiert. Auch in diesem Fall waren Feldzerstörungen im Spiel. Die 158 Nobelpreisträger, die den Brief an Greenpeace inzwischen unterzeichnet haben, werden daher sehr deutlich: „Die auf Emotionen und Dogmen basierende Ablehnung, die durch Daten widerlegt wird, muss beendet werden." Schließlich endet der Appell mit der Frage: „Wie viele von Armut betroffene Menschen in der Welt müssen noch sterben, bevor wir dies als ‚Verbrechen gegen die Menschlichkeit' anerkennen?"

Im Jahr 2021 haben die Philippinen als erstes Land den Anbau des Goldenen Reises erlaubt.

Die fundamentale Ablehnung einer von der Wissenschaft für sicher und nützlich befundene Technologie kann sich in einer aufgeklärten Gesellschaft nicht ewig halten. Derzeit erleben wir die Situation, dass weite Teile von Politik und Medien der Bevölkerung dringend ans Herz legen, sich gegen das Coronavirus impfen zu lassen, wobei im Prinzip alle Impfstoffe in der einen oder anderen Weise auf Gentechnik basieren. Zwar wird der Mensch nicht genetisch modifiziert, dafür aber Hefe-, Bakterien- oder Mottenzellen, die dann den Impfstoff herstellen. Im Falle der neuartigen und besonders wirkungsvollen mRNA-Impfstoffe wird sogar genetische Information in unseren Körper gespritzt, um diesen selbst zur Produktion von Virusfragmenten anzuregen, die dann eine Antwort des Immunsystems auslösen.

Überhaupt ist Gentechnik aus der Medizin seit langem nicht mehr wegzudenken. In Deutschland sind aktuell über 300 mittels Gentechnik hergestellte Arzneien auf dem Markt.[202] Und selbst das von Impfgegnern zeitweise gehypte Entwurmungsmittel *Ivermectin* wird in Fermentern von gentechnisch veränderten Bodenbakterien produziert.

Gleichzeitig bleibt es weiterhin gesellschaftlich anerkannt, jede Art von Gentechnik in der Pflanzenzüchtung als „Hochrisikotechnologie" abzulehnen. Aber schon vor der Corona-Pandemie machten Menschen auf die offensichtlichen Widersprüche der aktuellen Regeln aufmerksam. Besonders optimistisch im Hinblick auf eine sich langsam anbahnende Trendwende stimmen dabei Wortmeldungen aus Lagern, wo man es am wenigsten vermuten würde.

Dazu gehört etwa das „Plädoyer für einen reflektierten Einsatz der Gentechnologie", das Theresia Bauer, grüne Wissenschaftsministerin Baden-Württembergs, 2018 im *Spiegel*[203] hielt. In Bezug auf Gentechnik in der Landwirtschaft meint die Ministerin: „In der Debatte werden Fakten nicht gleichberechtigt anerkannt. Die Grünen sollten den Stand der Wissenschaft anerkennen. Und der Gentechnik eine Chance geben."

Bauer ist bei weitem nicht die einzige Vertreterin der deutschen Grünen, die den Anti-Gentechnik-Hardlinern in ihrer Partei Kontra gibt. Eine ganze Gruppe wissenschaftlich denkender Mitglieder der Partei setzte sich bei der Bundesdelegiertenkonferenz 2020, auf der sich die Grünen ein neues Grundsatzprogramm verpassten, für eine teilweise Deregulierung von modernen Genom-Editierungsverfahren ein. Ein entsprechender Änderungsantrag wurde von der Mehrheit der grünen Delegierten zwar abgelehnt. Dass er aber immerhin 27 Prozent Ja-Stimmen erhielt, beweist: Selbst die Grünen sind sich bei der pauschalen Ablehnung der Gentechnik nicht mehr ganz sicher.

ZUSAMMENFASSUNG: WAS WIR ÜBER GENTECHNIK WIRKLICH WISSEN SOLLTEN

1. Pflanzenzüchtung ist essenziell, um die Nahrungsmittelproduktion fortlaufend an Umweltbedingungen oder Krankheitserreger anzupassen und Erträge zu sichern und zu steigern.

2. Alte Sorten sind eine wichtige genetische Ressource, aber für den kommerziellen Anbau zu schwach.

3. Bei der alten Gentechnik wurden Gene fremder Organismen in Pflanzen eingeschleust. Mit Genome Editing lassen sich viele positive Eigenschaften züchten, indem vorhandene Gene punktuell und präzise umgeschrieben werden.

4. Wissenschaftlicher Konsens ist: Mit (neuer oder alter) Gentechnik veränderte Pflanzen bergen grundsätzlich kein höheres Risiko als Pflanzen, die mit anderen Methoden gezüchtet wurden.

5. Wir dürfen das Risiko nicht eingehen, das Potenzial des Genome Editing ungenutzt zu lassen.

6. Während Greenpeace & Co. in Fundamentalopposition verharren, beginnen Teile der deutschen Grünen der Wissenschaft zu folgen.

10
RESÜMEE

Der Begriff *Agrarwende* könnte kaum schlechter gewählt sein. Wenn Ihr Navigationsgerät Sie auffordert zu *wenden*, dann will es, dass Sie zurück in die Richtung fahren, aus der Sie gekommen sind. Aber dorthin können wir als Menschheit nicht wollen.

Irgendwie wissen wir zwar, wo wir *hinwollen* – nämlich zu einem nachhaltigeren Ernährungssystem – aber kaum jemand ist sich bewusst, wo wir *herkommen*. Wir kommen aus einer Vergangenheit der bitteren Armut, des Hungers und der Seuchen, in der Überleben Glückssache war. Gleichzeitig hat der einzelne Mensch für seine Ernährung viel schlimmeren Raubbau an der Natur verübt, als dies heutzutage der Fall ist. Die großflächige Zerstörung von Wäldern schon vor tausenden Jahren, die Ausrottung essbarer Wildtiere lange vor Erfindung von Schusswaffen oder die Verwüstungen durch das mittelalterliche Magdalenen-Hochwasser sprechen für sich. Einzig der Umstand, dass wir Menschen noch so wenige waren und so bescheiden lebten, hat das globale Ökosystem vor dem frühzeitigen Kollaps bewahrt.

Im Jahr 4.000 v. Chr. beanspruchte jeder unserer Vorfahren noch 26.000 m² Agrarland für sein Überleben. 1960 waren es noch 15.000 m², inzwischen ist dieser globale Durchschnittswert auf 6.000 m² geschrumpft.[204]

Mit bald 10 Milliarden Menschen zu wenden, ist schlicht keine Option! Stattdessen muss es um die kluge Weiterentwicklung eines Systems aus tausenden Untersystemen gehen. Eine Aufgabe, die voller Zielkonflikte steckt.

Wenn uns als Menschheit aber jemals etwas vorangebracht hat, dann war es die Offenheit für neue Ideen. Das Beharren auf Ideologien steht dem entgegen. Warum sollte man den von den deutschen Grünen vor Jahren vorgeschlagenen *Veggie Day* für öffentliche Kantinen nicht einfach mal ausprobieren? Nicht alles reflexartig abzulehnen, nur weil es von der vermeintlich „falschen" Seite kommt, ist der erste Schritt in Richtung mehr Nachhaltigkeit.

Der zweite Schritt ist mit dem Bekenntnis zu einer wissenschaftsbasierten Sichtweise getan. Sich Gentechnik zwar unter die Haut spritzen zu lassen, aber in der Landwirtschaft pauschal zu verteufeln, widerspricht der Wissenschaft fundamental und passt nicht mehr ins 21. Jahrhundert. Speziell die Ablehnung des gezielten, präzisen Genome Editing ist geradezu absurd, solange wir mit der alten „Holzhammer"-Methode der Zufalls-Mutagenese überhaupt kein Problem haben. Nur, weil man inzwischen weiß, was man tut, gilt es als Gentechnik und ist verboten.

Da es aber kein Allheilmittel gibt, braucht die Landwirtschaft alle Methoden und Werkzeuge, die unter den spezifischen Bedingungen des jeweiligen Standorts das optimale Ergebnis versprechen. Optimal ist dabei das, was die Notwendigkeit der Produktion gesunder Lebensmittel mit der Notwendigkeit Umwelt und Klima (lokal *und* global betrachtet!) zu schonen am ehesten unter einen Hut bringt. Manchmal ist es vielleicht der glyphosatnutzende und damit Erosion bekämpfende 3.000-Hektar-Hof in Ostdeutschland, der dieses Optimum erreicht, und manchmal die Waldviertler Biobäuerin, die mit ihrer Arbeit das Agrar-Ökosystem einer rauen Kulturlandschaft pflegt. Nicht in jedem Kontext muss Maximalertrag das oberste Ziel sein.

Klar ist umgekehrt aber auch: Die „Intensivlandwirtschaft" mit ihren Mineraldüngern, Pestiziden und Maschinen (bald werden viele Roboter darunter sein) ernährt die Welt – sei es durch moderne Großbauern und ihre GPS-gesteuerten Landmaschinen oder durch asiatische Kleinbauern, die ihren „Kunstdünger" mit der Hand verstreuen. Künftig muss die intensive Landwirtschaft hohe Erträge mit weniger Dünger, weniger Pflanzenschutzmitteln und weniger negativen Effekten erzielen. Ihre Abschaffung wäre Selbstmord, ihre weitere Verbesserung ist eine anerkannte Notwendigkeit.

WAS ICH MIR WÜNSCHEN WÜRDE:

1. Unser Ernährungssystem ist komplex, vielschichtig und voller Zielkonflikte. Denken Sie nicht in Schwarz und Weiß und misstrauen Sie jenen, die es tun!

2. Hinterfragen Sie dieses Buch kritisch! Hinterfragen Sie auch die Aussagen von Umwelt-NGOs kritisch! Zu oft liegen diese mit der Wissenschaft über Kreuz.

3. Vergessen Sie nicht: Den größten Einfluss auf Biodiversität und Klima hat die Landwirtschaft über die Landnutzung! Weniger heimische Produktion führt bei gleichem Konsum zu mehr Umweltzerstörung im Ausland.

4. Pfeifen Sie auf „Ohne Gentechnik"-Produkte! Wir alle essen Gentechnik seit Jahrzehnten. Richtig gemacht, führt Gentechnik zu einer nachhaltigeren Landwirtschaft mit reduziertem Einsatz von Pestiziden, Dünger und Land.

5. Denken Sie daran: Natürliche Gifte sind die viel größere Bedrohung für unsere Gesundheit als Spuren von Pflanzenschutzmitteln. Wir müssen beides beachten.

6. Probieren Sie neue Gerichte mit Gemüse und Hülsenfrüchten, verzichten Sie auf eingeflogene Modefrüchte und genießen Sie heimisches Fleisch (am besten von der Weide) sehr bewusst und nur in Maßen! Note to myself: Geh mal in dieses vegane Lokal!

7. Die Produktion von Lebensmitteln kostet Energie, Land, Dünger, Pestizide und vieles mehr. Lebensmittel sind kostbar. Kochen Sie Gerichte aus Resten und gehen Sie erst einkaufen, wenn der Kühlschrank leer ist. Die meisten Produkte sind auch nach dem Mindesthaltbarkeitsdatum noch völlig einwandfrei!

8. Listen to the Science! Nicht nur bei Corona und Klimawandel, sondern auch beim Thema Landwirtschaft.

DANKSAGUNG

Ich bedanke mich aus tiefstem Herzen bei Flora & Bettina für ihre Geduld und das Verständnis für einen an so vielen Tagen, Abenden und Wochenenden geistig/körperlich abwesenden Papa und Partner! Bei Johannes Strobl (Biobauern-Bua, Chemiker und Unternehmensberater für Nachhaltigkeit) für seine fachlich wertvolle Hilfe. Bei Lucia Marjanović, Stefanie Jaksch und dem gesamten Team von Kremayr & Scheriau für das Vertrauen und die wertschätzende Zusammenarbeit. Beim Ex-Kollegen Michael Mayrhofer fürs Insistieren auf die Abgabe eines Konzepts. Beim Ex-Chef Niko Alm für das Bemühen. Bei meiner Mutter Wilma für die kritische Distanz zur Landwirtschaft. Bei meinem Vater Fritz für die Liebe zur Landwirtschaft. Bei meiner Schwester Diana, meinem Schwager Jörg und Ina, die unseren Hof erhalten. Bei Margit für das leibliche Wohl und Jaki für den Verdauer.

ANHANG

1   Kaplan et al. (2016): Large Scale Anthropogenic Reduction of Forest Cover in Last Glacial Maximum Europe

2   ots.at (2019): Sarah Wiener warnt vor Aufweichung von Gentechnik-Schutzstandards; OTS0155 vom 18.11.2019

3   leichtathletik.de (2020): Sarah Wiener: „Wir sind Teil der Natur und sollten uns entsprechend natürlich ernähren"; abgerufen 13.10.20

4   Intergovernmental Panel on Climate Change

5   IPCC (2019): Klimawandel und Landsysteme – Zusammenfassung für politische Entscheidungsträger; abgerufen 11.11.2020

6   IPCC (2019): Special Report Climate Change and Land, S. 476

7   ourworldindata.org (2019): World Population Growth; abgerufen 19.11.20

8   Spektrum der Wissenschaft Nr. 08/20 „Die Welt braucht nasse Torfböden"

9   Parish et al. (2008): Assessment on peatlands, biodiversity and climate change

10 IPCC (2019): Klimawandel u. Landsysteme; Zusammenf. f. pol. Entscheidungsträger

11 Universität Greifswald: moorwissen.de

12 ourworldindata.org (2020): Sector by sector: where do global greenhouse gas emissions come from? Abgerufen 23.11.20

13 IPCC (2019): Climate Change and Land, S. 397

14 IPCC (2019): Climate Change and Land, S. 86

15 Spektrum der Wissenschaft Nr. 08/20 „Die Welt braucht nasse Torfböden"

16 IPCC (2019): Climate Change and Land, S. 501

17 IPCC (2019): Climate Change and Land, S. 86

18 Waldbericht der Bundesregierung 2021

19 Nature (2020): Europe's Green Deal offshores environm. damage to other nations

20 Poschlod (2015): Geschichte der Kulturlandschaft, Ulmer, S. 74

21 Das Verb „reuten" bedeutet so viel wie „durch Entfernung von Baum- und Strauchwerk urbar machen".

22 sciencedaily.com (2016): Fires set by Ice Age hunters destroyed forests throughout Europe; abgerufen 12.10.21

23 Bebi et al. (2017): Changes of forest cover and disturbance regimes in the mountain forests of the Alps

24 Kaplan et al. (2009): The prehistoric and preindustrial deforestation of Europe

25 ourworldindata.org (2021): Long-term cerial yields in the United Kingdom; abgerufen: 9.1.22

26 Kaplan et al. 2009, The prehistoric and preindustrial deforestation of Europe, Quaternary Science Reviews, 3016–3034

27 Bebi et al. (2017): Changes of forest cover and disturbance regimes in the mountain forests of the Alpso

28 Peschlod (2015): Geschichte der Kulturlandschaft, Ulmer, S.116–117

29 Bebi et al. (2016): Changes of forest cover and disturbance regimes in the mountain forests of the Alps

30 Peschlod (2015): Geschichte der Kulturlandschaft, S.120–121

31 wohnglueck.de (2019): Die 7 spektakulärsten Holzhochhäuser der Welt; abgerufen: 8.12.20

32 Food and Agriculture Organization of the United Nations

33 FAO (2020): Global Forest Resources Assessment 2020

34 obt.inpe.br (2021): Monitoramento do Desmatamento da Floresta Amazônica Brasileira por Satélite; abgerufen 9.1.22

35 FAO (2020): Global Forest Resources Assessment 2020

36 FAO (2020): Global Forest Resources Assessment 2020, S. 125

37 Qaim et al. (2020): Environmental, Economic, and Social Consequences of the Oil Palm Boom

38 wwf.de (2020): Palmöl; abgerufen 24.3.21

39 Beispielrechnung anhand KTBL-Daten mit 190-PS-Schlepper u. 1,4m-Pflug bei schwerem Boden

40 Harris et al. (2021): Denitrifying pathways dominate nitrous oxide emissions from managed grassland during drought and rewetting

41 IPCC (2019): Climate Change and Land; S. 162

42 IPCC (2019): Climate Change and Land; S. 476

43 IPCC (2019): Climate Change and Land; S. 157

44 spektrum.de (2020): Die Methan-Rechnung geht nicht auf; abgerufen 22.12.20

45 Saunois et al. (2020): The Global Methane Budget 2000–2017

46 Saunois et al. (2020): The Global Methane Budget 2000–2017

47 IPCC (2019): Climate Change and Land, S. 477 + 151

48 FAO (2019): Five practical actions towards low-carbon livestock

49 oekolandbau.de (2021): Ökologische Hähnchenmast; abgerufen 14.10.21

50 IPCC (2019): Climate Change and Land, S. 84

51 ourworldindata.org (2021): Cereals allocated to food, animal feed and fuel, World; abgerufen 9.2.22

52 agrarheute.com (2020): Weniger Methan durch das richtige Futter? Abgerufen 23.3.21

53 Chang et al. (2021): Climate warming from managed grasslands cancels the cooling effect of carbon sinks in sparsely grazed and natural grasslands

54 Yavor et al. (2020): Environmental Impacts of a Pet Dog: An LCA Case Study

55 nationalgeographic.de (2021): Steinzeitmenschen: Fleisch war ihr Gemüse; abgerufen 11.1.21

56 FAO (2021): The State of Food Security and Nutrition in the World 2021

57 Youtube-Kanal Uni Göttingen (2019): Matin Qaim: Welternährung und Fleischkonsum; Ringvorlesung; abgerufen am 7.1.21

58 IPCC (2019): Climate Change and Land, S. 86

59 dsw.org (2021) abgerufen am 19.10.21 um 14.47 Uhr Wiener Zeit

60 FAO (2020): Statistical Yearbook World Food and Agriculture, S. 38–39

61 IPCC (2019): Climate Change and Land, S. 477

62 IFEU (2020): Ökol. Fußabdrücke v. Lebensmitteln u. Gerichten in Deutschland

63 Goossens et al. (2018): How origin, packaging and seasonality determine the environmental impact of apples, magnified by food waste and losses

64 ourworldindata.org (2020): You want to reduce the carbon footprint of your food?; abgerufen 20.10.21

65 IPCC (2019): Special Report Climate Change and Land, S. 487–488

66 The Lancet (2019): Food in the Anthropocene: the EAT–Lancet Commission on healthy diets from sustainable food systems

67 DGE (2019): Vollwertige Ernährung nach den Empfehlungen der DGE ist auch ökologisch nachhaltig; DGE-Info 6/2019

68 The Lancet (2019): The EAT–Lancet Commission: a flawed approach?

69 Schader C et al. (2015): Impacts of feeding less food-competing feedstuffs to livestock on global food system sustainability

70 Hristov (2012): Historic, pre-European settlement, and present-day contribution of wild ruminants to enteric methane emissions in the United States

71 Haller et al. (2020): Entwicklungsperspektiven der ökol. Landw. in Deutschland

72 Meemken, Qaim (2018): Organic Agriculture, Food Security, and the Environment

73 Muller et al. (2017): Strategies for feeding the world more sustainably with organic agriculture

74 IPCC (2019): Climate Change and Land; v.a. Kap. 5, 6

75 IPCC (2019): Climate Change and Land, S. 490–491

76 ecoplus, BOKU, denkstatt, OFI (2020): Lebensmittel, Verpackungen, Nachhaltigkeit: Ein Leitfaden für Verpackungshersteller, Lebensmittel-verarbeiter, Handel, Politik & NGOs

77 IPCC (2019): Climate Change and Land, S. 501

78 IPCC (2019): Climate Change and Land, S. 569

79 Das habe ich mir persönlich via Mail vom 30.5.2021 bestätigen lassen.

80 FAO 2018: Why bees matter, S. 3–6

81 youtube.com (2020): Vortrag „Sterben die Bienen?" von Robert Brodschneider, Honigbienen-Experte Uni Graz; abgerufen 2.6.2021

82 wikipedia.org: Colony collapse disorder; abgerufen 2.6.2021

83 Partap, Ya (2012): The Human Pollinators of Fruit Crops in Maoxian County, Sichuan, China,

84 Europäische Union (2014): European Red List of Bees

85 spektrum.de (2014): Aussterben – nur wenige Menschen genügen; abgerufen 1.4.21

86 spektrum.de (2017): Kot bestätigt menschliche Rolle beim Massen-aussterben; abgerufen am 1.4.21

87 IPBES (2019): The global assessment report on biodiversity and ecosystem services – summary for policymakers; S. 10

88 EU-Umweltagentur (2020): State of nature in the EU – Results from reporting under the nature directives 2013-2018, S. 135

89 rote-liste-zentrum.de; abgerufen 27.4.21

90 landwirtschaft-artenvielfalt.de (2015): Feldlerche; abgerufen 10.4.21

91 Neumann, Koop, (2004): Einfluss der Ackerbewirtschaftung auf die Feldlerche (Alauda arvensis) im ökologischen Landbau

92 baden-württemberg.nabu.de: Lerchenfenster für Ba-Wü; abgerufen 10.4.21

93 Birdlife Österreich, 2020: Farmland Bird Index 2019

94 sueddeutsche.de (2012): Die Euphorie war übertrieben; abgerufen 15.4.21

95 maiskomitee.de (2020); Statistik Deutschland; abgerufen 16.4.21

96 Statistik Austria, Agrarstrukturerhebung 2016

97 Poschlod (2015): Die Geschichte der Kulturlandschaft, Ulmer, S. 212

98 IPBES (2019): Summary for policymakers of the global assessment report on biodiversity and ecosystem services; S. 12

99 FAO (2020): The state of world fisheries and aquaculture

100 WWF (2016): Living Planet Report 2016, S. 24

101 EEA (2020): State of nature in the EU, S. 8

102 spektrum.de (2020): Kleine Geschichte d. Schwangerschaftstests; abgerufen 15.5.21

103 Scheele et al. (2019): Amphibian fungal panzootic causes catastrophic and ongoing loss of biodiversity

104 kit.edu (2020): Green Deal: Gut für ein klimaneutrales Europa – schlechter für den Planeten; abgerufen 17.5.21

105 Fuchs et al. (2020): Europe's Green Deal offshores environmental damage to other nations

106 EEA (2020): State of nature in the EU; S. 73

107 Universität Göttingen (2019): Lebensmittel produzieren und trotzdem Artenvielfalt erhalten; Presseinformation Nr. 84 – 15.5.2019

108 nytimes.com (2015): The Unrealized Horrors of Population Expl.; abgerufen 3.1.22

109 ourworldindata.org (2017): Long term trends in global famine mortality; abgerufen 3.1.22

110 ourworldindata.org (2021): Yields in the UK over the Long Run; abgerufen 3.1.22

111 Ulmer-Verlag (2019): Grundstufe Landwirt, S. 302

112 G. Mahlerwein (2016): Grundzüge der Agrargeschichte, Band 3, S. 104

113 Rott (2016): Alexander von Humboldt brachte Guano nach Europa – mit ungeahnten globalen Folgen

114 Mayrhofer (2014): Die Anfänge der min. Düngung in Österreich-Ungarn, S. 20

115 faz.net (2008): Brot und Kriege aus der Luft; abgerufen 5.1.22

116 wikipedia.org (2021): Clara Immerwahr; abgerufen 5.1.22

117 wikipedia.org (2022): Carl Bosch; abgerufen 5.1.22

118 ourworldindata.org (2021): How have crop yields changed since 1960?; abgerufen 5.1.22

119 Erisman et al. (2008): How a century of ammonia synthesis changed the world

120 IPCC (2019): Climate Change and Land; S. 162

121 Umweltbundesämter, ourworldindata.org

122 George N. Agrios (1969): Plant Pathology, S. 14

123 Julius-Kühn-Institut, D. Jaskolla (2006): Der Pflanzenschutz vom Altertum bis zur Gegenwart

124 stern.de (2020): Tod durch E 605 – wie eine Praline die Giftmörderin Christa Lehman überführte; abgerufen 23.6.21

125 Ames, Profet, Gold (1990): Dietary pesticides (99.99% all natural)

126 bfr.bund.de (2020): Solanin in Kartoffeln: Grüne und stark keimende Knollen sollten aussortiert werden; abgerufen 23.6.21

127 spiegel.de (2015): Mann stirbt durch Zucchini-Mahlzeit; abgerufen 13.1.22

128 bfr.bund.de (2010): Risiko oder Gefahr? Experten trennen nicht einheitlich; abgerufen 27.6.21

129 BVL (2021): Datenblatt Roundup Universal; abgerufen 28.6.21

130 gestis.dguv.de; abgerufen 28.6.21

131 LD50 Maus, Quelle: chemie.de: Botulinumtoxin; abgerufen 28.6.21

132 monographs.iarc.who.int (2022): Agents classified by the IARC Monographs; abgerufen 14.1.22

133 bfr.bund.de (2016): Entwicklung der Empfindlichkeit von analytischen Methoden für den Nachweis von unerwünschten Stoffen in Lebensmitteln am Beispiel von Dioxinen; abgerufen 14.1.22

134 EFSA (2021): The 2019 European Union report on pesticide residues in food

135 Falls Sie sich selbst überzeugen wollen: Schauen Sie auf Seite 30 des Berichts für das Jahr 2019, ganz oben!

136 Verfahren wie Sikkation, also die Synchronisierung der Ernte durch Austrocknen, die Getreidekörner direkt mit Glyphosat in Kontakt bringen, sind in AUT und D verboten bzw. stark eingeschränkt.

137 Bund/Länder-Arbeitsgemeinschaft Wasser (2019): Bericht zur Grundwasserbeschaffenheit – Pflanzenschutzmittel

138 Bericht über die Trinkwasserqualität in Deutschland 2017–2019

139 eea.europa.eu (2021): Pesticides in rivers, lakes and groundwater in Europa; abgerufen 23.1.22

140 nap-pflanzenschutz.de (2020): SYNOPS – Risikoindex für aquatische Nichtzielorganismen; abgerufen 23.1.22

141 Gerichtshof der Europäischen Union: Pressemitteilung Nr. 126/19; Urteil in der Rechtssache C-616/17

142 Grüner Bericht 2021, S. 159

143 USDA (2020): Economic and Food Security Impacts of Agricultural Input Reduction Under the European Union Green Deal's Farm to Fork and Biodiversity Strategies

144 European Commission (2021): Modelling environmental and climate ambition in the agricultural sector with the CAPRI model

145 ntv.de (2011): „EHEC wurde förmlich gezüchtet"; abgerufen 15.8.21

146 BfR (2011): EHEC-Ausbruch 2011 – Aufklärung des Ausbruchs entlang der Lebensmittelkette

147 bvl.bund.de: Blausäure in Aprikosenkernen und Rotschimmelreis in Nahrungsergänzungsmitteln; abgerufen 21.8.21

148 bfr.bund.de (2004): Mutterkornalkaloide in Roggenmehl; abgerufen 21.8.21

149 Molecular Plant Pathology (2009): Ergot: from witchcraft to biotechnology

150 FAO (2020): Climate change: Unpacking the burdon of food safety, S.75/76

151 Es können je nach Spritztechnik auch 250, 300 oder 400 Liter Wasser sein.

152 bvl.bund.de: Online-Verzeichnis zugelassener Pflanzenschutzmittel

153 BOKU (2019): Nationale Machbarkeitsstudie zum Glyphosatausstieg

154 spektrum.de (2013): Die größte Flut; abgerufen am 1.9.21

155 borlaug.cfans.umn.edu (2021) Norman Borlaug; abgerufen 25.11.21

156 ourworldindata.org (2019): Agricultural land per person over the long-term; abgerufen 16.1.22

157 Greenpeace.de (2005): Gen-Mais-Monster über Brandenburg; abgerufen 25.10.21

158 dhakatribune.com (7.3.2019): 5-yr after releasing its first GM crop Bangladesh says farmers gain by adopting Bt brinjal; abgerufen 26.10.21

159 addendum.org (2018): Schöne neue Gentechnik – Revolution in der Landwirtschaft; abgerufen 26.10.21

160 Akhter U. Ahmed et al. (2020): THE IMPACTS OF GM FOODS: RESULTS FROM A RANDOMIZED CONTROLLED TRIAL OF BT EGGPLANT IN BANGLADESH

161 efsa.europa.eu (2009): EFSA bewertet Antibiotikaresistenz-Markergene in gentechnisch veränderten Pflanzen; abgerufen 5.11.21

162 nytimes.com (2013): RETRO REPORT; You Call That a Tomato? Abgerufen 6.11.21

163 transgen.de (2020): Mehr Gentechnik, mehr spritzen? Ja und nein – die Erfahrungen in den USA; abgerufen 6.11.21

164 Klümper, Qaim (2014): A Meta-Analyses of the Impacts of Genetic. Modified Crops

165 Gonsalves (2004): Transgenic Papaya in Hawaii and Beyond

166 Baranski et al. (2019): Approved genetically modified (GM) horticultural plants: A 25-year perspective

167 transgen.de (2012): „Höheres Krebsrisiko durch Gen-Mais": Schlechte Studie, aggressive Kampagne; abgerufen 14.11.21

168 taz.de (2012): Tod durch manipuliertes Futter; abgerufen 14.11.21

169 orf.at (2012): Mit Gentech-Mais gefütterte Ratten sterben früher; abgerufen 14.11.21

170 sciencemediacentre.org (2012): expert reaction to GM maize and tumours in rats; abgerufen 14.11.21

171 Butler (2012): Hyped GM maize study faces growing scrutiny

172 Suzuki, Mohr, Kimmerle (1979): Spontan. endocrine tumors in Sprague-Dawley rats

173 krautreporter.de (2014): Der Fall Séralini; abgerufen 14.11.21

174 Séralini et al. (2014): Republished study: long-term toxicity of a Roundup herbicide and a Roundup-tolerant genetically modified maize

175 Steinberg, van der Voet, Wilhelm (2019): Lack of adverse effects in subchronic and chronic toxicity/carcinogenicity studies on the glyphosate-resistant genetically modified maize NK603 in Wistar Han RCC rats

176 Pellegrino et al. (2018): Impact of genetically engineered maize on agronomic, environmental and toxicological traits: a meta-analysis of 21 years of field data

177 Yu et al. (2020): The Impact of Bt Corn on Aflatoxin-Related Insurance Claims in the United States

178 PNAS (2018): Regional pest suppression associated with widespread Bt maize adoption benefits vegetable growers

179 transgen.de (2021): Bt-Mais in Spanien: Auch nach zwanzig Jahren keine resistenten Schädlinge; abgerufen 22.12.21

180 transgen.de (2013): Von Gift und Genen. Die Züchtung der Lenape-Kartoffel; abgerufen 12.12.21

181 OECD (2018): Concentration in Seed Markets, Pot. Effects and Policy Responses

182 OECD (2018): Conc. in Seed Markets, Pot. Effects and Policy Responses, S. 120

183 Hendrickson et al. (2020): The Food System: Concentration and its Impacts

184 no-patents-on-seeds.org (2021): Patent auf Bier; abgerufen 28.12.21

185 Deutscher Bundestag (2020): Vierter Bericht der Bundesregierung über die Auswirkungen des Patentrechts im Bereich der Biotechnologie (…); S. 4 + 12

186 FAO (2019): The state of he world's biodiv. for food and agriculture, S. 114

187 ec.europa.eu: EU Plant variety database; abgerufen 1.12.21

188 AGES (2021): Österreichische Beschreibende Sortenliste 2021

189 AGES (2021): Österreichische Beschreibende Sortenliste 2021, S. 8

190 leibnitz-gemeinschaft.de (2020): Freispruch f. modernen Weizen? Abgerufen 2.12.21

191 IAEA (2020): Homegrown Soybeans are Making a Comeback in Indonesia Thanks to New Varieties Developed Using Irradiation

192 Joint FAO/IAEA Mutant Variety Datab.: Reis Lampai Sirandah, Sinar 1 u. Sinar 2

193 EU-Richtlinie 2001/18/EG Art. 2 (Absatz 2), Art. 3 u. Anhang IB

194 Urteil des Gerichtshofs in der Rechtssache C-526/16

195 ohnegentechnik.org (2018): EuGH-Urteil zur Mutagenese: Auswirkung auf die Kennzeichnung „Ohne Gentechnik"; abgerufen 8.12.21

196 pflanzenforschung.de (2015): Wie CRISPR/Cas funktioniert; abgerufen 11.12.21

197 transgen.de (2021): Nobelpreis für CRISPR/Cas: Was man dazu wissen sollte; abgerufen am 11.12.21

198 Leopoldina et al. (2019): Wege zu einer wissensch. begründeten differen-
zierten Regulierung genomeditierter Pflanzen in der EU, S. 14

199 Leopoldina et al. (2019): Wege zu einer wissensch. begründeten differen-
zierten Regulierung genomeditierter Pflanzen in der EU

200 supportprecisionagriculture.org (2016): Laureates Letter Supporting
Precision Agriculture (GMOs); abgerufen 12.12.21

201 who.int (20220): Vitamin A deficiency; abgerufen 23.1.22

202 transgen.de (2021): Nicht nur gegen Corona: Bei Arzneimitteln und
Impfstoffen geht ohne Gentechnik kaum noch was;
abgerufen 16.1.22

203 spiegel.de (2018): Die Grünen dürfen die Chancen der Gentechnik
nicht länger ignorieren; abgerufen am 13.12.21

204 Ourworldindata.org (2019): Agricultural land use per person;
abgerufen 1.2.22